中国粮食安全

王宏广 等◎著

战略与对策

中信出版集团 | 北京

图书在版编目（CIP）数据

中国粮食安全：战略与对策 / 王宏广等著 . -- 北京：中信出版社，2020.11（2025.5 重印）
ISBN 978-7-5217-2371-7

Ⅰ . ①中… Ⅱ . ①王… Ⅲ . ①粮食安全 – 研究 – 中国
Ⅳ . ① F326.11

中国版本图书馆 CIP 数据核字（2020）第 206324 号

中国粮食安全——战略与对策

著　　者：王宏广 等
出版发行：中信出版集团股份有限公司
（北京市朝阳区东三环北路27号嘉铭中心　　邮编　100020）
承 印 者：北京盛通印刷股份有限公司

开　　本：787mm×1092mm　1/16　　印　　张：27　　字　　数：366 千字
版　　次：2020 年 11 月第 1 版　　印　　次：2025 年 5 月第 5 次印刷
书　　号：ISBN 978-7-5217-2371-7
定　　价：78.00 元

确保国家粮食安全，把中国人的饭碗牢牢端在自己手中。

——习近平总书记在中国共产党第十九次全国代表大会上的报告

端牢中国饭碗，共筑全球粮安。粮食安全是关乎国计民生的头等大事。在“十三五”规划实施的五年来，国家领导人多次赴地方考察粮食生产，在不同场合多次强调保障粮食安全的重要意义。

作者在连续30年对粮食安全进行研究的基础上，分析了疫后世界格局变化对粮食安全的影响，回顾了60年世界粮食生产、消费、贸易的历程，研判了当前世界粮食安全格局，展望了未来20年粮食安全的趋势。同时，作者进一步分析了当前中国粮食安全面临的九大问题，测算了粮食生产潜力，提出了未来20年保障粮食安全的四大战略、八项对策。

本书用数据对我国粮食安全的历史、现状、形势做了系统研究，既有深度也有广度，颇具完整性、体系性、策略性和深刻性，是亿万公众了解“吃饱、吃好”现状与趋势的重要读物，也是各级政府制定农业政策、科技人员研究粮食安全，以及高校相关专业师生的学习用书。

《中国粮食安全》编委会

目 录

第四篇　中国粮食安全：现状与问题 / 221

第十九章

粮食安全的现状与问题

276

第五篇 中国粮食安全：战略与对策 / 295

第二十章 粮食生产与需求预测 296

第二十二章

粮食安全的潜力与出路

327

第二十四章

坚决打赢粮食战

367

序　一

粮食安全是全世界许多国家面临的重大问题。2019年，全球有近6.9亿人遭受饥饿，与5年前相比增加近6000万人。受新冠肺炎疫情的影响，2020年饥饿人数可能新增1.3亿，40多个国家粮食短缺。

中国是人口大国，粮食安全始终困扰着中华民族的生存和发展，粮荒让人民饱受饥饿的折磨。中华人民共和国成立70年以来，粮食总产量增长了4.9倍，单产增长了4.6倍。2019年，我国粮食总产量达到6.64亿吨，粮食总产量实现“十六连增”，占全球粮食产量的24.4%，人均粮食占有量超过了470千克，14亿人口彻底告别了饥饿困扰的历史。我们用全世界10%的土地养活了20%的人口，取得了举世瞩目的巨大成就。

依靠科技不断提高粮食单产是我国粮食产量增长的根本途径。以杂交水稻为例，近50年亩产连续跨上400千克、500千克、600千克、700千克、800千克、900千克、1000千克、1110千克八大台阶，完成了从低产到高产、从普通稻到优质稻的飞跃，填补了从淡水水稻到耐盐碱水稻的空白，开创了从水田稻到沙漠稻的先河。截至2019年，杂交水稻在国内累计推广15亿亩，增产1.4亿吨，每年可多养活8000万人，创造了粮食增产的奇迹，产生了巨大的社会效益和经济效益，为从根本上解决我国粮食自给难题做出了重大贡献。

我十分拥护中央提出的“保粮食安全”的重大决策。随着人民生活水平的提高，人均粮食消费必然提高，粮食安全问题始终需要认真应对。我国在人均占有粮食400千克时，由于人们吃肉少，出现了卖粮难现象，现在人均占有粮食470千克，却要进口大约9亿亩耕地生产的食物，就是这个道理。许多发达国家人均粮食总消费量（包括口粮、肉、蛋、奶等）超过800千克，是我国的近两倍。因此，粮食安全问题始终不能放松。

我很赞赏王宏广教授30多年来一直关注、研究粮食安全问题的治学精神。15年前，我曾为王教授的《中国粮食安全研究》作序，今天我很高兴再次为他的新作《中国粮食安全：战略与对策》作序。王宏广教授对世界和中国粮食安全的历史、现状、问题、对策进行了系统研究，提出了一些值得认真研究的重大问题。我赞同书中对我国粮食安全现状“吃饱没问题、吃好需进口”的判断，欣赏书中对粮食安全问题进行的深入、系统的研究。进口食物相当于近9亿亩耕地的粮食产量、粮食隐性自给率70%、城镇化使保护耕地面积压力大、农民不愿种粮不愿储粮、国际环境变化、粮食供应链可能断裂等问题值得认真对待。

《中国粮食安全：战略与对策》提出推进第二次绿色革命、进一步提高粮食单产。我认为“粮食总产达到8亿吨”的目标经过努力是完全可以实现的，第三代杂交水稻亩产有望达到1200千克甚至1300千克，每公顷18吨的目标很快就能实现。加上耐盐碱水稻、杂交小麦、杂交玉米、杂交大豆、杂交油菜等技术的进一步突破，我国完全能够保障粮食安全。中国人饭碗要端在自己的手中、要装着自己的粮食。

《中国粮食安全：战略与对策》收集了大量国内外粮食安全的数据资料，进行了系统研究与调研，是中国粮食安全研究方面的一本有学术价值、应用价值的论著，我诚意向关心、从事粮食安全的广大科技工作者推荐。

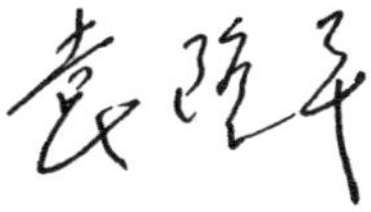

共和国勋章获得者

国家最高科学技术奖获得者

世界粮食奖获得者

中国工程院院士

国家杂交水稻工程中心名誉主任

2020年9月9日于长沙

序　二

今天是世界粮食日，选择这样一个日子为我的老朋友王宏广教授的新作《中国粮食安全：战略与对策》作序，我感到十分高兴。

联合国粮农组织、国际农业发展基金、联合国儿童基金会、世界粮食计划署、世界卫生组织共同发布的《2020年世界粮食安全和营养状况报告》指出，2019年，全世界有近6.9亿人遭受饥饿，占世界总人口的近1/10。如果同时考虑面临中度或重度粮食短缺的人口总数，全世界则有20亿人无法正常获取安全、营养、充足的食物。如果不能扭转这一趋势，那么世界到2030年将难以实现零饥饿的目标。

正在流行的新冠肺炎疫情，再加上全球气候变化的影响，近年非洲沙漠蝗虫、美洲秋黏虫等病虫害的暴发，给本来就很脆弱的世界粮食格局带来巨大的冲击。许多国家和地区面临粮食供应链断裂、粮价上涨的危险，进口国家可能买不到足够的粮食，低收入人群可能买不起粮食。有粮食、有土地、有技术的国家，难以大力支援缺粮食、缺资金、缺土地、缺技术的国家。我很赞同王宏广教授的观点："世界粮食鸿沟将长期存在。"

70多年来，中国的粮食安全取得了举世瞩目的成就。1949年，4.5亿人口的中国面临饥饿的威胁。1998年，当中国人口达到12.5亿时，中国政府宣布农业进入新阶段，农业的数量不足矛盾已经解决，质量不高问题成为主要矛盾，困扰数千年的饥饿问题基本解决。2019年，中国人均粮食占有量达到了470千克，超越人均400千克的粮食安全线，正如王宏广教授书中的判断：吃饱没问题，吃好需进口。当前，在世界粮食供应链面临问题时，中国政府提出“保粮食安全”，十分重要，十分及时。

中国毫无疑问是世界上解决吃饱问题、解决贫困问题最成功的国家，不是之一，而是第一。因为自1949年以来，中国已经成功地解决了超过10亿人口的吃饱与贫困问题，世界上没有任何国家在如此短的时间里解决了如此多人口的饥饿与贫困问题。我长期在国际组织工作，深有体会：如果世界其他国家都能像中国一样成功解决粮食与贫困问题，联合国提出的“零饥饿”“消灭贫困”的目标就能够早日实现。

中国成功的经验是多方面的，不同国家、不同机构在不同时期也许有不同的看法与观点。中国政府明确指出农业发展一靠政策、二靠科技、三靠投入。政策方面，中国政府每年都要召开农业与农村经济工作会议，发布多个“一号文件”，这在国外是不多见的。技术方面，中国有以袁隆平院士为代表的一大批农业专家，他们助力中国主要粮食作物单位面积产量不断跨上新台阶，主要畜禽饲养效率不断提高，也赢得了世界农业科技界的敬佩。

王宏广教授在农业政策特别是农业科技政策方面进行了30多年的深耕，做了大量很有成效的工作。在王宏广教授作为大会秘书长发起并组织的首届“国际农业科技大会”上，他首次发出推进“第二次绿色革命”倡议。他还作为文件起草组组长起草了中国第一部《农业科技发展纲要》，参与举办了第二届“全国农业科技大会”。这些工作对国内外农业科技都发挥了重要作用。

王宏广32岁时就成为中国农业大学的教授，在农业特别是粮食安全方面做了大量的研究工作。1993年《中国农业：问题·潜力·道路·效益》一书提出中国粮食安全“低水平、高难度、不安全”。当时人均粮食占有量未达到400千克的安全线，但该书预测中国粮食总产量可达6.4亿吨。2019年，中国粮食总产量达到6.64亿吨，说明他的预测是较为准确的。2005年，《中国粮食安全研究》《中国耕作制度70年》两本书提出“世界粮食不安全，粮食鸿沟将长期存在”“中国粮食问题可忧不可怕”等观点。此次出版的《中国粮食安全：战略与对策》，是宏广教授及其团队30多年来持续研究国内外粮食安全的结晶，这一力作数据翔实、视野宽广纵深、观点独到、逻辑严密，值得推荐。

一是回顾了60年世界粮食生产、消费、贸易的历程，研判了新冠肺炎疫情对世界粮食安全格局的影响，展望了未来20年粮食安全的趋势；二是总结了2000多年来中国粮食安全的历史与经验，展望了未来20年中国粮食安全面临的问题与对策；三是提出了“粮食安全六维指数”，从数量、质量、技术、生态、经济、社会六个维度测算不同省（市、区）的粮食安全指数，很有创新性，很有实用价值；四是对中国粮食安全做出了“吃饱没问题，吃好需进口”的基本判断，提出了“八管齐下确保粮食安全，四大战略化解粮食危机”的建议措施。

为此，我十分高兴地向广大读者推荐王宏广教授的新作《中国粮食安全：战略与对策》，希望能和大家一起讨论、研究粮食安全问题。

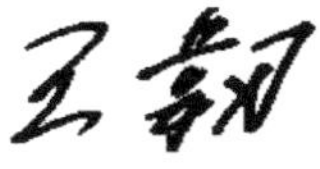

联合国粮食及农业组织原助理总干事

世界银行国际农业研究磋商组织原秘书长

2020年10月16日

序 三

在过去的10年左右的时间里，人类向数字社会过渡和转型的速度不断加快，大数据、云计算、区块链、人工智能、算力经济、物联网等概念与技术获得日益广泛的普及和应用。在全球范围内，一个平行于传统物质和物理形态经济的数字经济已经趋于成熟，这无疑是一种进步。但是，这绝不是说，作为物质和物理形态的农业经济和工业经济不再重要，恰恰相反，农业经济和工业经济依然是支撑数字经济时代的物质基础。

在农业经济中，粮食的重要性不言而喻。虽说数字化可以改善农业经济和粮食生产，但它却无法替代农业经济和粮食生产。道理是相当简单的：迄今为止，人类生命和生活终究需要依赖于粮食和由粮食构成的食物链。改变这种固有的行为模式，唯有两种可能：其一，人类创造出彻底的粮食替代品；其二，人类被改造为不需要“吃”的物种，或者“吃”的可以不再是粮食。机器人是可以不“吃”的，但是在可以预见的未来，机器人难以替代人类。

回到现实，伴随人类人口持续增长（逼近80亿），人均耕地减少，土壤、水和气候等影响粮食生产的外部条件的恶化，人们不得不重新审视通过农业科技进步来解决粮食问题的认知。现在，可以肯定地说，在全球范围内，人类将继续面临粮食问题的挑战，甚至局部地区依然存在大规模的饥饿人口，“饥荒”的威胁从来没有退去。世界粮食计划署2020年4月21日发布的《全球粮食危机报告》显示：全世界每天有8.21亿人在挨饿，另有1.35亿人正走向饥饿的边缘，而新冠肺炎疫情的到来，则又将额外的1.3亿人推向饥饿的深渊。如果做最坏的打算，那么全球可能会有30多个国家发生饥荒。毫无疑问，饥饿就是饥饿，饥饿只有依靠食品供应才能得以解决。

中国的农业是成功的，因为中国解决了14亿人的温饱问题。但是，绝不可以说，中国可以不再忧患粮食问题。我对吃不饱饭有过深切体验，并且参与了30余年前的农村经济改革，所以我始终关注中国的粮食问题。2020年夏天，我看到了宏广教授撰写的《粮食安全不能太乐观，注意潜在风险》一文，对文中的如下看法深以为然：中国粮食安全并不是绝对安全，而是相对安全，需要依赖进口“相当于近9亿亩耕地的食物”来保障安全，平时没问题，战时有危险。于是，我立即与宏广教授通了电话，建议他将这些思想扩展成书，并推荐这本书作为2020年“莫干山丛书”的重点著作。彼此约定是三个月。

之后，我又知道，宏广教授在这个领域有着30余年的基础、功底和积累：他在1993年《中国农业：问题·潜力·道路·效益》中，提出了当时粮食安全问题——低水平、高难度、不安全，创造了粮食生产潜力九级订正法，预测粮食潜力最高可达6.4亿吨。从现实来看，其方法可靠、判断准确，2019年我国粮食总产量为6.64亿吨。2005年，宏广教授及其团队在《中国粮食安全研究》《中国耕作制度70年》两本书中提出，为了保障粮食安全，要控制人口、保护耕地，目前来看，这些建议措施完全正确。

三个月后，我十分欣慰地收到了宏广教授和他的团队撰写的《中国粮食安全：战略与对策》书稿。这本书注重思想深度和学术方法，以数据为基础，以农业经济中的粮食生产为主线，将历史视角和现实政策相结合，对中国所面临的粮食安全做了全方位的解读和阐述。

我对本书的以下几个方面极为欣赏。（1）关于对中国农业史的评估：彻底告别了持续数千年受饥饿困扰的历史，完结了农民“交皇粮”的数千年历史，即将结束以吃不饱为主要特征的“绝对贫困人口”的历史。（2）关于对当前中国粮食安全的基本判断——低水平、高难度、紧平衡、弱安全，指出了粮食安全面临的九大难题，特别是提出了“粮食隐性自给率仅为70%”，并就这些问题积极向中央建言献策。我认为这才是一个学者应有之义，是一种境界，更是一种情怀。（3）构建了粮食安全的“六维指标体系”，用48个指标测算了31个省（市、区）的粮食安全指数，提出了要粮于技、藏粮于地、生粮于海、产粮于山、生粮于改、储粮于友、节粮于用、稳粮于共同体等具体对策，中肯且有见地。

从古代到现代，粮食问题始终困扰着人类的生存与健康，影响着世界的和平与稳定。现在，在即将进入21世纪的第三个十年，粮食依然是经济活动和社会活动的基础性、战略性产品。在人类彻底解决好吃饭问题之前，粮食的地位不会改变。

所以，这本《中国粮食安全：战略与对策》不仅对中国国家粮食政策有意义，而且对其他国家有相当大的参考价值——粮食问题的特征之一就是具有天然的国际性。2015年，联合国公布了可持续发展目标，其中第二条就是“消除饥饿，实现粮食安全，改善营养状况和促进可持续农业”。我认识宏广教授仅有一年，这是第二次为他的著作作序，写这样的序言本身也是一种学习。因思想和精神产品而有了像宏广教授这样的新朋友，这样的忘年之交，实在是幸哉、喜哉、乐哉。

著名经济学家

中国政法大学客座教授

2020年10月26日于横琴

序　四

40多年前的中国改革始于农业，当时的中央领导人交给国务院技术经济研究中心一个任务，要求其研究并给出2000年中国经济的图像，即预测到2000年时中国经济会是什么样子。据说这个任务也提给了其他部门和高校，但由于没有方法论，无人接受。我和朱嘉明毅然领受了这一任务。我们用的是最简单的数学方法，即用1949年以来的历年数据，用线性方程外推20年后的数据，最后做了厚厚一大本关于各行各业的指标预测。其中一个令人震惊的结论是，我国到2000年时粮食缺口将越来越大，不但根本养不活自己，就是依靠进口，港口也没有足够的进口粮装卸能力。中国人吃不饱推开了农村改革的大门，粮食长期短缺的前景预示了旧有的外推农业模式根本行不通，这也坚定了中央进行农村改革的决心。那时，中国每年的一号文件都是农村工作的文件，各地一把手最重要的工作就是抓农业保吃饭。

随着改革的深入和工业化的进程，国家富起来，外汇多起来，国际环境平和起来，解决吃饭问题多了一条国际市场补足的途径。我国人民不但吃饱了，而且吃好了，但是吃饱吃好越来越依赖进口和国际市场。根据王宏广教授的研究，我国目前进口的粮食约占粮食消费的1/3，即我国另需近9亿亩的粮食产出。市场经济使人们在习惯按货币价值思考问题的同时，忽略了对生存价值和安全价值的考量。前两年，我们到一些地方研究农村再次改革的方案，与某地领导交换意见，得到的回馈竟是“粮食就是增产一二十个百分点，对地方经济增长也不会有多大贡献”。进口粮食的“一招鲜”掩盖了大量严重的三农问题，也迟缓了农村应该启动的再次改革。

今天，中国经济正在从中端走向高端，开始分食美国乃至整个西方发达国家的高端产业领域。这就是为什么西方世界会认为中国在改变世界经济的格局。中国能够突破中等发达国家陷阱，有能力突进高端产业领域，依靠的是改革、举国之力和体制优势。

我国粮食进口很大比例源自西方，王宏广教授很早就提出西方很可能对我国使用粮食武器。算经济账，西方对我国粮食禁运，如果就此能屈中国经济，使其退出高端产业，那么西方保住的利益是巨大和长远的。中国决不会放弃经济向高端发展，决不会放弃持续改革，决不会放弃体制优势，因此就必须做出打粮食战的底线思维，做好经济防卫工作，保护好我国的粮食安全。

我们还要看到，世界范围的粮食安全问题一直没有得到解决，这次新冠肺炎疫情更加剧了世界粮食问题。2020年7月13日发布的《2020年世界粮食安全和营养状况报告》指出，2019年全球有近6.9亿人遭受饥饿，与2018年相比增加1000万人，与5年前相比增加近6000万人。全球长期饥饿人数经历了几十年稳定下降后，又从2014年开始缓慢上升且继续维持这一趋势。到2020年年底，新冠肺炎疫情可能使长期饥饿人数新增超过1.3亿。世界粮食计划署执行干事戴维·比斯利（David Beasley）曾提出这样的警告：世界需要采取行动，否则这将成为一场人道主义和粮食危机的灾难。

我国是14亿人口的大国，我国粮食供给必须主要依靠自己，而不是交给不确定的世界市场。

从历史方面来考察，最近几百年间，我国一直在高强度地使用土地。

特别是近半个多世纪以来，和平的环境与经济的发展，使得我国一方面人口持续增长，另一方面耕地不断缩减；我国高度增长的农产品需求，是依靠化肥、农药等一系列工业手段对土地掠夺式经营而得到满足的。如果掠夺式经营土地的做法不能得到根本解决，我国的农用土地就会在今后几十年间崩溃，那时无论什么工业手段都不能阻止粮食产量的降低，粮食安全将无所依靠。中国的农业问题必须用百年的眼光、百年的思维，考虑当前的粮食战略和土地战略。我们要牢牢记住“吃永远是人类第一需要”这个命题。

王宏广教授的《中国粮食安全：战略与对策》一书，从战略的角度系统地提出了解决中国粮食问题的八项对策——要粮于技、藏粮于地、生粮于海、产粮于山、生粮于改、储粮于友、节粮于用、稳粮于共同体，并对应提出了七大保障措施。这些中肯的意见和建议，为我国粮食安全研究和措施制定提供了极具意义的思路。

在学术上，《中国粮食安全：战略与对策》值得引起人们广为注意的是，王宏广教授基于对中国粮食安全深入的研究思考和对中国粮食安全数据的掌握使用，构建了粮食安全“六维指标体系”，利用48个指标测算了31个省（市、区）的粮食安全指数。这是第一次在中观层面对粮食安全做出的研究，具有创新意义。

国家是我们大家的国家，我们期待看到王宏广教授不断做出更多更好的研究成果，也期待更多的团队开展这方面的研究。

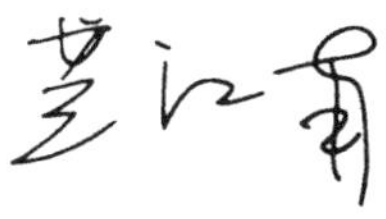

著名经济学家

中国政法大学兼职教授

南方科技大学兼职教授

2020年9月

前　言

回顾历史，人类种粮万余年，至今有人吃不饱！

大约45亿年前有了地球，二三百万年前有了人类，人类种植粮食已有1万多年历史。人类经历了农业文明、工业文明，正处在信息文明时代。人类能够登上月球，能在太空自由翱翔，却不能摆脱饥饿！

人类多少次为粮而争、为地而战，多少个国家因粮而兴，多少政权因粮而亡，粮食问题始终影响着人类的生存与健康、世界的和平与稳定。民以食为天，国有粮则安。历史经验表明，粮食是人类生存的基础、经济发展的基础、社会稳定的基础和国家自主的基础，也是外交谈判的筹码、国际竞争的工具。

目睹现状，新冠肺炎疫情引发新粮荒！

当今世界，粮食安全仍然制约着人类的生存与健康、和平与发展。一部分人“吃不饱”，大部分人“吃不好”，许多人“不会吃”、吃得不科学，7亿人营养不良，近7亿人因营养过剩而导致肥胖。40多个国家的人民缺乏粮食，没有购买力，只能忍受饥饿；20多个主要粮食出口国为保障世界粮食安全做出了重要贡献；而有的国家却把粮食作为外交工具，干预别国的经济发展、社会稳定，甚至政权更迭。2020年新冠肺炎疫情席卷全球，引发了新的粮食危机，有专家预测饥饿人口可能再增加1亿多。

展望未来，吃饱怎么比登天还难？

人类成功登月，正在探索火星，但人人吃饱好像比登月还难。余粮国或地区拥有丰富的土地、水资源、技术、资金等生产要素，缺粮国或地区缺乏土地、水资源、技术与资金。余粮国的土地、技术等要素不可能跨境且便宜、有效地向缺粮国或地区流动，这就决定了未来世界粮食鸿沟将长期存在。人类何时、如何告别饥饿？

吃饱才是最基本的人权！

地球上的光、热、水、土地、技术、肥料等农业资源，不仅能养活、养好当前全世界的人口，而且能够养好未来更多的人口（联合国人口基金会发表的《2010年世界人口状况报告》预测，到2050年，世界人口将超过90亿）！我们期盼：为了实现人类文明的巨大飞跃，政府把“吃饱权”作为最基本的人权，让人人享有生存权和吃饱权；世界上维护人权的国家与组织，率先支援吃不饱的国家或地区，余粮国或地区向缺粮、缺钱的国家或地区提供无私的援助；有钱人援助无钱的穷人吃饱；政府为吃不饱的人群提供低价或免费食物。只有这样，人类粮食安全问题才会迎刃而解，人类才能享有真正的人权！然而，在丛林法则仍然横行的当今世界，这显然是可望而不可即的！

粮食安全，敢问路在何方？

未来世界，新冠肺炎疫情会不会引发新的人群饥饿？谁缺粮，缺什么，缺多少？人类何时告别饥饿，如何告别饥饿？保障世界粮食安全，使人人享有最基本的人权，是人类发展必须解决好的最基本要求，不仅关系到人类健康和生存发展，而且关系到人类文明的传承！多年来，我们一直在思考、探索粮食安全问题。1993年，在《中国农业：问题 · 潜力 · 道路 · 效益》一书中，我们对粮食安全的基本判断是“低水平、高难度、不安全”，因为当时我国人均粮食占有量未达到400千克的安全线。在这本书中，我们提出了粮食生产潜力九级订正法，即利用光照、温度、水资源、灌溉条件、土壤、肥料、技术、经济、社会等要素预测，我国粮食产量可达6.4亿吨。2019年，我国粮食产量达到6.64亿吨，说明我们的预测是较为准确的。

2005年，我们在《中国粮食安全研究》《中国耕作制度70年》两本书中，总结了中华人民共和国成立50多年来农业发展的经验与规律，预测了未来20年的农业发展趋势：一是世界粮食不安全，粮食鸿沟将长期存在，在我国人口高峰期到来之前，粮食安全问题将始终存在；二是我国粮食生产格局将出现重大调整，从南粮北调转为北粮南调，粮食主产区将逐步北移，能够调出粮食的省（市、区）将逐年减少；三是粮食安全脆弱的地区将是大城市与沿海省区，脆弱品种将是玉米与大豆，脆弱时期将是灾年之后的春季，脆弱人群将是5000万低收入人群；四是保障粮食安全的基本对策是“新三化”——农村城镇化、农业工业化、农民知识化，主要措施是把人口控制在16亿以内，把耕地减少控制在700万公顷以内，把人均粮食消费控制在400千克左右。

15年后，我们撰写《中国粮食安全：战略与对策》，主要目的是把粮食安全历史讲清、成绩讲足、问题讲透、对策讲实。

历史要讲清：中华民族是人类农业文明的引领者。

回顾2000多年来的人类发展史，中国经济总量保持世界第一长达1700多年，是世界上唯一一个文明没有中断的古国。农业文明是由中国引领的，工业文明是由欧洲引领的，信息文明是由美国引领的。

中国种植粮食已有1万多年的历史。从战国中晚期（约公元前300年）到清朝乾隆十八年（公元1753年）的2000多年里，人均粮食占有量保持在382～628千克，粮食总体上是安全或基本安全的，但出现了多次粮荒，引发了农民起义、朝代更迭。乾隆十八年以后，由于人口增加、人均耕地减少、科技进步缓慢，我国粮荒不断出现，饥饿严重困扰着民族的生存与发展。2000多年来，我国粮食经历“安全、不安全、欠安全、弱安全”四个阶段。多少朝代的辉煌被粮荒中断，多少皇帝的新政以“均贫富”开篇，多少家庭因吃不饱饭而妻离子散。

成绩要讲足：中国70年创造了四个“告别历史”。

1949年中华人民共和国成立时，4.5亿人口吃不饱。同样的土地，到20世纪80年代中后期13亿人口时，我国却出现了“卖粮难、储粮难”，谁敢说这不是人间奇迹！ 70多年来，我国农业发展取得了举世瞩目的成就，可以概括为“四个告别历史”。

第一，彻底告别了持续数千年受饥饿困扰的历史。1998年10月，党的十五届三中全会通过了《中共中央关于农业和农村工作若干重大问题的决定》，正式宣布“农业进入新阶段”：数量不足基本解决，质量不高成为主要矛盾。困扰中华民族发展数千年的饥饿问题，彻底成为历史。

第二，彻底告别了持续数千年农民“交皇粮”的历史。2006年中共中央一号文件《中共中央、国务院关于推进社会主义新农村建设的若干意见》正式宣布取消农业税，彻底告别了持续数千年农民“交皇粮”的历史，紧接着开创了“按播种面积补贴农民种地的历史”。

第三，基本告别了持续数千年“二牛抬杠”的历史。毛泽东曾经明确指出“农业的根本出路在于机械化”，中国政府也曾提出“1980年基本上实现农业机械化”。我国于2000年才基本上实现了农业机械化。2019年，我国农业机耕、机播、机收面积超过播种面积的95%，除边远山区外，基本上告别了“二牛抬杠”的历史——年轻的农民不再像祖先、父辈一样“面朝黄土背朝天”、日出而作、日落而息；牛的使命也改变了，不再以耕地为主，其主要作用在于产肉、产奶。

第四，即将彻底告别存在“绝对贫困人口”的历史。习近平总书记在十九届中央政治局常委同中外记者见面时明确指出：“全面建成小康社会，一个也不能少。”即使受到新冠肺炎疫情的巨大冲击，中华民族也即将告别存在“绝对贫困人口”的历史。

中国创造了农业史上的四个里程碑，它们必将载入世界农业、人类发展的史册。

问题要讲透：进口近9亿亩耕地的食物，严重制约粮食安全。

我国“吃饱”的问题解决了，但吃好、吃安全、吃科学的问题还没有解决。粮食安全问题已经由口粮安全问题转变为饲料粮安全问题，粮食安全的本质是肉类安全、食物安全。我国粮食安全的基本判断是：“低水平、高难度、紧平衡、弱安全”，吃饱没问题，吃好需进口，平时没问题，战时有危险。我国粮食安全仍然面临九大难题。

第一，粮食总量缺口大，隐性自给率仅为70%。14亿人口消费了29亿亩耕地的食物，虽然口粮自给率达98%以上，但需要进口的粮食相当于近9亿亩耕地的食物，粮食隐性自给率仅为70%，油料自给率仅为30%。

第二，“粮食战”风险增大，大豆对外依存度高达86%。我国从美国、巴西进口的大豆占大豆进口总量的84%。当前，新冠肺炎疫情导致10多个国家限制粮食出口，世界粮食供应链出现断裂，中美关系复杂多变，我国作为粮食进口大国，粮食安全风险陡然增加。

第三，保持耕地面积压力大，复种指数下降33个百分点。我国正在进入城镇化快速发展时期，需要占用大量土地支撑城镇化、工业化，保持耕地面积的压力巨大。另外，2019年我国农民工平均月收入为3962元，粮农与农民工收入比由1990年的1：5下降到1：10，种粮比较效益下降。

2019年全国复种指数122%，比历史最高值155%下降了33个百分点，撂荒面积还在逐年增加。

第四，粮食政策潜力变小，亟待新一轮农业经济体制改革。我国粮价比美国高70%～170%。1991年到2018年，我国粮食生产成本增长了6.1倍，粮价增长了3.2倍。补贴与提高农产品收购价的政策“接近天花板”，粮食生产失去国际竞争力。

第五，提高单产难度加大，亟待第二次绿色革命。我国粮食作物单产由1950年的1155千克/公顷提高到2018年的5621千克/公顷，增长了387%。主要作物单产接近相同农业生态区的上限，持续提升粮食单产的难度增大，单一技术改进已不足以使粮食生产迈上新台阶，亟待第二次绿色革命。

第六，粮农户均规模小，提高种粮效益难度大。第三次农业普查数据显示：小农户数量占农业经营主体的98%以上，占农业从业人员的90%；小农户经营耕地面积占总耕地面积的70%，户均经营规模7.8亩。2018年流转的承包地面积仅占家庭承包经营面积的37%，规模化经营度低，规模效益低。

第七，年轻农民不愿种粮，缺乏种粮热情。由于农业劳动力劳动强度大、工资低，缺少城市“五险一金”的保障，加之农村教育、卫生、文化、体育与娱乐等生活设施严重滞后，年轻人纷纷涌向城镇就业，50岁以下农民很少愿意种粮，怎样激发种粮热情成为一个亟待解决的问题。

第八，农民不愿意储粮，国家储粮压力大。国务院新闻办于2019年发布的《中国的粮食安全》白皮书数据显示：2018年全国标准粮食仓房仓容量为6.7亿吨，从1996年起，22年增长了7倍；农民基本不储备粮食，粮食储备任务基本由政府来承担。按储备6.7亿吨粮食计算，储备资金至少需要13400亿元。可见，粮食储备需要大量资金，并且在危机时刻，存在百姓“抢粮”与民间哄抬粮价的风险。

第九，肥胖人口高达2.5亿，粮食浪费问题突出。世界卫生组织的数据显示：我国超重和肥胖人群比例由1978年的9.9%上升为2018年的36.7%，40年增长了2.7倍；全国因营养过剩导致的超重与肥胖人群达2.5亿。肥胖不仅会造成食物的浪费，而且会引发一系列其他疾病。

对策要讲实："八管齐下"确保粮食安全。

我们探索了粮食安全“六维指标体系”，在粮食数量安全、质量安全、经济安全的基础上，增加了生态安全、技术安全、社会安全，并用48个指标测算了31个省（市、区）的粮食安全指数。

现阶段，我国粮食安全的总体目标是：把饭碗牢牢端在自己手中，保障粮食安全，口粮绝对自给，平时能吃好，战时能吃饱；力争粮食单产提高20%，总产达到8亿吨，人均粮食产量550千克；力争建立多元、长期、稳定的海外粮食生产基地，形成1亿吨粮食的供应链；人均进口粮食控制在70千克左右，人均占有粮食650千克，在中高收入国家中粮食消耗处于中下等水平。

保障粮食安全的基本对策如下。

第一，“要粮于技”，推进第二次绿色革命，增产粮食884亿千克。力争使第三代杂交水稻、杂交小麦、杂交玉米、超级大豆亩产分别达到1200千克、800千克、1500千克、300千克，带动主要粮食作物单产提高10%以上；增种1亿亩耐盐碱水稻、藜麦，使其增产200亿千克；研发动物生长激素、人造肉、大厦农业等技术，储备一代粮食增产技术。

第二，“藏粮于地”，开展“土地整治”，力争增加0.8亿亩播种面积，新增粮食160亿千克。

第三，“生粮于海”，增加海洋渔业产量250万吨。提高远海利用率，每平方公里远海捕捞量由0.8吨增加到1.6吨，相当于新增100亿千克粮食。

第四，“产粮于山”，充分利用南方10亿亩草山草坡、北方30亿亩草原，种植优质牧草、木本粮食，新增100亿千克粮食。

第五，“生粮于改”，深化粮食生产与流通体制改革，推进粮食生产、加工、销售、进出口“四位一体”，提高粮食综合效益，提高复种指数5个百分点，增产粮食300亿千克。

第六，“储粮于友”，建立海外10亿亩耕地或1.5亿吨粮食的多元、长期的海外“供应链”。

第七，“节粮于用”，在储藏、加工、消费等方面节约粮食。完善不同人群的膳食标准，人均用粮控制在600千克左右。

第八，“稳粮于共同体”。我们要联合有关国际组织、国家或地区共同建设人类粮食安全共同体，包括建立“国际粮食安全联合研究院”，共同研究保障粮食安全的政策、技术，加强国际合作，建立稳定的粮食供应链，保障人类粮食安全。

保障粮食安全的措施如下。

第一，实施“8亿吨粮食安全工程”。将粮食增产20%的目标层层分解，层层压实，确保到2030年我国粮食生产能力达到8亿吨。

第二，实施“进口大豆替代工程”。力争转基因大豆、杂交大豆育种取得重大突破，恢复大豆种植面积，种植藜麦等高蛋白作物，利用10亿亩草山草坡、30亿亩草原种植优质牧草、木本粮食，使大豆进口量减少1/3左右。

第三，推进新一轮农业经济体制改革。在“土地改革”“人民公社”“包产到户”三次重大农业经济体制改革之后，探索新时期“三产融合、城乡一体”、多元化的农业经济体制，探索粮食种植、加工、储藏、销售一体化经营体制，使粮食全产业链效益均衡化，从根本上解决种粮效益低的问题；切实增强农民、专业合作组织、公司等多方面的种粮积极性，提高复种指数5个百分点；推进农业规模化、标准化、高效化、生态化“新四化”，促进农业大国向农业强国的根本性转变。

第四，建好10亿亩海外粮食供应链。通过合作开发、长期租用、期货等多种途径，建立多元、长期、稳定的海外粮食供应链，确保拥有人均进口粮食70～100千克的能力与基础。

第五，推进“人类粮食安全共同体”建设，保障人人吃饱的基本人权，防御“粮食战”。联合有关国际力量，共同推进粮食安全技术的研发与推广，免费分享农业经验与农业技术，为人类粮食安全做出中国贡献。我国“杂交水稻外交”已有很好基础，我们要进一步推进粮食外交，保障我国粮食安全，促进世界粮食安全，防御“粮食战”导致供应链断裂、粮价上涨，努力保障人人能吃饱的基本人权。

第六，成立“国际粮食安全联合研究院”，集成全球粮食顶尖人才，开发粮食安全一流技术，保障全人类粮食安全。我们要以推进“人类粮食安全共同体”建设为目标，以“国际粮食安全联合研究院”为载体，吸引、集成国内外一流专家共同研究粮食安全重大技术和政策问题，推广我国粮食安全技术，服务世界粮食安全。

第七，推进“科学用粮节粮行动”。推进以“五个一点”为主的科学用粮节粮行动——“收获多一点、储藏省一点、加工省一点、饲料省一点、餐桌省一点”，完善不同人群的膳食标准，科学用粮，平衡营养，减少肥胖，促进健康。

粮食安全，人口高峰期之前永恒的话题。

粮食安全研究是一个复杂的系统工程，从国家安全、社会稳定、经济效益、生态承载力、技术进步、国际贸易、人类粮食命运共同体等角度来研究粮食安全，可能得出不同的结论。我们重点从粮食数量安全、质量安全、经济安全、生态安全、技术安全与社会安全等方面进行了探索，不妥之处，请批评指正。

2020年10月16日

第一篇

新粮食安全观

2020年，新冠肺炎疫情在全球暴发，可能诱发新的粮食安全危机。

人类种粮1万多年，至今没有告别饥饿！多少家庭因吃不饱饭而妻离子散，多少朝代的辉煌被粮荒中断，多少国家为粮食而战，多少政府以“分田地均贫富”开篇，人类发展史就是与饥饿和营养不良做斗争的历史。

粮食是生命安全的基础、经济发展的基础、社会稳定的基础，也是国家外交的工具。粮食安全问题不仅是吃饱、吃好的问题，更是重要的经济问题、社会问题、国际问题。

吃饱是最基本的人权。保障粮食安全，不仅需要技术创新、政策创新、机制创新，还需要文明创新。

吃饱比登月还难?

第一章

疫后世界格局变化与粮食安全

新冠肺炎疫情使全球实体经济停摆，引发世界由“战后”格局转变为“疫后”格局，世界政治、经济、科技、文化、军事乃至中美竞争格局六大格局都将发生历史性变化。

一、政治格局：多元化新格局加速形成

防御新冠肺炎疫情是对各国保障生物安全能力的一次检验，是国家体制与治理能力的比拼，是综合国力的角逐，也是防御第三次世界大战的演练。重大疫情面前，谁在“裸奔”一目了然，世界政治格局出现五大变化。

第一，霸权行为导致美国政治影响力明显下降。美国防疫政策多变，生生把一副世界顶尖生物技术、一流医疗资源的“好牌”打烂，疯狂“甩锅”，丧失大国形象。“美国优先”政策更是彻底撕下民主、自由的“遮羞布”，美国国际影响力明显下降。曾准确预测柏林墙倒塌、苏联解体的“和平之父”约翰·加尔通（Johan Galtung）明确提出：“美帝国将在2020年崩溃。”盖洛普（Gallup）最新全球领导力调查显示：“61%

的欧洲人对特朗普政府感到失望。"

第二，中国成功抗疫再次彰显制度优势。按美元计算，过去41年，中国GDP（国内生产总值）增长速度是美国的10.5倍；过去70年，中国GDP增长速度是美国的8.9倍。然而，西方人仍不承认中国的体制优势。防御新冠肺炎疫情，中国再次彰显体制优势，"中国崩溃论"一次次崩溃。2018年美国《国家安全战略报告》等多份文件明确提出"中国会颠覆美国发展理念"，这表明美国已经承认了中国社会主义制度的影响力、生命力。

第三，北约国家出现明显分歧。美国从德国撤军，施压德国中断与俄罗斯天然气合作、停止与中国华为合作，干预德国国家主权，德国表现出多年未有的强硬。英国在美国逼迫下打压华为也出现政策摇摆，已经不再像过去一样无条件跟随美国。

第四，多元化政治格局正在形成。许多国家面临在中美之间"选边站"的尴尬局面，一些国家可能"非东非西"，多元化的政治格局正在形成。

第五，"七个相互"是多元化政治格局的发展方向。新冠肺炎疫情的蔓延正在改变世界格局，尽管霸权主义极端猖獗，但它终究不代表人类文明的方向，不会得到世界爱好和平国家、正直善良民众的广泛支持。和平与发展仍是当今世界主题，逆全球化、去全球化、反全球化是短暂的。政治上相互尊重、经济上相互协作、科技上相互合作、文化上相互交流、外交上相互礼让、军事上相互沟通、管理上相互借鉴，"七个相互"仍然代表人类文明新方向，促进了世界新格局的形成。

二、经济格局：正在迎来百年未有巨变

新冠肺炎疫情对世界经济的冲击已经超过2008年金融危机的影响，

会不会出现1929年经济大萧条的局面还有待观察。“疫后”世界经济出现七个新趋势。

第一，全球化按下暂停键，但即将进入全球化4.0阶段。新冠肺炎疫情使经济全球化按下暂停键，短期内甚至出现倒退。但去全球化不会长久，世界贸易格局、经济格局面临重构，全球化即将进入4.0阶段。

第二，世界经济萧条已成定局。世界经济将遭遇超过2008年金融危机的巨大损失，萧条已成定局，会不会出现1929年金融危机的大萧条，取决于下半年疫情控制程度。

第三，中国GDP超越美国的时间可能提前。世界多个经济机构及多国智库预测，2020年，美国GDP将下降6%左右，中国GDP将增长2%左右，中国成为第一大经济体的时间可能提前。我们测算，我国GDP占美国GDP的比重可能由2019年的67%上升到2020年的75%，一年之间缩小8个百分点。

第四，数字经济方兴未艾，生物经济迅速崛起。以大健康产业为重点的生物经济正在成为新的经济增长点，疫情已经使许多国家政府与企业大幅度加大对生物经济的投入。

第五，“新自由主义死亡”，政府与市场“两只手”并用成大趋势。自2008年以来，一些学者认为“新自由主义走向地狱”；自中美贸易摩擦以来，美国不断动员盟国打压华为，干预企业经营活动，破坏市场秩序，许多学者都认为“新自由主义已经死亡”。我们在2020年7月出版的《差距经济学》中总结了中国经济快速发展的根本原因，即政府作用、市场机制“两手抓”，均衡发展、差异化发展“两腿走”，非常符合中国国情，成效明显。

第六，宽松政策拉升导致金融危机风险。G20（二十国集团）国家提出10万亿美元人类罕见的刺激计划，多国投入大量资金恢复经济，但生产经营活动疲软乏力，许多专家认为新的金融危机正在孕育之中。

第七，世界经济大战在所难免。2018年，中美两国GDP占世界经济总量的40%，股市交易量占全球的54%，贸易额占全球的23%，美元与人民币占世界货币流通量的74%。中美贸易摩擦的实质是“世界经济大战”，世界经济大战难以避免。经济增长遭遇新冠肺炎疫情和美国人为“次生灾害”，经济萧条只是程度大小、时间长短的问题。

三、科技格局：新科技革命将提前到来

新冠肺炎疫情使各国政府与科学家认识到生命安全、生物安全的重要性，大量风险资金投入生物技术，世界科技格局出现四个新动向。

第一，信息化后半程中美竞争接近分水岭。美国一直是信息科技革命的引领者，面临日本、欧洲的挑战，当前面临我国5G（第五代移动通信技术）、人工智能等技术的有力挑战。美国成功地遏制了日本、欧洲信息产业的发展，华为等通信企业能否顶住美国的疯狂打压，走出一条自主创新的道路，已经成为未来谁将引领信息化后半程的分水岭。

第二，生物技术引领的新科技革命将提前来临。新冠肺炎疫情导致全球经济瘫痪，“生物武器的破坏力将超过核武器”，因此没有保障生物安全的能力，就没有国家安全。“疫后”的生物技术将像“战后”核技术一样，成为国际科技竞争的焦点。世界各国必将加速发展生物技术，保障生物安全，生命科学引领的新科技革命、生物经济引领的第四次产业革命将提前来临。

第三，美国仍可能是下次科技革命的引领者。越来越多的国家政府与科学家认为，信息科技革命之后，生物技术将引领新科技革命。美国生物与医药领域用了政府科研经费的50%，写了60%的论文，申请了

37%的发明专利，基因组、蛋白组、脂类组、代谢组、细胞工程等领域的“根技术”（也称源头技术）90%以上都在美国，美国仍可能是生物科技革命的引领者，我国可能再次与新科技革命失之交臂。

第四，中美科技脱钩可能演变成“科技战”。美国通过打压高科技产业来遏制我国崛起的战略十分清晰。美国无底线打压我国科技发展，中美科技脱钩只是程度大小、时间早晚的问题，我国创新能力潜在“无根而衰”的风险。美国是当今世界科学中心，信息、生物等高科技领域90%以上的“根技术”都来自美国，中美科技脱钩可能导致我国创新能力短期下降。

四、文化格局：交流、多元、包容、融合成大趋势

世界文化格局呈现交流、多元、包容、融合四大趋势。网络化架起了世界“九大文化”交流之桥，相互交流、相互理解、相互包容已成大趋势；经济互补让各国人民“难舍难分”，新冠肺炎疫情让世界人民同舟共济，文化多元、融合相得益彰。美国的“双赢”意为美国赢两次，中国的“双赢”意为互利。一国“优先”的文化难以得到广泛认同，多元、包容才是人类命运共同体的精髓。

五、军事格局：核主导可能变为生物主导

“疫后”世界军事格局出现五大悄然变化。

第一，美国退出中导条约，军事“冷战”重起。美国退出中导条约、成立空间军、发展太空武器，世界第一军事大国不断强化军事实力，加之特朗普政府政策与行为变化无常，已引起世界许多国家的高度恐慌，

一些专家甚至认为通向地狱的大门已经打开。

第二，智能化使无人机成为“战士”。许多国家都在加速发展人工智能与机器人技术，无接触战争将成为新的战争方式。

第三，“生物战”风险陡然上升。生物技术将像“二战”后的核技术一样，成为未来军事技术发展的重点，生物武器可能成为第三次世界大战的主导性、决定性因素。

第四，世界军事实力标志可能由“核优势”转变为“生物优势”。核武器会毁灭地球，无人敢用，而生物武器成本低、定向杀伤能力更强。美国2018年发布的《国家生物防御战略》明确提出“生物威胁是美国面临的最为严重的威胁”，并认为生物威胁具有持久性、多样性、无边界性等特点。

第五，美国“生物优势”远远超过核优势。美国近20年来投入的生物安全的研发经费超过1855亿美元，计划合成1000种自然界没有的生物分子。美国本土有近1500个P3级生物安全实验室，海外有200多个生物实验室，其在生物技术方面的优势远远超过核优势，我们切勿因为美国防御新冠肺炎疫情失败而认为美国生物技术不强。

六、中美竞争格局：不容忍超越与不放弃发展

我们课题组在2018年出版的《填平第二经济大国陷阱：中美经济差距与趋势》一书中就预测美国要加大对我国的遏制力度，将制造“第二经济大国陷阱”。我国要成为百年来第一个不衰退的第二经济大国，必然“三管齐下保经济”“全民动员反遏制”。中美竞争格局出现以下七大变化。

第一，中美竞争的真相是美国制造“第二经济大国陷阱”。自美国1890年成为第一经济大国以来，世界第二经济大国无一例外全部衰退，

并失去第二大国地位——英、德、法、苏、日相继衰退。我国于2010年成为世界第二经济大国，美国加大遏制我国是其保持霸权地位的战略延续，既要钱，更要“命”。

第二，中美竞争的走向是“美国不容忍超越、中国不放弃发展”。中美关系“回不到从前”“难稳住当前”，美国破坏国际准则、关闭我国驻休斯敦领馆就是一个例证。在中国经济“失位”（失去第二经济大国地位）之前，美国不会放弃遏制中国，中美竞争是长期、复杂、反复的过程。

第三，美国遏制我国的12种非常规战只用了一半。根据美国遏制苏联、日本、德国的做法，我们研究认为，美国遏制我国可能通过12种非常规战，目前刚刚用了一半——制度战、体制战、贸易战、科技战、货币战、人才战已经不同程度地开始，网络战、粮食战、石油战、生物战、空间战和局部军事战争6种非常规战随时可能爆发。

第四，中美综合国力差距明显，我国短期内不会超越美国。我们用40项指标对中美综合国力进行比较研究发现，美国68%的指标领先，我国32%的指标领先，我国领先的指标仍然是数量指标。中美综合国力差距相当明显，一些差距短期内难以弥补。“中国威胁论”“中国超越论”都缺乏科学依据，“中国发展论”才是硬道理。

第五，我国经济总量将超越美国，但人均GDP很难超越美国。2019年，中国一产、二产、三产的增加值分别是美国的6倍、1.5倍和0.45倍，中国14亿人口的服务业增加值还不到美国3亿人口的一半。我国只要依靠人口优势把第三产业搞上去，GDP就能超过美国，但短期内人均GDP不可能超越美国。我国达到并保持世界第一大经济体必须“三管齐下”——依靠三产成为第一，发展高科技产业巩固第一，建设科技强国永保第一。

第六，中美科技创新“数量指标接近，质量指标差距明显”。在科技创新14个指标中，我国在研发人员、论文、发明专利、高科技产品出口等6个数量指标方面领先美国，而美国在创新指数、顶尖人才数量、研发投入、世界100强大学、世界500强品牌等8个指标方面领先我国。若中美科技脱钩，那么我国将面临缺乏高端仪器、创新方法、顶尖人才的局面，短期内我国创新能力可能明显下降。美国是当前信息科技革命的引领者，也可能是未来生物技术革命的引领者。当前，华人科学家已经走在生命科学研究的前列，因此，只要引进华人科学家及外籍顶尖人才，我国仍然有机会共同引领新科技革命。

第七，教育质量与顶尖人才的差距是中美最大、最难缩小的差距。我们课题组用世界100强大学、顶尖人才数量、教育支出、留学人员数量、高等学校升学率5项指标比较中美教育：美国顶尖科学家数量是我国的4.3倍，美国人均教育经费是我国的8倍，顶尖人才数量是中美之间最大的差距，人才“赤字”是中美之间最大的赤字。

总之，美国综合国力强、中国发展潜力大，美国拥有世界一流技术、中国拥有世界最大市场。技术与市场结合才能创造生产力，中美和则创造人类辉煌，斗则导致人类灾难。中国政府多次表明，不输出制度，不做老大，而美国政客非要制造“第二经济大国陷阱”，生生把一副“好牌”打烂。事实多次证明，“中国崩溃论”者崩溃，“中国威胁论”者整天威胁别人，“中国发展论”必将持续发展。中国能够取得抗美援朝的胜利，也必将取得“填平第二经济大国陷阱”的胜利，必将成为130年来第一个不衰退的第二经济大国。

七、粮食安全：面临50多年来最严重危机

自2020年3月下旬以来，受新冠肺炎疫情影响，许多粮食出口国纷

研究粮食安全首先需要明确粮食、谷物、口粮三个基本概念。粮食可分为狭义的粮食与广义的粮食。狭义的粮食就是谷物（cereal grain），即稻谷、小麦、玉米、谷子、高粱等禾本科作物，联合国粮农组织等国际机构常用这一粮食概念。我国通常讲的粮食是指广义的粮食（grain），包括谷物、豆类和薯类之和，豆类又包括大豆、蚕豆、绿豆、豌豆、豇豆等，薯类包括木薯、红薯、马铃薯等。“口粮”（edible grain）是指人们日常直接食用的原粮，《中国统计年鉴》中的口粮包括小麦、稻谷，但多数专家认为“口粮”是指小麦和大米。2015年，中国政府提出了马铃薯主粮化的观点。

（一）口粮安全：吃饱的需要

口粮安全是指直接食用粮食的安全，通常指小麦、水稻等直接食用粮食的安全。口粮安全表明“吃饱”的问题已经解决，是吃饱的需要，但不等同于粮食安全，不能全面反映是否吃好。因为除口粮外，满足人类正常生理需要的还有肉、蛋、奶、菜等其他食物，也就是说，人们要“吃饱”，也要“吃好”。

那么，吃多少算是“吃饱”？从国内外有关粮食安全的政府文件、研究报告推荐的标准来看，“吃饱”的标准在国内外是基本一致的，都是每人每年消费粮食400千克，这是因为正常人对营养物质的生理需要基本一致。联合国粮农组织推荐的粮食安全线是每人每年消费400千克粮食，我国《国家粮食安全中长期规划纲要（2008—2020年）》规定的粮食定额消费参考数据也是每年人均400千克。

根据上述标准，凡是人均粮食生产量或占有量（包括从外部调入的粮食）达到400千克的国家、地区，都从总体上达到了“吃饱”标准，但这不能排除粮食消费不均衡导致的部分人群出现的饥饿问题。也就是说，有的人群吃肉多、消费粮食多，有的人群可能吃不饱。这在许多国家或地区都很普遍，我国古代就有“朱门酒肉臭，路有冻死骨”的说法。

（二）粮食安全：吃好的保障

粮食安全是一个动态的概念，随着人民生活水平的提高和科技进步，粮食安全的概念不断完善。粮食安全概念的完善大致经历了四个阶段，如表2-1所示。

表2-1 粮食安全概念演变与特征

阶段	关键指标	强调因素			
粮食安全1.0	谷物库存系数	口粮数量安全	—	—	—
粮食安全2.0	谷物自给率	谷物数量安全	经济安全	—	—
粮食安全3.0	粮食自给率	粮食数量安全	经济安全	质量安全	—
粮食安全4.0	粮食安全指数	粮食数量安全	经济安全	质量与生态安全	技术与社会安全

粮食安全1.0阶段，强调口粮数量安全。20世纪70年代，联合国粮农组织关于粮食安全的定义为：为了保证任何人在任何时候都能得到为了生存和健康所需要的足够食物，粮食储存量须达到同年粮食消费量的17%～18%，其中6%为缓冲库存（后备库存），11% ～12%为周转库存（供应库存）。周转库存相当于两个月左右的口粮消费，以便衔接下一季度的谷物收成。如果一个国家的谷物库存系数低于17%，谷物供需就处于不安全状态；如果一个国家的谷物库存系数低于14%，谷物供需就处于紧急状态，随时可能发生粮食危机。中国正常谷物需求为1.25亿吨，而我国库存大约在1.58亿吨，3个月左右的口粮消费能够得到保障，口粮

自给率2000—2019年保持在100%以上。

粮食安全2.0阶段，强调谷物数量安全与经济安全。20世纪80年代，粮食安全的目标是：任何人在任何时候都能够买得到且能够买得起足够维持基本生活的食物。这就要求一个国家或地区拥有足够多的粮食产量、相当充足的粮食供给和获取粮食需求的能力。谷物自给率是这一时期反映粮食安全的重要指标。2000—2019年，中国谷物自给率呈"V"字形趋势。自2000年以来，中国谷物自给率逐年下降，2003年降低到85%以下，以后逐年回升，2019年超过98%，属于基本自给水平。

粮食安全3.0阶段，强调粮食数量与经济、质量安全。20世纪90年代，粮食安全的内涵扩展到食物安全层面：任何人在任何时候对充足、安全、具有营养价值的食品拥有社会和经济上的获取机会，以满足他们健康生活的需要。食物安全的保障涉及农产品的供给（包括国内生产和进口）、农产品价格、城乡居民收入和农产品流通（贸易）政策、个人或家庭的饮食喜好。粮食自给率是衡量国家粮食安全水平的一项重要评估指标，一个国家或地区的粮食自给率在100%以上，就属于完全自给；在95%～100%的水平，属于基本自给；在90%～95%的水平，是可以接受的粮食安全水平；一旦小于90%，粮食供求的风险就会增大。根据流向统计法和消费统计法计算，中国粮食自给率接近90%的安全水平（见图2–1）。

粮食安全4.0阶段，强调粮食数量安全、经济安全、质量与生态安全、技术与社会安全的综合安全。在粮食数量安全、质量安全、经济安全的基础上，该阶段增加了生态安全、技术安全、社会安全的内容，使粮食安全的内涵更加丰富，更能反映粮食安全涉及的技术、生态、经济与社会问题，特别是社会文明、粮食供给链安全等问题。

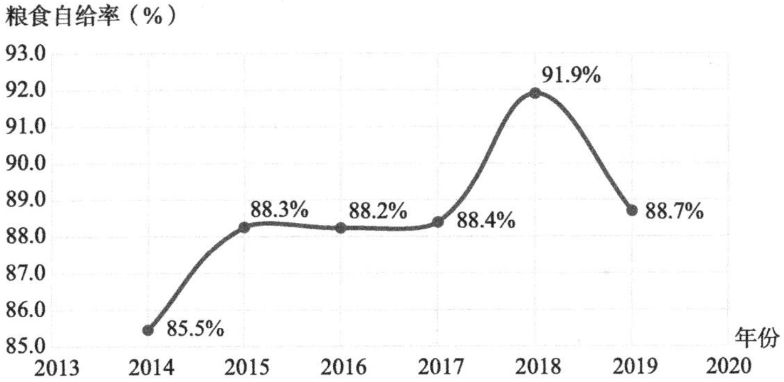

图2-1 中国粮食自给率变化情况

资料来源：根据国家统计局有关资料整理。

（三）隐性粮食安全潜在的风险

从粮食安全1.0到粮食安全4.0的演变进程来看，前三个阶段强调的重点是数量、质量、经济安全，粮食安全4.0阶段重点强调了生态、技术、社会安全，但它们都是主要围绕粮食数量或质量评估粮食安全与否的。口粮自给率、谷物自给率和粮食自给率目标的实现，在一定程度上掩盖了粮食安全的一些深层次问题和矛盾。2018年，王宏广教授提出了隐性粮食安全概念：在一定的科技水平下，一个国家或地区粮食消费所需耕地（播种面积）占自有耕地（耕地面积）的比重就是生产粮食的耕地自给率，能够反映粮食自给率偏高时的隐性矛盾。①

隐性自给率不再用粮食数量作为评估粮食安全的指标，而是用保障国家或地区粮食安全所需要的耕地面积及播种面积作为衡量指标。研究表明：随着中国粮食安全由数量型向质量型转变，结构性矛盾开始显现，

① 王宏广，等. 填平第二经济大国陷阱：中美差距及走向［M］. 北京：华夏出版社，2018.

的14%为紧急状态。

世界粮食安全委员会（2000年）提出用营养不良人口发生率、人均摄入能量、谷物等植物性热量占比、预期寿命、5岁儿童死亡率、5岁儿童体重不足占比、成人体重指标小于18.5的占比7项指标衡量粮食安全。英国《经济学人》从2012年起，每年发布“全球粮食安全指数”（GFSI），对100多个国家和地区的粮食供应能力、价格承受力、可获得性、粮食质量4个方面，用27个指标综合评估粮食安全。2012年，美国粮食安全指数为89.5分，位居第一，其次为丹麦、挪威、法国、荷兰；2018年，新加坡粮食安全指数排名第一，但新加坡粮食自给率低，主要依赖进口，这表明该安全指数存在一定偏差。《经济学人》2018年的数据显示，我国粮食安全指数居世界第46位。

世界粮食计划署与英国风险分析公司Maplecroft联合公布的“粮食安全风险指数”，采用谷物产量、人均国内生产总值、极端天气发生风险、农作物品质、粮食分派的基础设施、冲突以及政府效率等12个指标进行评估，将不同国家分为极度高风险、最高风险、中度风险、较低风险和粮食充裕等粮食安全等级。我国2010年被列为“中度风险”国家，排在第96位；2012年，我国位列该榜单第38位，而粮食自给率仅20%的韩国却居第21位，这说明粮食安全风险指数也存在一定偏差。

（二）国内粮食安全指数研究

我国学者对粮食安全也进行了大量的研究与探索。朱泽在1997年选择了粮食产量波动系数、粮食自给率、粮食储备水平、人均粮食占有量和低收入阶层的粮食保障水平等指标，建立了粮食安全系数预警模型。①

① 朱泽. 中国粮食安全状况研究［J］. 中国农村经济，1997（5）：26–33.

马九杰等在2001年用食物及膳食能量供求平衡、粮食生产波动、粮食需求波动、粮食储备、粮食外贸依存系数和粮食价格6项指标，构建了粮食安全综合预警模型。[①]王宏广、褚庆全等在2002年从粮食数量安全、质量安全、经济安全、生态安全、市场安全5个方面测算了我国粮食安全的现状与发展潜力。[②]2007年，杨艳涛等提出了食品质量综合指数的概念及计算方法，选用了居民食品质量安全意识、食品加工业、加工安全、加工辅料安全、加工环境卫生安全水平、加工技术安全6类指标，绘制了2002—2009年的粮食安全预警图。[③]华南师大“三农”与城镇化研究所于2011年首次公布了31个省（市、区）的“粮食安全指数”，用资源、要素、生产、粮食产量、经济水平、国内市场环境、国际市场环境、流通储备8个因素计算了我国不同省（市、区）的粮食安全指数。

本书第十七章将从粮食数量安全、质量安全、生态安全、技术安全、经济安全、社会安全6个方面，用48个指标测算粮食安全指数，并进行中国粮食安全区划。

---

① 马九杰，张象枢，顾海兵. 粮食安全衡量及预警指标体系研究［J］. 管理世界，2001（1）：154-162.

② 王宏广，等. 中国粮食安全研究［M］. 北京：中国农业出版社，2005.

③ 杨艳涛，等. 食品质量安全预警与管理机制研究［M］. 北京：中国农业科技出版社，2013.

第三章

粮食危机、粮食战可能会再次出现

粮食是保障人类健康的商品，往往也是国家之间斗争的武器。

人类发展史在某种程度上就是与饥饿做斗争的历史，粮食危机、粮食战从未间断，总有人吃不饱，总有国家用粮食对别国施加干预。人类在粮食生产、加工、储备、流通等领域取得了巨大的成就，使地球能够养活77亿人口，但在工业文明、信息文明的今天，人类仍然没有彻底摆脱饥饿的困扰，粮食危机始终困扰着人类的生存与发展。一些国家或地区甚至把粮食作为武器，威胁、干涉别的国家或地区，人类经历的粮食危机可能反复出现。

一、粮食危机困扰人类的生存与发展

世界粮食总产呈上升趋势，从1946年的5.33亿吨增加到2019年的27.22亿吨。同期，全球人口从22.75亿增加到77亿，粮食增产总量明显低于人口增长总量。世界人均粮食产量从1946年的约234千克增加到2019年的350千克左右。但是，世界粮食生产不平衡，各国人均粮食产量差距大，有的国家人均粮食产量高达1100～1800千克，而有的国家人均粮食产量甚至不足100千克。在非洲和亚洲等欠发达地区，人们依然面临着饥饿、战争和营养不良等困境。

世界粮食危机产生的原因主要包括四个方面。一是全球粮食生产消费不平衡。储粮大国产粮接近全球粮食总产的一半，控制了世界粮食出口量的80%左右；多数发展中国家由于机械化和良种化程度等相对落后，造成粮食供应不足的现状。粮食生产能力的差距导致了分配与消费的不均等。二是全球人口增加。人口数量日渐庞大导致世界粮食问题越来越严重。目前，世界粮食产量无法满足人口增长所带来的需求，缺粮最严重的国家正是那些人口增长速度快的发展中国家和地区，如撒哈拉以南的非洲地区。三是全球环境和气候恶化。环境恶化导致的自然灾害严重影响粮食生产，水灾、旱灾的影响最为严重。此外，土壤退化、荒漠化问题日渐严重，全世界100多个国家的荒漠化土地面积达到3600万平方公里，占地球陆地面积的28%，并且正以每年5万～7万平方公里的速度扩大。四是冲突和战乱等。不安定因素使原本就落后的国家的人民生活更加艰难，连年的战乱让这些本以农业为主而又贫困的国家雪上加霜。1990年，仅武装冲突（主要是内战）就导致全球至少8000万人陷入饥饿和营养不良的境地。

目前，发展中国家有20%的人口处于饥饿和营养不良状态。人口学家预计，2025年世界人口将达到80亿，其中发展中国家人口将达到68亿，届时人口数量和粮食生产之间的总体平衡将被打破，人类将陷入严重的粮食危机当中。亚非拉国家没有足够的经济实力来购买粮食，这将直接危及全球8亿多缺粮人口的生存。而发达国家为了减少自己的损失和维持世界粮食市场的价格，反而会选择缩减耕地面积，甚至会采取销毁粮食的办法。近些年来，某些发达国家为应对油价飙升、气候变暖和生产生物燃料导致粮食需求日益增长，引发了新一轮的粮食危机。这种矛盾的产生是世界农业长期发展不平衡的结果。粮食安全问题不仅关系着人们能否吃饱饭，还影响着一个国家在世界舞台上的政治、外交地位。

（一）非洲2.5亿人口没有吃饱

非洲总是和“饥荒”“贫困”“疾病”“落后”这些词语联系在一起，但非洲不仅是人类发源地之一，还是世界粮食作物种类最多的大陆，也是世界重要的热带经济作物产地。由于经济和农业发展的落后，粮食生产举步维艰，也没有充足的财政资金用以进口粮食，非洲地区一直处在粮食危机的影响之下。撒哈拉以南的非洲地区是世界饥饿、半饥饿人口数量最多的地区。20世纪70年代初期因干旱造成的严重的粮食安全危机以及同一时期国际市场粮食价格的上扬，让非洲粮食危机更加严重。联合国粮农组织的统计表明，在整个20世纪80年代，非洲是全世界唯一一块人均粮食产量不断降低、赤贫人口数量不断上升的大陆。《2020年世界粮食安全和营养状况报告》中提到，2019年世界有接近6.9亿人遭受饥饿，其中非洲有2.5亿人。历史遗留问题、自然灾害、农业生产与管理水平低下等都是导致非洲粮食安全问题的主要原因。只有全面掌握非洲农业生产的特点，才能准确地缓解非洲粮食安全问题。

（二）亚洲近3.8亿人口营养不良

亚洲是拥有世界上最多发展中国家的大陆，是全球粮食的重要产区。与世界其他地区的发展中国家相比，亚洲发展中国家的稻谷已自给有余，2019年全世界稻谷总产量为7.1亿吨，其中亚洲约占70%。稻谷最大的生产国是中国和印度，两国年产量之和突破3.5亿吨。20世纪70年代，亚洲营养不良人口曾达到7.9亿，2019年食物不足的人口仍有近3.8亿。人口增长过快导致粮食生产不能满足当前人口的需要：尼泊尔从过去的余粮国变成粮食净进口国；孟加拉国的粮食生产也极不稳定，要实现粮食自给仍需付出较大努力。亚洲国家粮食危机产生的主要原因有：人口增长导致粮食需求增加、耕地面积减少、生产效率低下等使本国粮食生产无法自给自足；农资成本增加导致粮食生产成本提高，同时也降低了农民种粮的积极性；发展中国家面临发达国家农产品的倾销、产品出口困难以及低于成本的市场价格等问题；一些发达国家进行的生物能源的研发推广加重了世界粮食的短缺，进而导致粮价不断上涨。

（三）欧洲的粮食危机

欧洲历史上的饥荒有记载的就有将近100次，其中死亡人口较多的有：1693—1694年法国发生的200万人死亡的饥荒；1845—1857年苏格兰高地马铃薯饥荒造成了200万人迁徙至外地；1845—1849年爱尔兰大饥荒造成了超过100万人死亡……在经历了第二次世界大战的洗礼之后，许多西欧国家的人民还处在营养不良的生活状态。为了从经济萧条和民不聊生的现状中走出来，尽快恢复经济实力和农业生产，欧洲共同体于1957年组建，并于1967年开始实施共同农业政策。联合国粮农组织统计显示，西欧的粮食单产一直稳步提升，这得益于农业先进技术的应用和欧洲共同农业政策。20世纪90年代初的政治动荡和政策变化，终止了农资（包括化肥和杀虫剂）的补贴和向农场提供的补贴贷款，导致东欧和苏联的粮食总产大幅下降。1979—1980年，随着周期性世界经济危机的爆发，尽管自1983年以来经济出现回升，但欧洲粮食危机仍在继续，其起因归根结底在于利润对粮食生产的支配。

二、新冠肺炎疫情使粮食战风险陡升

“二战”刚结束时，粮食短缺是全球现象。当时，法国每人每天只能领取两块面包，英国直到1949年还在实行面包、马铃薯和糖果的配给制度，而整个欧洲更是有数百万人饱受饥饿折磨。此时，附带政治条件的粮食援助，便成为美国的重要地缘政治手段。在欧洲，美国以赊账的方式把粮食提供给法国和意大利，以免其倒向苏联。南亚的某些国家一遭旱灾，美国立刻给予粮食援助，这听起来充满人道主义的光辉，但其主要目的是钳制苏联南下。1954—1956年，粮食援助占美国对外援助的一半以上。随着战后经济复苏，摆脱饥荒的国家越来越多，然而粮食战争却从未停止。20世纪90年代，美国直接把别国的饭碗抢到了自己手里——美国不仅控制了作物产业的知识产权，还一手取消了对发展中国家的粮食生产援助和补贴，逼迫各国打开农业市场。美国的农产品乘虚而入，将其他国家农业逼入绝境。近年来，美国政府单方面对中国挥舞起了关税和配额的大棒，导致中国大部分大豆企业破产。美国趁机收购，中国大豆自此逐渐失去自主权，大豆市场对美国的依赖与日俱增。进入21世纪，国际大型企业集团强化了对全球粮食产业链的控制，国际四大粮商（美国ADM、美国邦吉、美国嘉吉和法国路易达孚）垄断了世界粮食交易量的80%，控制了美国、巴西和阿根廷等主要原料市场和全球运输及仓储系统，全方位进入中国粮食市场的竞争。

2020年年初，新冠肺炎疫情在全球蔓延，同期全球仍有近6.9亿人处于饥饿状态。《2020年世界粮食安全和营养状况报告》预测，在全球范围内，由于新冠肺炎疫情引发的经济衰退，多数弱势群体的粮食安全和营养状况很可能进一步恶化。疫情使全球粮食体系的脆弱性凸显，需要各方共同应对。“越是面对风险挑战，越要稳住农业，越要确保粮食和重要副食品安全。”习近平总书记针对疫情影响多次强调粮食安全的极端重要性，深刻指出，“这次新冠肺炎疫情如此严重，但我国社会始终保持稳定，粮食和重要农副产品稳定供给功不可没。”新冠肺炎疫情的发生，是对粮食安全的现实考验，再次彰显了保障粮食安全的重要性。

第四章
人类消除饥饿面临种种难题

人类种植粮食已经有1万多年了，但至今仍不能使人人都吃饱肚子。近6.9亿人口仍然忍受着饥饿的折磨，10亿人口因营养过剩而遭受肥胖等富贵病的困扰，世界粮食鸿沟长期存在。展望未来，人类何时全面告别饥饿？如何告别饥饿？我们仍然看不到希望，找不到出路。人类要彻底告别饥饿至少需要回答以下几个问题。

一、为什么吃饱比登月还难

人类首次登月距今已经有51年了，火星探测器已开启探索火星之路。人类种植粮食已经1万多年了，为什么至今没有解决人人“吃饱”的问题？吃饱真的比登月还难？

我们研究认为，解决人类粮食安全问题，需要技术，需要政策，需要投入，更需要国际合作，最终解决还需要人类文明的提升。只有拥有土地、技术、财富的国家向土地、水资源、技术、资金严重不足的国家或人群给予无私的援助与支持，才能给人类告别饥饿带来一线希望，可在弱肉强食的“丛林法则”仍然横行的世界，这几乎是不可能的。人类能不能少生产一些武器，多生产一些粮食？为什么登月易、吃饱难？

“二战”后形成的世界经济和政治格局已经发生了变化，当今世界经济增长乏力，金融危机阴云不散，发展鸿沟日益突出，兵戎相见时有发生，冷战思维和强权政治阴魂不散，恐怖主义、重大传染性疾病、气候变化等非传统威胁持续蔓延。一直以来，饥饿和粮荒主要发生在中低收入的第三世界国家，弱肉强食的“丛林法则”加剧了它们局势的动荡，战争的阴霾笼罩在这些区域上空。落后、愚昧、灾民、杀戮似乎成为这些国家的代名词，西方世界“以我为主”的强盗式干预无疑使它们的局势雪上加霜。

战争的阴霾一日不散，少造武器、多产粮的和平美好愿望就不能实现；外部势力的殖民统治一日不除，独立发展的空间就不会来临；内斗的局势一日不改，枪炮下的残垣断壁只能是占山为王者的天下；贫困的格局一日不变，武力庇护下的毒品就会鸠占鹊巢，农田里种植的将是罂粟和大麻……

二、未来新增23亿人吃什么

联合国人口司估计，2025年世界人口将达到80亿，2043年将达到90亿，2083年将达到100亿，与2019年的77亿人口相比，未来世界将新增23亿左右的人口。77亿人中有近6.9亿人还没有吃饱，未来新增23亿人吃什么？这是保障人类粮食安全必须回答的第一个问题。

2018年世界人均谷物产量380千克，发达国家人均谷物产量在650千克以上，发展中国家人均谷物产量的平均值仅250千克，不到发达国家的40%。世界粮食数量安全整体没有达到人均400千克的粮食安全线，尤其是发展中国家的人均粮食占有量离安全线尚有很大的差距。

由于缺乏获取粮食和营养的有效途径，全球约20亿人经历着中度或重度的粮食安全风险，其中近6.9亿人处于饥饿状态。①从经历粮食风险（中度或重度）总人数的分布来看，处于饥饿状态的人口主要集中在中等和低收入国家，其中亚洲有10.3亿人，非洲有6.75亿人，拉丁美洲及加勒比有2.05亿人，北美洲和欧洲有8800万人，大洋洲有590万人。②地球上的粮食产量足以维持全人类的生存，但由于粮食生产不平衡，仍有超过15亿人无法负担满足人体必需营养素的膳食，超过30亿人无法负担哪怕是最低价的健康膳食。新增的23亿人分布在世界各个区域，因此，粮食安全是影响人类的全球性问题之一。

三、地球究竟能养活多少人

地球究竟能承载多少人？人口专家预测全球人口可达100亿；生态学家测算地球合理承载人口是35亿，现在地球已经超载。有科学家测算，如果像美国人一样消费，那么全球人口需要7个地球来承载。参照合理的承载力，地球能养活多少人？一是取决于人均消费水平，二是取决于科技进步。

我们在1993年出版的《中国农业：问题·潜力·道路·效益》一书中提出了粮食生产潜力九级订正法，计算了光照、温度、水资源、灌溉条件、土壤、肥料、技术、经济、社会九个要素的人口承载能力。结果表明，中国粮食生产拥有巨大的潜力，第一方案潜力可达30%～46%，

---

① Food and Agriculture Organization of the United Nations. The state of food security and nutrition in the world. 2019: PP vii.

② Food and Agriculture Organization of the United Nations. The state of food security and nutrition in the world. 2020: PP xvi.

第二方案潜力为22%～38%，粮食产量可达到6.4亿吨左右（2019年已达6.64亿吨），中国土地能够承载16亿人口，但生态压力巨大。

宇宙只有一个地球，人类共有一个家园。[①]人口承载力本身是客观存在的，无论技术如何进步，制度如何改变，人们的消费模式和水平如何改变，一些为人类生存必需而且是不可再生也不可能替代的资源，终归是有限的，例如地球上的水资源、土地资源等。

地球人口承载力的极限在哪？我们需要进一步摆脱生物承载力的研究模式，从一种固定不变的环境和不变的生活模式中解脱出来，充分考虑人类生态系统已有的开放性、技术、体制、文化、消费等因素的影响及其变化。因此，从动态的、变化的角度来研究人口承载力，将成为未来人口承载力研究的共识。[②]地球能养活多少人的估计数多达65个以上，但结果差异巨大，从最低的不足10亿到最高的超过1万亿。综合动态方案的研究结果，地球能容纳养活的人口数量在100亿到160亿之间。

人类不可能也不愿意通过实证去验证"地球能养活多少人"，这一问题跨越了几乎所有学科的界限，生态学、地理学、人口学、经济学、社会学、土壤学、农学、营养学、政治学乃至军事学等领域的专家和学者都做出了贡献。大家主要有以下几种观点。

1.生态学家认为土地最大承载力人口为22亿～35亿。一是采用人口增长S模型。1948年《生存之路》计算出土地和自然资源的最大承载力人口约为22亿，1971年斯坦福大学《人口爆炸》计算出土地和自然资源的最大承载力人口约为35亿，1972年《增长的极限》曾经预言人类社会将在未来100年崩溃。实际情况是，世界人口的增长并没有因为以上所

① 中共中央宣传部. 习近平新时代中国特色社会主义思想三十讲［M］. 北京：学习出版社，2018.

② 童玉芬. 人口承载力研究的演进、问题与展望［J］. 人口研究，2012（5）：28-36.

谓的人口承载力而停止增长并呈“S”形，而是几乎始终呈现指数型增长。二是采用生态足迹法。20世纪90年代初，加拿大大不列颠哥伦比亚大学威廉·E.里斯（William E. Rees）教授提出，当一个地区的生态承载力小于生态足迹时，会出现“生态赤字”；当其大于生态足迹时，则产生“生态盈余”。按人均2.2公顷的生态足迹计算，全球人口现在消耗自然资源的速度已经超出了地球资源再生能力的20%。[①]

2.人口专家认为地球人口将超过100亿。在联合国人口司世界人口展望数据的9套方案中，有6套方案认为，地球人口规模会超过100亿。只有低方案（low variant）、惯性方案（momentum）和固定死亡率方案（constant-mortality）预计地球人口最高分别为89亿、93亿和95亿。这三种方案是相对极端的情景，发生的概率比较低。更多专家偏向中方案，即地球人口终将超过100亿。

3.农学家认为地球最多可养活1万亿人口。1967年，荷兰植物生理学家戴维特（De Wit）估算，若只有光合作用而没有其他因素影响，地球可养活的人口达1万亿。但这种假设是不存在的，粮食生产除光照以外，还要受到温度、水资源、灌溉条件、土地、肥料、技术、经济、社会等要素的制约。

总之，关于“地球能养活多少人”或者“地球人口承载力极限在哪”，不同研究者有不同的结果。地球可承载的人口数量，一方面取决于人均资源消耗情况，另一方面取决于科技进步的速度。现在超载，将来有可能不超载，地球能够承载的人口数量将是一个动态变化的数字，而通过科技进步减少资源消耗是解决超载问题的上策。

---

① 资料来源：世界自然基金会《2004年地球生态报告》。

四、未来粮食增产靠哪些技术

耕地在减少，人口在增加，粮食增产只能依靠提高单产，而单产提高只能依靠技术，没有别的出路！依靠什么技术呢？目前看来，最有潜力的技术是转基因技术、人造肉技术，但人们并不愿意接受这些技术。靠科学家们再发明一些新技术，还是靠消费者转变观念？这是科学问题，也是文化问题、社会问题。

联合国粮农组织统计数据显示，2018年，世界粮食总产达到历史最高，为33.1亿吨。自1961年以来，粮食总产增长了2.67倍，粮食单产增长1.89倍。1961—2018年，粮食单产贡献率达73%，面积贡献率仅为27%。有专家测算，粮食增产60%才能满足2050年粮食安全的需求。

未来粮食生产技术的突破口在哪里？一是大幅度推广标准化种植技术，这是最可行、可靠的技术。全球粮食高产区与低产区的产量差距较大，推广高产区种植技术体系，有望提高低产区的粮食产量，这也是当前各国政府、企业、农民可选择的最可靠的技术。进行农作物超高产栽培技术及其生理、生态机理研究，在未来5～15年内，使得粮食作物单产提高15%～20%，这在技术上是可行的，在生态上是可承受的。二是提高粮食单产。提高粮食单产过去主要靠第一次绿色革命的技术——培育大量杂交品种，提高产量超过20%，但对一些自花授粉的作物，不能利用杂交的方法，只能使用转基因、基因编辑等方法。然而，由于生物安全的争论，消费者并不完全认同转基因技术。三是发达国家恢复退耕面积，维持世界粮食安全。按全球48亿亩耕地计算，全球复种指数每提高10～15个百分点，可以增加4亿～6亿亩播种面积。这是经济问题、生态问题，也是人类文明问题，发达国家不一定愿意做。四是基因编辑技术将掀起新一轮育种技术革命，人造肉有望解决人类蛋白食物短缺问题。

新的技术会不断涌现，人类粮食安全问题最终只能靠技术来解决。

五、气候变暖会使粮食减产

气候变暖是人类共同面临的重大挑战，我们需要大量资金与时间回答、解决这一问题。气候变暖对热带、亚热带国家和地区的粮食生产有负面影响，但对寒温带、寒带的国家和地区的粮食生产则有促进作用。所以，如何在气候变化中趋利避害是保障粮食安全面临的又一个问题。气候始终是影响农业生产的首要决定因子，全球绝大部分农业生产特别是粮食生产直接受控于气候要素和气候系统。自工业革命以来，大气中二氧化碳浓度已从280毫克/升上升到2019年的415毫克/升，[①]近百年来全球地表平均温度上升了0.74℃。在全球变暖背景下，部分地区冰川融化、干旱蔓延、作物生产力下降，而温室效应将继续造成深远而巨大的影响，其中不少影响是负面的或不利的。全球气候变化将使人类面临前所未有的严峻挑战，而“靠天吃饭”的农业必然是受冲击最大的行业之一，粮食安全首当其冲。

温室效应对粮食产量的影响需要辩证地看。二氧化碳浓度增加有利于植物生长，但是不同作物对二氧化碳浓度增加的反应不一。如果气温升高而水分减少，粮食作物将减产；如果气温升高和水分增加相匹配而且同季，粮食作物将增产；如果气温升高而水分无变化，冷凉湿润地区的粮食作物将增产。气候变化对大多数非灌溉耕地的负面影响将更加严重。

粮食作物病虫害问题复杂化。随着气候变暖，区域性水热平衡和季节分配失调，各种病虫害发生概率将会激增：暖冬为越冬害虫及虫卵提

---

① 资料来源：美国国家海洋和大气管理局（NOAA）莫纳罗亚气象台。

供了温床，使其死亡率降低、存活数量上升，易造成常发性病虫害持续发生，次要或潜在性病虫害不断发生，一些原已被控制的病虫害的发生概率再度严重回升。

粮食生产成本大幅提高。肥效对环境温度的变化十分敏感，尤其是氮肥。气候变暖后，土壤有机质的微生物分解将加快，从而导致地力下降。研究表明，在温度升高1℃的情况下，能被作物直接吸收利用的速效氮的释放量增长约4%，释放期缩短3.6天。因此，要想保持原有的肥效，就必须加大施肥量，每次的施用量需相应增加4%左右。更多的施肥和病虫害防治将增加粮食生产成本。

六、吃饱权是最基本的人权

我们研究认为："吃饱是最基本的人权。""民以食为天，无粮则不稳。"吃、穿、住、行、医，吃是第一位的，自古皆然。粮食作为人类第一生活必需品，在世界和国家的和平安宁与可持续发展中起着举足轻重的作用。粮食权，是一个人应该享有的基本权利，是生命权的重要组成部分，直接关系到人类自身的生存与发展。《联合国宪章》确立了维护基本人权尤其是生命权和生存权的精神。只有捍卫生存权，人类才有可能争取其他权利。

自1948年《世界人权宣言》第二十五条第（一）款首次确认该项权利以来，"食物权"已被多个国际法律文件确认为人权的内容。1966年《经济、社会及文化权利国际公约》(*International Covenant on Economic, Social and Cultural Rights*) 第十一条是有关"食物权"的最重要规定。该公约的"食物权"包括"享有充分的食物"和"免于饥饿的基本权利"。联合国粮农组织一直倡导获得食品、消灭营养不良是一项基本的人权，并于1974年在世界粮食大会上通过了《世界粮食安全国际约定》。从人权的视角来看，“食物安全”即在粮食安全的范围内实现“充足的食物权”。

1991年，中国国务院办公厅发布了《中国的人权状况》白皮书，其中第一条就明确指出：“生存权是中国人民长期争取的首要人权。”时任国务院总理的李鹏在世界粮食首脑会议上一再强调：“粮食是人类生存和发展的必需品，获得充足的食品是每一个人应该享有的基本权利，这是最基本的人权。”任何国家都要遵守和执行“尊重食物权”、“保护食物权”和“实现食物权”的义务。

七、填平粮食鸿沟要靠文明

当今世界存在粮食鸿沟。一方面，在拥有先进技术和丰富自然资源的发达国家，粮食过剩导致劳动力和土地资源大量闲置，农业补贴负担沉重，粮食增长的动力明显不足，粮食生产体系不稳定；技术先进但自然资源匮乏的发达国家（比如日本），在工业化过程中大量占用耕地，通过大量进口粮食转移本国农业自然资源危机，进一步加剧了发展中国家的资源短缺问题。另一方面，一些发展中国家（比如中国、印度等）经济迅速发展，但由于受到人口众多和农业资源紧缺等诸多因素的制约，本国粮食自给问题和压力很多，无暇旁顾；大多数发展中国家粮食仍然不能自给自足，仍然面临粮食生产不足和缺乏足够的粮食进口能力的双重制约。

从近60年的世界农业生产状况来看，粮食鸿沟将进一步加大，并将长期存在，主要表现为人均谷物占有量差距、谷物单产水平差距、人均肉类产量差距以及人均食物消费量差距。此外，发达国家和发展中国家在农产品贸易方面的差距不断加大，发达国家农产品始终占据世界农产品贸易的主导地位，农产品贸易额占世界农产品贸易额的比重一直在70%以上。虽然发展中国家在世界农产品贸易中的进口比例有所增长，但是农产品出口的比例却不断下降。再有，科学技术创新的鸿沟明显，发达国家科技创新加快，与发展中国家技术差距加大。从科技发展水平和发展趋势来看，农业信息技术、生物工程、遗传科学等高新技术迅速发展，加大了发达国家与发展中国家之间的技术差距，使发展中国家在竞争中处于不利地位。

填平世界粮食鸿沟，不仅需要技术、政策、投入，还需要人类文明的升华，需要土地、技术、资金丰富的国家或地区对粮食短缺、经济欠发达国家或地区的无私、长期的支持与帮助，否则人类彻底告别饥饿将是永远的梦！地球本来会更美，人类本来会更好，只因文明迟到了一些，期待文明早日升华！

第二篇

世界粮食安全

“二战”以后，世界粮食安全形势得到很大改善，粮食产量增速明显，人民膳食水平不断提高。

世界粮食安全的现状是：总量不足、分配不均，粮食过剩与粮食短缺并存，食物鸿沟难以消除，40多个国家缺粮，10亿人口营养不良，6.9亿人口处于饥饿状态，10亿人口偏胖或超重。

本篇从世界粮食生产、消费、贸易三个角度，回顾了近60年的规律，预测了未来20年的趋势。吃饱、吃好、吃科学是保障世界粮食安全面临的长远而艰巨的任务。

第五章
粮食生产：60年回顾与20年展望

“二战”以后，世界相对和平，农业科技进步明显，粮食生产稳步提升。未来20年，粮食生产仍有望保持上升势头。

1961—2018年的近60年来，世界粮食产量增长了2.67倍，粮食单产增长了1.89倍。粮食增产的73%来自单产增长，27%来自播种面积增长；支撑单产提高的关键技术是优良品种、灌溉、化肥与农业机械等；支撑世界粮食产量增长的主要国家是中国、美国及印度。中国在高速工业化、城镇化情况下，避免了一些专家预测的粮食产量会下降30%的问题，实现了工业化与农业现代化的同步；美国粮食增产主要依赖于转基因作物的推广；印度粮食增产主要依靠第一次绿色革命，改良并推广优良品种。支撑世界粮食产量增长的主要品种是玉米、水稻，小作物与杂粮种植面积呈现下降趋势。我们预测：世界粮食产量还将持续增长，增长的关键因素仍然是科技进步的推力、粮食需求量增加的拉力；到2040年，世界粮食总产有望达到41亿吨，比2018年增长23.9%。

一、粮食产量近60年增长2.67倍

粮食生产受自然环境、科技水平、消费水平以及政策等因素的综合影响，不同时期、不同国家、不同粮食品种呈现不同的增长态势。进入21世纪后，由于农业技术进步等因素，粮食产量增速逐渐提高，同时世界人口增速放缓，所以出现了粮食增速高于人口增速、人均粮食占有量持续增长的良好势头。

（一）粮食产量跨越了9个2亿吨生产台阶

1961—2018年，粮食产量呈阶段性波动增长，先后经历了稳定增长、缓慢波动增长和快速波动增长三个阶段，共跨越了9个粮食总产增加2亿吨的生产台阶，而同期人口持续稳定增长但增速放缓，因此出现了人均粮食产量逐渐增加且增速越来越高的现象。

1. 粮食总产增长是人口增长的1.81倍

近60年里，粮食总产和世界总人口均呈持续增长势头，尽管粮食总产增长波动幅度大于人口增长幅度，但其增速却高于人口增速。1961—2018年，粮食总产增长了2.67倍，是同期世界人口增长的1.81倍，人均粮食占有量持续增加，粮食安全问题正在逐步改善。

（1）粮食总产增长2.67倍。世界粮食总产从1961年的90275万吨增加到2018年的331158万吨，增量为240883万吨，增长了2.67倍，2017年达到历史最高产量337333万吨。以1961年为基期，到2018年的57年中，世界粮食产量相比上年增产的有40年，其中12年增产幅度超过了5%（2004年达到10%，是粮食增产幅度最大的一年），其余28年粮食产量增速均在5%以下。减产的仅有17年，其中1983年减产4%，是减产幅度最大一年，其余年份减产幅度都在3%以下。以上数据表明，全球粮食产量相对稳定。

（2）人口增长146.9%。1961年世界总人口为30.9亿，世界粮食总产为9.03亿吨。20世纪末期，世界总人口比1961年增长了近一倍，达到60.6亿。在此期间，世界粮食产量虽波动较大，但仍然持续上涨，20世纪末总产达到22.19亿吨，增长1.46倍。2011年，世界总人口已经突破70亿，此时世界粮食产量已达到28.49亿吨。截至2018年，世界总人口已达到76.3亿，比1961年增长146.9%，世界粮食产量为33.12亿吨，比1961年增长266.8%（见图5-1）。可以看出，1961—2018年，世界粮食产量和世界总人口均呈现整体上升的趋势。

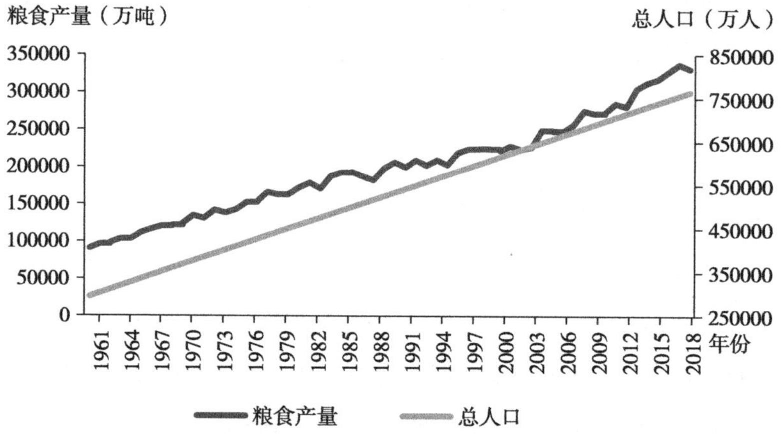

图5-1　世界粮食产量与总人口变化（1961—2018年）

注：本章所有图、表的数据均源于联合国粮农组织（特别说明的除外）。

（3）在超过一半的年份中，粮食总产增长率大于人口增长率。1961—2018年，世界总人口稳中有增，粮食总产增长较为迅速。从增长率来看，人口增长率自1961年开始呈现缓慢增长的趋势，直至1970年，人口增长率达到2.1%的峰值后，开始呈现持续缓慢下降的趋势。在此期间，世界粮食总产增长率波动较大。21世纪以来，世界粮食总产增长率波动程度略有下降，可能的原因在于：随着农业技术的发展和全球可持续发展的推进，农业受自然环境等因素的消极影响相对减少，同时世界人口增长率逐渐降低，人口持续平稳增长。1962—2018年，粮食总产增长率高于世界人口增长率的年份有31年，人口增长率高于世界粮食总产增长率的年份有26年，其中人口增长率与粮食总产增长率差值最大的年份是1984年，差值达到8.23%。20世纪末，二者差值开始逐渐变小，差值最小的年份是2010年，差值仅为0.5%。

2. 粮食产量年均增长率是人口年均增长率的1.44倍

1961—2018年，粮食产量持续增长，跨越了9个粮食总产增加2亿吨的生产台阶。世界人口总量虽在增长，但增速在下降；粮食产量年均增长率为2.3%，是人口年均增长率的1.44倍。人均粮食占有量呈现先减后增的态势，且增速不断提高。

（1）粮食产量年均增长率为2.3%。从发展阶段来看，世界粮食增产总体趋势向好，平均每年增量达到4224万吨，年均增长率为2.3%。从增量来看，除了1990—2000年粮食增量为15978万吨的历史最低水平，其他阶段都相比上一阶段持续增加，2010—2018年增量达到历史最高水平，年均增量达到7238万吨。从阶段增长率来看，1961—1970年最高，达到36.8%；1990—2000年最低，仅为7.8%。从年均增长率来看，1961—1970年最高，达到3.5%；1990—2000年最低，仅为0.7%（见表5-1）。

表5-1 世界粮食产量波动变化

阶段	增量（万吨）	阶段增长率（%）	年均增量（万吨）	年均增长率（%）
1961—1970年	33246	36.8	3694	3.5
1970—1980年	39474	31.9	3947	2.8
1980—1990年	42924	26.3	4292	2.4
1990—2000年	15978	7.8	1598	0.7
2000—2010年	51254	23.1	5125	2.1
2010—2018年	57907	21.2	7238	2.4
1961—2018年	240783	266.7	4224	2.3

（2）人口年均增长1.6%。以10年为一个阶段对世界人口增长进行分析，世界人口的增速呈现先急后缓的趋势，1961—2018年，世界人口年均增长7964万人，年均增长1.6%。其中，1980—1990年增量达到历史最高，为86923万人；在此之后的阶段，人口增量逐渐减少，人口增速放缓。从阶段增长率来看，1970—1980年达到最高水平，为20.5%，1980年后持续下降，在2010—2018年达到历史最低水平，仅为9.7%。从年均增长率来看，随着人口基数的增大以及阶段增速放缓，1961—2018年世界人口年均增长率呈现持续缓慢下降的趋势，2010—2018年年均增长率仅为1.2%（见表5-2）。

表5-2 世界人口的波动变化

阶段	增量（万人）	阶段增长率（%）	年均增量（万人）	年均增长率（%）
1961—1970年	60860	19.7	6762	2.0

（续表）

阶段	增量（万人）	阶段增长率（%）	年均增量（万人）	年均增长率（%）
1970—1980年	75756	20.5	7576	1.9
1980—1990年	86923	19.5	8692	1.8
1990—2000年	81626	15.3	8163	1.4
2000—2010年	81333	13.2	8133	1.3
2010—2018年	67427	9.7	8428	1.2
1961—2018年	453925	146.9	7964	1.6

3. 粮食总产跨越9个2亿吨生产台阶

从1961年到2018年，按照平均增产2亿吨作为一个台阶来看，世界粮食总产跨越了9个生产台阶，跨越一个台阶的最短周期为3年，最长周期为10年（见表5-3）。从1961年到2004年，粮食总产跨越了6个台阶，每增产2亿吨需要的年份呈增加趋势，第1、2个台阶的跨越都经历了5年，第3、4个台阶的跨越分别经历了7年和6年，第5、6个台阶的跨越都经历了10年。进入21世纪，粮食总产跨越台阶的速度增快，三个台阶的跨越年份分别为4年、5年、3年，粮食增产迈入新时代。从年均增量来看，最低增量出现在第5台阶，即1984—1994年，年均增量为2126万吨，最高增量出现在第7台阶，即2004—2008年，年均增量为6519万吨。从年均增长率来看，最高增长率出现在第1台阶，即1961—1966年，达到4.3%，最低增长率出现在第5台阶，即1984—1994年，仅为1.1%。

表5-3 世界粮食增长台阶（2亿吨）

阶段		增量（万吨）	周期（年）	年均增量（万吨）	年均增长率（%）
第1台阶	1961—1966年	21100	5	4220	4.3
第2台阶	1966—1971年	23054	5	4611	3.8
第3台阶	1971—1978年	31218	7	4460	3.0
第4台阶	1978—1984年	22008	6	3668	2.1
第5台阶	1984—1994年	21262	10	2126	1.1
第6台阶	1994—2004年	40123	10	4012	1.8
第7台阶	2004—2008年	26077	4	6519	2.5
第8台阶	2008—2013年	29454	5	5891	2.1
第9台阶	2013—2016年	22742	3	7581	2.4

4. 世界人均粮食占有量增量达到141.7千克

从发展阶段来看，世界人均粮食占有量总体变化趋势呈现先减后增的状态，年人均粮食占有量增量（以下简称年均增量）为2.5千克，年均增长率为0.7%。从增量来看，1961—1970年的人均粮食占有量增量在各阶段中最高，为41.8千克，阶段增长率和年均增长率均达到历史最高水平，分别为14.3%和1.5%；之后开始逐渐下降，1990—2000年达到历史最低水平，增量为−25.4千克，阶段增长率为−6.6%，年均增长率仅为−0.7%。此后，世界人均粮食占有量开始逐渐增加，且增速逐渐提高。2010—2018年，年均增量为5.2千克，达到历史最高水平，是全阶段年均增量的2倍多（见表5-4）。

表5-4 世界人均粮食占有量波动变化

阶段	增量（千克）	阶段增长率（%）	年均增量（千克）	年均增长率（%）
1961—1970年	41.8	14.3	4.6	1.5
1970—1980年	31.8	9.5	3.2	0.9
1980—1990年	20.9	5.7	2.1	0.6
1990—2000年	−25.4	−6.6	−2.5	−0.7
2000—2010年	31.4	8.7	3.1	0.8
2010—2018年	41.2	10.5	5.2	1.3
1961—2018年	141.7	48.5	2.5	0.7

（二）大豆产量跨越5个5000万吨生产台阶

由于饲料粮的增长速度快于口粮的增长速度，所以大豆产量增长速度明显快于谷物产量的增长速度，尤其是中国对大豆需求量的增加，拉动了全球大豆生产量的增加。

1961—2018年，大豆产量增长势头非常明显。近60年里，世界大豆总产量增长约11.97倍，在2017年产量创下历史最高纪录。对大豆生产进行阶段性分析，我们发现，大豆总产量前期增长平稳，进入21世纪后增速明显提升，前后共跨越了5个5000万吨生产台阶。

1. 大豆产量增长约11.97倍

1961—2018年，世界大豆总产量整体呈上升趋势，1961年大豆总产量为2688万吨，2018年大豆总产量为34871万吨，增长约11.97倍。如图5-2所示，大豆产量在2017年达到历史最高水平，为35303万吨；以1961年为基期，到2018年的57年中，增产年份为43年，累计增产

42395万吨；减产年份为14年，累计减产10212万吨，增产量是减产量的4.15倍。

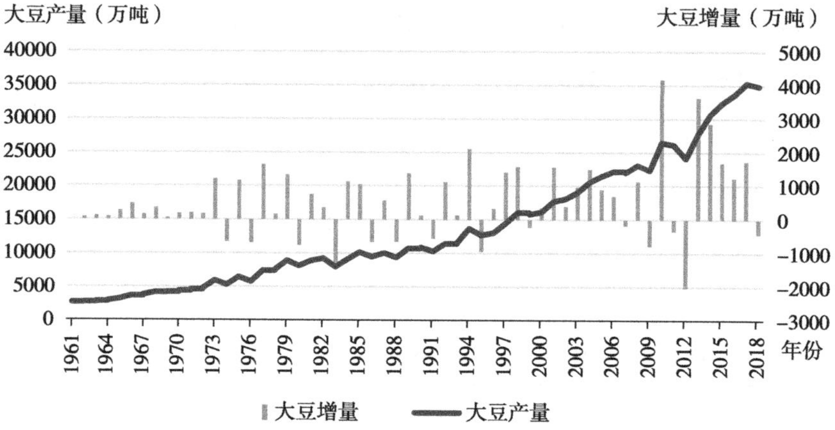

图5-2　世界大豆产量及增量变化（1961—2018年）

2. 大豆产量年均增长率为4.6%

按照10年一个阶段，对大豆产量进行阶段性分析。从增长趋势来看：从20世纪60年代到20世纪末，大豆产量整体呈波动性增加的趋势，且增速较为平稳；进入21世纪，大豆产量在波动中增长，其中2009年和2012年波动较大；2000—2010年和2010—2018年两个阶段，增量最多，分别为10378.0万吨和8362.0万吨；1961—2018年，年均增量超过500万吨；1980—1990年和2010—2018年两个阶段，增量分别为2742.0万吨和8362.0万吨，年均增量分别为274.2万吨和836.2万吨。从阶段增长率来看：1970—1980年最高，达到85.4%；进入21世纪后，大豆产量增量迅速提高，2000—2010年增量较1990—2000年增量增长了0.96倍，超过了前20年的阶段增量，创历史新高。从年均增长率来看，除了1980—1990年、1990—2000年和2010—2018年，其他阶段的年均增长率均超过了1961—2018年的年均增长率，1970—1980年最高，达到6.4%，1980—1990年最低，仅为3.0%（见表5–5）。

表5–5 世界大豆产量阶段变化

阶段	增量（万吨）	阶段增长率（%）	年均增量（万吨）	年均增长率（%）
1961—1970年	1682.0	62.6	186.9	5.5
1970—1980年	3734.0	85.4	373.4	6.4
1980—1990年	2742.0	33.8	274.2	3.0
1990—2000年	5285.0	48.7	528.5	4.0
2000—2010年	10378.0	64.3	1037.8	5.1
2010—2018年	8362.0	31.5	836.2	3.5
1961—2018年	32183.0	1197.3	564.6	4.6

3. 大豆产量跨越5个5000万吨生产台阶

1961—2018年，按照平均增产5000万吨作为一个台阶来看，世界大豆产量跨越了5个生产台阶，跨越每个台阶耗费的时间为5～18年（见表5–6）。耗费的时间呈下降趋势，跨越前两个台阶均花费了18年。进入21世纪，大豆产量跨越台阶的速度加快，跨越后三个台阶分别耗时7年、6年和5年，逐阶段递减。从年均增量来看，最大增量出现在第5台阶，即2010—2015年，年均增量为1164.4万吨。从年均增长率看，最高增长率出现在第1台阶，即1961—1979年，增长率为6.9%；最低增长率出现在第2台阶，即1979—1997年，增长率为2.7%。

表5-6 世界大豆产量增长台阶变化（5000万吨）

阶段		增量（万吨）	周期（年）	年均增量（万吨）	年均增长率（%）
第1台阶	1961—1979年	6182	18	343.4	6.9
第2台阶	1979—1997年	5563	18	309.1	2.7
第3台阶	1997—2004年	6122	7	874.6	5.2
第4台阶	2004—2010年	5954	6	992.3	4.3
第5台阶	2010—2015年	5822	5	1164.4	4.1

二、粮食单产近60年增长1.89倍

近60年来，粮食单产呈现波动式上升态势。推动粮食单产增长的主要因素是优良品种、化肥、农药、农业机械化，以及政策调动农民增加粮食播种面积。导致粮食单产下降的主要原因是干旱、洪涝等气候因素，以及政策对农业投入的负面影响。综合来看，各类粮食增产的波动在一定程度上具有相似性，虽波动幅度不一，但整体增长势头明显。

（一）粮食单产跨越3个生产台阶

1961—2018年，世界粮食单产增长了1.89倍，前后共跨越了3个750千克/公顷的台阶。

1. 粮食单产增长1.89倍

世界粮食单产从1961年的1345千克/公顷增加到2018年的3882千克/公顷，呈持续增长趋势，增长了1.89倍，在2017年达到3931千克/公

顷，创历史新高。以1961年为基期，到2018年的57年中，世界粮食单产较上年增加的年份有40年，累计增产3314千克/公顷；减产的年份有17年，累计减产777千克/公顷，增产量是减产量的约4.3倍。粮食单产增量最大的3个年份分别是2004年（239千克/公顷）、2013年（200千克/公倾）和1984年（181千克/公顷），减产幅度最大的3个年份分别是1988年（-90千克/公顷）、2005年（-87千克/公顷）和2012年（-71千克/公顷），如图5-3所示。

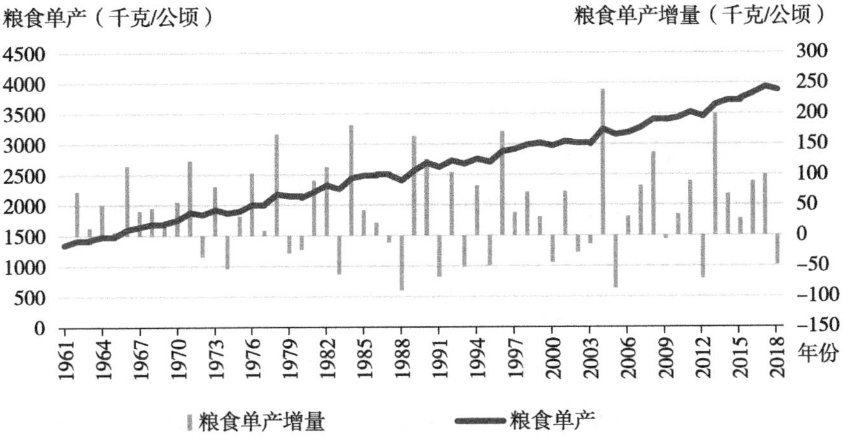

图5-3 世界粮食单产与增量变化（1961—2018年）

2. 粮食单产年均增长率为1.9%

世界粮食单产呈现波动增长的态势，平均每年单产增量为44.5千克/公顷，年均增长1.9%。从不同阶段增量来看，1990—2000年粮食单产增量最低，为280.2千克/公顷；1980—1990年增量为全阶段最高，达到569.4千克/公顷。1961—1970年阶段增长率和年均增长率最高，分别达到30.3%和3.0%；1990—2000年的阶段增长率和年均增长率最低，分别为10.4%和1.0%（见表5-7）。

表5-7　世界粮食单产阶段变化

阶段	增量（千克/公顷）	阶段增长率（%）	年均增量（千克/公顷）	年均增长率（%）
1961—1970年	408.3	30.3	45.4	3.0
1970—1980年	370.6	21.1	37.1	1.9
1980—1990年	569.4	26.8	56.9	2.4
1990—2000年	280.2	10.4	28.0	1.0
2000—2010年	456.6	15.4	45.7	1.4
2010—2018年	452.0	13.2	45.2	1.6
1961—2018年	2537.0	188.6	44.5	1.9

3. 粮食单产跨越了3个生产台阶

1961—2015年，世界粮食单产跨越了3个750.0千克/公顷的台阶，每个台阶的跨越周期为17～20年（见表5-8）。从1981年开始，粮食单产跨越台阶的速度相对较快。从年均增量来看，最低增量出现在第1台阶，即1961—1981年，粮食单产年均增量为43.5千克/公顷；最高增量出现在第2台阶，即1981—1998年，粮食单产年均增量为45.5千克/公顷。从年均增长率来看，最高增长率出现在第1台阶，即1961—1981年，达到2.52%；最低增长率出现在第3台阶，即1998—2015年，仅为1.33%。

表5-8　世界粮食单产台阶变化（750.0千克/公顷）

阶段		增量（千克/公顷）	周期（年）	年均增量（千克/公顷）	年均增长率（%）
第1台阶	1961—1981年	870.0	20	43.5	2.52
第2台阶	1981—1998年	773.0	17	45.5	1.78
第3台阶	1998—2015年	754.0	17	44.4	1.33

（二）大豆单产跨越4个生产台阶

1961—2018年，世界大豆单产持续波动上涨，增长了1.47倍，前后共跨越了4个生产台阶。

1. 大豆单产增长1.47倍

1961—2018年，世界大豆单产呈持续上升趋势，从1961年的1129千克/公顷增加到2018年的2791千克/公顷，增长了1.47倍；2017年，世界大豆单产达到历史最高水平，为2849千克/公顷。以1961年为基期，到2018年的57年中，世界大豆单产较上一年增加的年份为34年，累计增量为3686千克/公顷；减产年份为23年，累计减量为2023千克/公顷，增量是减量的1.8倍（见图5-4）。

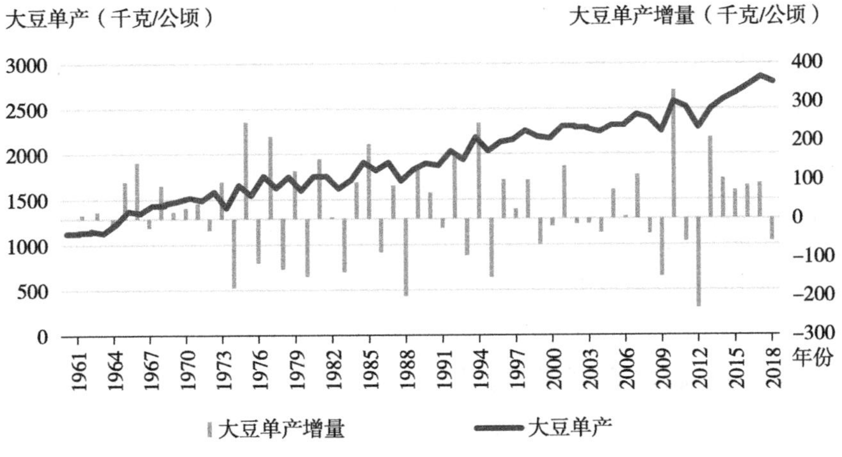

图5-4 世界大豆单产与增量变化（1961—2018年）

2. 大豆单产年均增长率为1.6%

从大豆单产的阶段变化来看，从20世纪60年代开始，大豆单产整体呈波动增长趋势，其阶段增量在1970—1980年和2010—2018年两个阶段略有下降，阶段增量分别为120.0千克/公顷和212.0千克/公顷，年均增长率分别为0.8%和1.0%，均低于整体年均增长率。1980年后，大豆单产增量和增速双双走高。1980—1990年和2000—2010年的增量分别为296.0千克/公顷和409.0千克/公顷，年均增量为29.6千克/公顷和40.9千克/公顷。从年均增长率来看，1961—1970年、1980—1990年和2000—2010年三个阶段年均增长率高于整体年均增长率，分别为3.1%、1.7%和1.7%（见表5-9）。

表5-9 世界大豆单产阶段变化

阶段	增量（千克/公顷）	阶段增长率（%）	年均增量（千克/公顷）	年均增长率（%）
1961—1970年	352.0	31.2	39.1	3.1
1970—1980年	120.0	8.1	12.0	0.8
1980—1990年	296.0	18.5	29.6	1.7
1990—2000年	275.0	14.5	27.5	1.4
2000—2010年	409.0	18.8	40.9	1.7
2010—2018年	212.0	8.2	26.5	1.0
1961—2018年	1663.0	147.4	29.2	1.6

3. 大豆单产跨越了4个生产台阶

1961—2018年，以平均375.0千克/公顷作为一个台阶来分析，世界大豆单产跨越了4个台阶，每个台阶的跨越年份为10～16年（见表5-10）。1961—2018年，大豆单产共经历了4个增产375.0千克/公顷的台阶，跨越第1台阶仅耗时10年，跨越后3个台阶分别耗时14年、16年和15年。从年均增量来看，最大增量出现在第1台阶，即1961—1971年，为39.0千克/公顷。从年均增长率来看，最高增长率仍出现在第1台阶，为3.0%；最低增长率出现在第3台阶和第4台阶，即1985—2001年、2001—2016年，均为1.2%。

表5-10 世界大豆单产增长台阶变化（375.0千克/公顷）

阶段		增量（千克/公顷）	周期（年）	年均增量（千克/公顷）	年均增长率（%）
第1台阶	1961—1971年	390.0	10	39.0	3.0
第2台阶	1971—1985年	387.0	14	27.7	1.6
第3台阶	1985—2001年	400.0	16	25.0	1.2
第4台阶	2001—2016年	453.0	15	30.2	1.2

三、粮食播种面积近60年增长27%

近60年来，全球粮食播种面积增长27%。随着城镇化、工业化、生态化水平的不断提高，以及农业内部结构的调整，粮食播种面积增长的速度呈现不断下降趋势。不同国家或地区在不同时期表现出不同的趋势。工业化、城镇化速度快的国家或地区，粮食播种面积下降最快，有的国家或地区下降幅度高达30%左右，粮食减产也达30%。实际上，城镇化、工业化加剧了粮食安全问题。粮食播种面积不会有大扩张，甚至面临可播种耕地退化或减少的威胁，城镇化建设对周边农村土地的攫取，消费需求升级引发对种植粮食土地的用途转换，以及工厂式单一种植对地力的掠夺引发生态环境恶化，都会导致粮食播种面积的急剧下降。

（一）城镇化率提高拉低粮食播种面积

推进工业化、城镇化要占用土地，加强农业基础建设、保证粮食安全又必须保护土地（尤其是耕地资源），两者之间是有矛盾的。再加上比较效益差距过大，我们往往会重视前者而忽视后者。整体来看，粮食播种面积与城镇化率存在明显的反向关系。以1989年为时间节点，两者关系可划分为两个阶段。1961—1989年，粮食播种面积由67181.6公顷增加到77041.5万公顷，增长了14.7%，城镇化率由34.2%增加到42.6%，增长了24.6%，城镇化变动率明显高于粮食播种面积变动率，且两者变动差距呈拉大趋势。1989—2018年，粮食播种面积增加到85301.3万公顷，增长了10.7%，城镇化率增长到55.3%，增长了29.8%，城镇化变动率约为粮食播种面积变动率的3倍，两者变动差距进一步拉大。尤其在2016年之后，粮食播种面积增长趋势明显减缓，而城镇化率持续上升。另外，农村劳动人口城镇化导致的土地抛荒等问题，把城镇化用地与保护基本农田的矛盾推向白热化。这不只是中国城镇化面临的问题，而是城镇化过程中的国际问题，只是在人均耕地资源丰富的国家，这一问题并不突出。

（二）农业结构调整减少粮食播种面积

从农业产业结构调整来看，日本、韩国推行“六次产业化”，欧美国家倡导绿色农业旅游项目，以及中国促进农村一、二、三产业融合。在这样的背景下，农民非常乐意响应政府号召，把农田的粮食生产用途改变为休闲、娱乐、旅游等用途。非农项目涌入农村带来的耕地资源挤占、农业生产功能转移等现象，将不可避免地导致农业结构调整与粮食生产功能的矛盾。从农业种植结构来看，调整种植结构的政策导向是粮食减产的原因之一：2019年，玉米饲料消费量及残余量达73041.9万吨，约为1961年的7倍；大豆饲料消费量达2698.9万吨，约为1961年的10倍。2012年的谷物种植面积较1989年减少344.6万公顷，较1976年减少1416.5万公顷。1961—2018年，世界蔬菜种植面积、水果种植面积分别增长了1.5倍和1.7倍，可见农业结构调整是粮食播种面积下降的又一个重要原因。

（三）环境污染导致粮食播种面积下降

粮食安全涉及资源、环境、气候变化、生物多样性、疫病防控、遗传资源的可持续利用等多个方面。城镇化、工业化带来的水资源污染、土地荒漠化及气候变暖等问题，将不断影响粮食种植环境。1990—2018年，我国化肥和农药使用量分别增长2.2倍和2.1倍。化肥、农药的面源污染，加上工业污染及城市生活废物、废水污染，使农业生态环境一度出现恶化——我国曾经有5000万亩耕地因严重污染，不宜进行粮食种植。国家环境保护攻坚战、测土配方施肥等工作的开展，遏制了农业生态环境恶化的势头，但要恢复并改善粮食生产的生态环境，任务十分繁重。

四、推动粮食产量增长的主要国家与技术

近60年来，推动世界粮食产量增长的国家是人口大国、农业技术强国，推动世界粮食增产的技术主要有滴灌、农业机械等技术。粮食单产对粮食总量增长的贡献率达73%，土地面积的贡献率为27%。随着粮食播种面积增长速度放缓，粮食单产基本决定着未来粮食产量的增长空间。

（一）主要国家：中国、美国及印度

从世界粮食增量来看，1961—2018年粮食共增产240783万吨，增产状况随时间递增，其中2010—2018年增产最为显著；从粮食增产排名前10位国家来看，主要包括中国、美国、印度、巴西、俄罗斯、印度尼

西亚、阿根廷、乌克兰、加拿大、孟加拉国，粮食合计增产达184650万吨，占世界粮食总增产的76.7%。以10年为一阶段，长期稳定在粮食增产贡献前10位的国家主要包括中国、美国、印度等，总体没有发生较大变化；从粮食增产排名前3位国家来看，粮食合计增产达116527万吨，占世界粮食总增产的48.4%，中国、美国及印度对世界粮食增产贡献较大。1961—2018年，中国对世界粮食增产贡献达21.2%，是对世界粮食增产贡献最大的国家（见表5-11）。

（二）主要品种：玉米、稻谷、小麦

从1961—2018年粮食增产的主要品种来看（见表5-12），玉米产量增长最为显著，共增产94259万吨，占同期粮食增产240783万吨的39.1%，占谷物增产208600万吨的45.2%；稻谷产量增长居第二位，共增产56635万吨，分别占同期粮食增产、谷物增产的23.5%、27.1%；小麦产量增长居第三位，共增产51169万吨，分别占同期粮食增产、谷物增产的21.3%、24.5%。

从不同作物占粮食总产比重来看，2010—2018年与1961—2018年比较，玉米增产占比上升12个百分点，大豆增产占比上升1个百分点。

综上分析，60年来，推动粮食总产增加的主要作物是玉米、稻谷和小麦。

表5-11　世界粮食增产前10位国家变化情况

	1961—1970年		1970—1980年		1980—1990年		1990—2000年		2000—2010年		2010—2018年		1961—2018年	
序号	国家	增量（万吨）	国家	增量（万吨）	国家	增量（万吨）	国家	增量（万吨）	国家	增量（万吨）	国家	增量（万吨）	国家	增量（万吨）
	世界合计	33246	世界合计	39474	世界合计	42924	世界合计	15978	世界合计	51254	世界合计	57907	世界合计	240783
1	中国	9314	美国	10127	中国	12780	俄罗斯（苏联）	6458	中国	9079	中国	11280	中国	51102
2	苏联	4848	中国	7879	印度	5559	美国	5286	美国	7410	美国	9983	美国	40953
3	美国	3545	印度	2701	美国	4602	印度	4369	巴西	6457	巴西	7704	印度	24472
4	印度	2654	巴西	2317	苏联	3910	阿根廷	2838	印度	4037	俄罗斯	5302	巴西	20564
5	加拿大	1193	法国	1660	印度尼西亚	1910	巴西	2696	阿根廷	3472	印度	5153	俄罗斯	11386
6	法国	1064	加拿大	1321	加拿大	1601	乌克兰	2388	印度尼西亚	2311	乌克兰	3320	印度尼西亚	9945
7	巴西	990	印度尼西亚	1164	尼日利亚	1003	越南	1470	乌克兰	1649	印度尼西亚	2854	阿根廷	9387
8	印度尼西亚	786	罗马尼亚	908	波兰	968	孟加拉国	1176	孟加拉国	1243	阿根廷	1544	乌克兰	7357

（续表）

序号	1961—1970年		1970—1980年		1980—1990年		1990—2000年		2000—2010年		2010—2018年		1961—2018年	
	国家	增量（万吨）	国家	增量（万吨）	国家	增量（万吨）	国家	增量（万吨）	国家	增量（万吨）	国家	增量（万吨）	国家	增量（万吨）
9	墨西哥	668	德国	896	越南	787	哈萨克斯坦	1154	缅甸	1240	罗马尼亚	1516	加拿大	4845
10	德国	650	土耳其	842	阿根廷	769	澳大利亚	1143	越南	1023	加拿大	1480	孟加拉国	4639
	前10位合计	25712		29815		33889		28978		37921		50136		184650
	前5位合计	21554		24684		28761		21647		30455		39422		148477
	前3位合计	17707		20707		22941		16113		22946		28967		116527

注：1961—1970年、1970—1980年、1980—1990年、1990—2000年、2000—2010年、2010—2018年、1961—2018年这7个阶段，排名前10位国家粮食增量占世界粮食总增量的比例分别为77.3%、75.5%、79.0%、181.4%、74.0%、86.6%、76.7%，排名前5位国家粮食增量占世界粮食总增量的比例分别为64.8%、62.5%、67.0%、135.5%、59.4%、68.1%、61.7%，排名前3位国家粮食增量占世界粮食总增量的比例分别为53.3%、52.5%、53.4%、100.8%、44.8%、50.0%、48.4%。

表5-12　主要作物分阶段产量增量变化

项目	1961—1970年	1970—1980年	1980—1990年	1990—2000年	2000—2010年	2010—2018年	1961—2018年
粮食（万吨）	33246	39474	42924	15978	51254	57907	240783
谷物（万吨）	31564	35740	40182	10693	40876	49545	208600
小麦（万吨）	8838	12945	15114	−633	5580	9325	51169
稻谷（万吨）	10070	8052	12170	8010	10247	8086	56635
玉米（万吨）	6080	13079	8700	10842	25964	29594	94259
大豆（万吨）	1682	3734	2742	5285	10378	8362	32183
谷物占比（%）	94.9	90.5	93.6	66.9	79.8	85.6	86.6
小麦占比（%）	26.6	32.8	35.2	−4.0	10.9	16.1	21.3
稻谷占比（%）	30.3	20.4	28.4	50.1	20.0	14.0	23.5
玉米占比（%）	18.3	33.1	20.3	67.9	50.7	51.1	39.1
大豆占比（%）	5.1	9.5	6.4	33.1	20.2	14.4	13.4

（三）关键技术：良种化、水利化、机械化

从农业增产的关键技术来分析，我国是世界第一粮食生产大国，粮食生产技术的进步代表了世界粮食增产技术的变化，良种化、水利化、机械化是近60年来粮食增产的核心技术。近年来，农药、地膜覆盖、生长调节剂、滴灌、无人机等技术也得到广泛使用，对粮食增产发挥了重要作用。

（四）关键要素：单产贡献率达73%

1961—2018年，粮食单产贡献率达73%，土地面积贡献率为27%。以10年为一个阶段，粮食单产贡献率在1980—2000年最为显著：1980—

1990年粮食单产贡献率达101.8%，1990—2000年大豆单产贡献率达134.1%，而面积贡献率均为负值。这就说明在这两个阶段，世界尤其注重粮食单产的提升。另外，1980年之前与2000年之后的数据显示：2010—2018年的单产贡献率仅为62.2%，低于1980年之前的单产贡献率；而2010—2018年的面积贡献率为37.8%，高于1980年之前的面积贡献率。这就说明在该阶段，世界粮食种植尤其注重规模经营和规模经济效益。综上所述，粮食增产关键要注重单产提升和保持规模经营。

五、2040年粮食总产有望达到41亿吨

综合考虑世界人口增长、农业资源变化以及生物能源等因素，到2040年，粮食总产有望达到41亿吨；单产呈阶段波动但总体增加的趋势，粮食单产增长率有望达1.66%；由于生产支持政策力度的加大，粮食种植面积增长潜力可能达10.29亿公顷。

（一）粮食总产有望达到41亿吨

1961—2018年，世界粮食总产持续波动上涨，以10年作为一个阶段来分析，粮食总产增长率呈现先减后增的趋势，年均增长率在1990—2000年达到历史最低水平，2000—2010年粮食总产年均增长率为2.31%，2010—2018年粮食总产年均增长率为2.65%。在此基础上，我们综合考虑世界人口增长、农业资源变化以及生物能源等因素，以1.20%、1.80%和2.50%的年均增长率对2030年、2040年和2050年世界粮食总产进行预测，结果得到：以1.20%较低增速预测，2030年粮食总产可能达到37.8844亿吨，2040年粮食总产可能达到41.0635亿吨，2050年粮食总产可能达到45.0374亿吨；以1.80%中等增速预测，2030年粮食总产可能达

到40.2688亿吨，2040年粮食总产可能达到45.0374亿吨，2050年粮食总产可能达到50.9983亿吨；以2.5%较高增速预测，2030年粮食总产可能达到43.0505亿吨，2040年粮食总产可能达到49.6737亿吨，2050年粮食总产可能达到57.9526亿吨。

（二）粮食单产年增速将达1.66%

1961—2018年，粮食单产呈阶段波动但总体增加的趋势，单产增长率波动较大，年均单产增长率为1.97%。进入21世纪以后，单产增长率波动幅度减小，2000—2010年的年均单产增长率为1.41%，2010—2018年的年均单产增长率为1.56%，2000—2018年的整体年均单产增长率为1.49%。在此基础上，以0.05%、0.10%和0.15%的增长趋势，我们对2030年、2040年以及2050年世界粮食单产增长率进行预测，结果得到：以0.05%较低增速预测，2030年世界粮食单产增长率可能达到1.61%，2040年世界粮食单产增长率可能达到1.66%，2050年世界粮食单产增长率可能达到1.71；以0.10%中等增速预测，2030年世界粮食单产增长率可能达到1.66%，2040年世界粮食单产增长率可能达到1.76%，2050年世界粮食单产增长率可能达到1.86%；以0.15%较高增速预测，2030年世界粮食单产增长率可能达到1.71%，2040年世界粮食单产增长率可能达到1.86%，2050年世界粮食单产增长率可能达到2.01%。

（三）粮食种植面积有望达到10亿公顷

1961—2018年，粮食种植面积整体呈波动增长的趋势。由于粮食生产支持政策力度的加大，特别是农作物品种改良，过去无法耕种的盐碱地、干旱地有望得到利用，未来世界粮食种植面积仍有可能稳步增长。在此基础上，我们选择以5%的增长率对2030年、2040年和2050年的世

（续表）

阶段	阶段增量（万吨）	阶段增长率（%）	年均增长量（万吨）	年均增长率（%）
2010—2020年	7346.5	13.7	734.7	1.3
1960—2020年	41182.8	206.9	686.4	1.9

（二）稻米直接消费量年均增长2.1%

稻米也是主粮之一，多用于直接消费。亚洲东部、南部是稻米消费的主要地区，撒哈拉以南非洲人口增长也促进了稻米的直接消费。60年间，稻米直接消费量增长了近2.5倍，平均每年以2.1%的速度增长，比小麦直接消费量增长稍快。

1. 稻米直接消费量增长了2.46倍

稻米直接消费量从1960年的15613.9万吨增长到2020年的54020.0万吨，增量为38406.1万吨，增长了2.46倍，增长势头明显。以1960年为基期，到2020年，有51个年份稻米直接消费量呈现正增长，累计增量达42503.5万吨，有9个年份稻米直接消费量呈负增长，累计减少消费4097.4万吨，消费增量是减少量的10倍多。稻米直接消费量增长幅度最大的三个年份依次是2001年（2159.1万吨）、2000年（2011.6万吨）和2011年（1782.8万吨）；降幅最大的三个年份依次是2015年（1212.8万吨）、1965年（749.0万吨）和1961年（664.2万吨），如图6-2所示。

2. 1960—1970年稻米直接消费量增速最快

从整个发展阶段来看，稻米直接消费量总体增长趋势明显，平均每年消费增量为640.1万吨，年均增速达2.1%。从增量来看，每个阶段都比上一阶段有所增长，1990—2000年消费增幅最大，年均增量为738.5万吨。从阶段增长率来看，1960—1970年增长率最高，达到34.4%；2010—2020年增长率最低，为13.0%。从年均增长率来看，1960—1970年年均增速最大，达3.0%；2010—2020年年均增速放缓，为1.2%（见表6-2）。

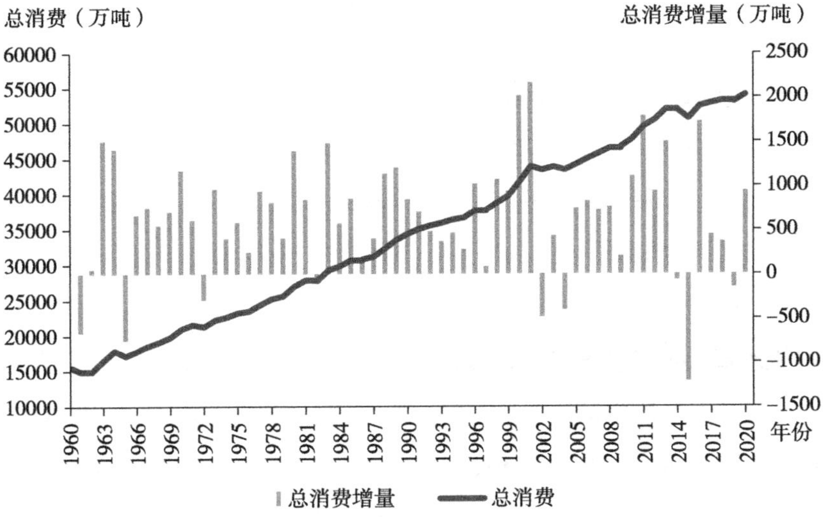

图6-2 世界稻米消费量变化（1960—2020年）

表6-2 世界稻米直接消费量增量变化（1960—2020年）

阶段	阶段增量（万吨）	阶段增长率（%）	年均增量（万吨）	年均增长率（%）
1960—1970年	5373.7	34.4	537.4	3.0
1970—1980年	6019.0	28.7	601.9	2.6
1980—1990年	7375.5	27.3	737.6	2.4
1990—2000年	7384.5	21.5	738.5	2.0
2000—2020年	6024.2	14.4	602.4	1.4

（续表）

阶段	阶段增量（万吨）	阶段增长率（%）	年均增量（万吨）	年均增长率（%）
2010—2020年	6229.2	13.0	622.9	1.2
1960—2020年	38406.1	246.0	640.1	2.1

（三）玉米直接消费量年均增长3.2%

近60年来，玉米以其多用途的特点（既可直接消费，又可作为工业原料），成为播种面积最多、产量增长最显著、消费量增长最快（年均增速达3.2%）的作物。

1. 玉米直接消费量增长了近5.8倍

玉米直接消费量从1960年的6289.6万吨增加到2020年的42715.2万吨，增量为36425.6万吨，增长了近5.8倍。以1960年为基期，到2020年这60年，有52个年份玉米直接消费量呈正增长，8个年份玉米直接消费量呈负增长，增量累计达39731.9万吨，减少量累计为3306.3万吨，增量是减少量的12倍。直接消费增量最大的年份依次是2007年（2806.4万吨）、2009年（2743.5万吨）和2008年（2556.4万吨）。直接消费减少量最大的年份依次是2012年（913.4万吨）、2019年（868.7万吨）和1985年（558.0万吨），如图6-3所示。

2. 2000—2010年玉米直接消费量增速最大

从发展阶段来看，玉米直接消费量总体呈上升趋势，平均每年增量为607.1万吨，年均增速达3.2%。从增量来看，每个阶段玉米直接消费量都比上个阶段有所增长，2000—2010年增量最高，年均增长量达到1694.1万吨。从阶段增长率来看，2000—2010年增长率最高，达到93.3%；1980—1990年最低，仅为16.9%。从年均增长率来看，2000—2010年年均增速最快，年均增长率达6.8%；1980—1990年、1990—2000年年均增速最慢，年均增长率均为1.6%（见表6-3）。

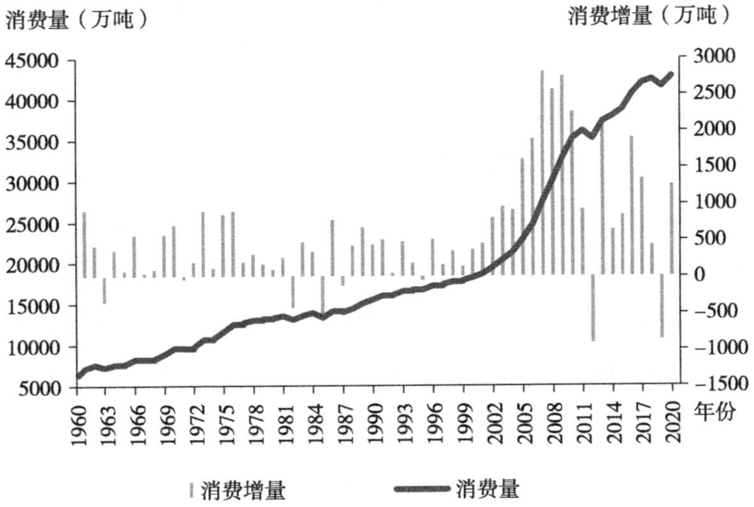

图6-3 世界玉米直接消费量变化（1960—2020年）

表6-3 世界玉米直接消费量增量变化（1960—2020年）

阶段	阶段增量（万吨）	阶段增长率（%）	年均增量（万吨）	年均增长率（%）
1960—1970年	3335.6	53.0	333.6	4.3
1970—1980年	3636.1	37.8	363.6	3.3
1980—1990年	2242.2	16.9	224.2	1.6
1990—2000年	2662.9	17.2	266.3	1.6
2000—2010年	16941.2	93.3	1694.1	6.8
2010—2020年	7607.6	21.7	760.8	2.0
1960—2020年	36425.6	579.1	607.1	3.2

（四）大豆直接消费量年均增长2.1%

大豆作为重要的加工原料，其消费量间接反映了人民生活水平的高低，人均大豆消费量提升，说明生活水平在改善。世界大豆直接消费量从1964年的649.5万吨增加到2020年的2094万吨，增量达1444.5万吨，增长了2.2倍，平均每年增量达25.8万吨，年均增长率为2.1%。

1. 大豆直接消费量增长了2.2倍

直接作为食物被人类消费的大豆从1964年的649.5万吨增加到2020年的2094万吨，增量达1444.5万吨，增长了2.2倍（考虑人口增长因素）。以1964年为基期，到2020年这56年，有41个年份大豆直接消费量呈正增长，直接消费增量累计达到2126.8万吨，有15个年份大豆直接消费量呈负增长，累计减少量为682.3万吨，增量是减少量的3.1倍。增量最高的三个年份依次是1973年（181.5万吨）、1966年（173.5万吨）和2016年（100.9万吨），增量降幅最大的三个年份依次是1972年（138.3万吨）、1965年（124.5万吨）和1974年（107.1万吨），如图6–4所示。

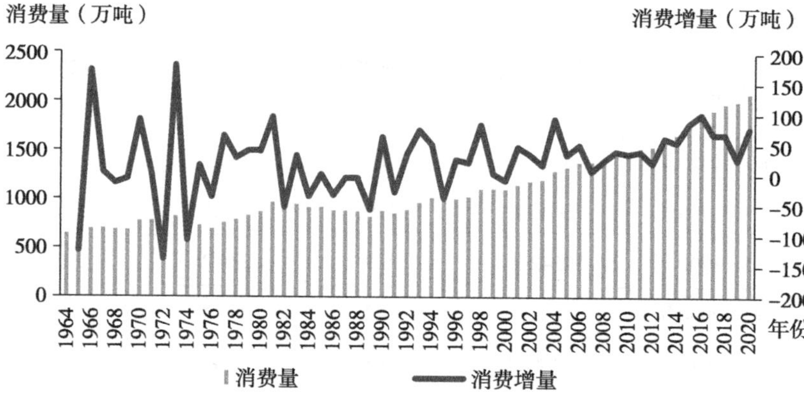

图6–4　世界大豆直接消费量变化（1964—2020年）

2. 2010—2020年大豆直接消费量阶段增长率最高

从整体发展阶段来看，世界大豆直接消费量呈现增长趋势，平均每年增量达25.8万吨，年均增长率为2.1%。从增量来看，每个阶段大豆直接消费量都比上个阶段有所增长，2010—2020年增量尤其高，年均增量达59.9万吨。从阶段增长率来看，2010—2020年增长率最高，达到40.1%；1980—1990年最低，仅为1.2%。从年均增长率来看，2010—2020年年均增速最大，达到3.4%；1980—1990年年均增速最低，仅为0.1%（见表6-4）。近10年来，中国的大豆直接消费量迅速增长，是世界大豆直接消费量增长快的主要原因，从侧面说明中国人民膳食结构改善速度超过世界平均水平。

表6-4 世界大豆直接消费量增量变化（1964—2020年）

阶段	阶段增量（万吨）	阶段增长率（%）	年均增量（万吨）	年均增长率（%）
1964—1970年	130.2	20.0	21.7	3.1
1970—1980年	96.8	12.4	9.7	1.2
1980—1990年	10.6	1.2	1.1	0.1
1990—2000年	223.5	25.2	22.4	2.3
2000—2010年	384.4	34.6	38.4	3.0
2010—2020年	599.0	40.1	59.9	3.4
1964—2020年	1444.5	222.4	25.8	2.1

二、60年粮食间接消费量快速增长

城镇化、工业化导致粮食消费结构明显变化，工业加工用粮快速增长，越来越多的粮食进入饲料或其他行业，并被转化成肉类或能源。粮食间接消费量持续增加，直接带动了大豆和玉米生产量的显著增长。考虑到工业化和城镇化的未来趋势，随着人民生活水平的持续改善，粮食间接消费量将保持增长。

（一）小麦间接消费量年均增长2.6%

小麦用作饲料或其他间接消费的绝对量不大，但总体呈增长趋势，60年间增长了3.66倍，平均每年以2.6%的速度波动增长。

1. 小麦间接消费量增长了3.66倍

1960年，世界小麦间接消费量（饲料消费量及残余量）约2949.7万吨，到2020年，间接消费量为13747.2万吨，增长了3.66倍。以1960年为基期，到2020年这60年里，有34个年份小麦间接消费量呈正增长，26个年份小麦间接消费增量有所下降。小麦间接消费增量最大的三个年份分别是1990年（2642.1万吨）、2008年（2001.4万吨）和2011年（3174.7万吨）；间接消费增量下降幅度最大的三个年份分别是1973年（1408.8万吨）、1991年（1626.9万吨）和2003年（1412.6万吨），如图6-5所示。

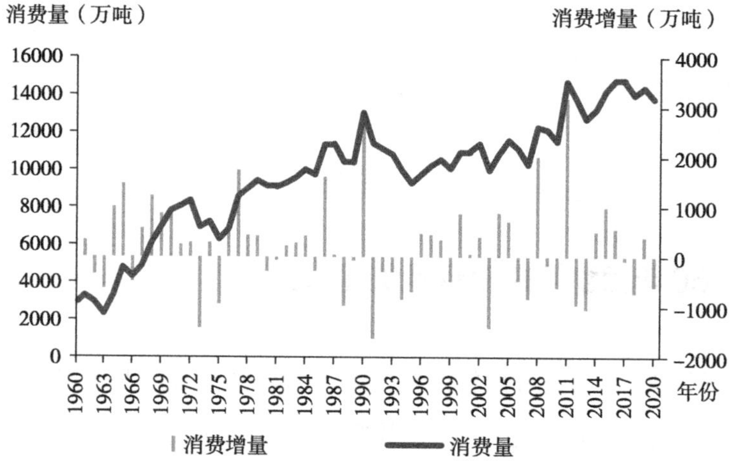

图6-5　世界小麦间接消费量变化（1960—2020年）

2. 1960—1970年小麦间接消费量增速最快

从发展阶段来看，世界小麦间接消费量总体呈增长趋势，平均每年间接消费增量为180.0万吨，年均增长2.6%。从增量来看，除了1990—2000年阶段增量有所下降，其他阶段小麦间接消费量比上一阶段增加，1960—1970年，间接消费增量达到历史最高，年均增量为484.2万吨。从阶段增长率来看，1960—1970年阶段增长率最高，达到164.2%；1990—2000年，小麦间接消费量出现负增长。从年均增长率来看，1960—1970年小麦间接消费量增速最快，年均增长率达到10.2%；1990—2000年最慢，年均增长率为−1.7%（见表6−5）。

表6−5 世界小麦间接消费量增量变化（1960—2020年）

阶段	阶段增量（万吨）	阶段增长率（%）	年均增量（万吨）	年均增长率（%）
1960—1970年	4842.3	164.2	484.2	10.2
1970—1980年	1329.0	17.1	132.9	1.6
1980—1990年	3887.9	42.6	388.8	3.6
1990—2000年	−2094.8	−16.1	−209.5	−1.7
2000—2020年	573.2	5.3	57.3	0.5
2010—2020年	2259.9	19.7	226.0	1.8
1960—2020年	10797.5	366.1	180.0	2.6

（二）玉米间接消费量年均增长2.9%

玉米作为三大粮食作物之一，相较于小麦、水稻，其主食作用并不明显，作为饲料、燃料及酿酒等间接消费的需求比较强烈。这种需求随着经济发展水平的提升将不断增强，全球玉米间接消费量将延续以往的增长趋势，实现消费量的新突破。

1. 玉米间接消费量增长约4.56倍

玉米作为饲料消费品，其消费量从1960年的13141.2万吨增加到2020年的73041.9万吨，增量达到59900.7万吨，增长约4.56倍，增长势头迅猛。以1960年为基期，到2020年这60年，有49个年份玉米间接消费量呈正增长，有11个年份玉米间接消费量呈负增长，间接消费增量累计达到72191.7万吨，减少量累计达12291.0万吨，增量是减少量的5.87倍。间接消费增量最大的三个年份依次是2013年（5267.3万吨）、2016年（4267.9万吨）和2018年（3077.6万吨），间接消费量降幅最大的三个年份依次是1974年（3722.2万吨）、1983年（2243.3万吨）和2008年（1780.0万吨），如图6-6所示。

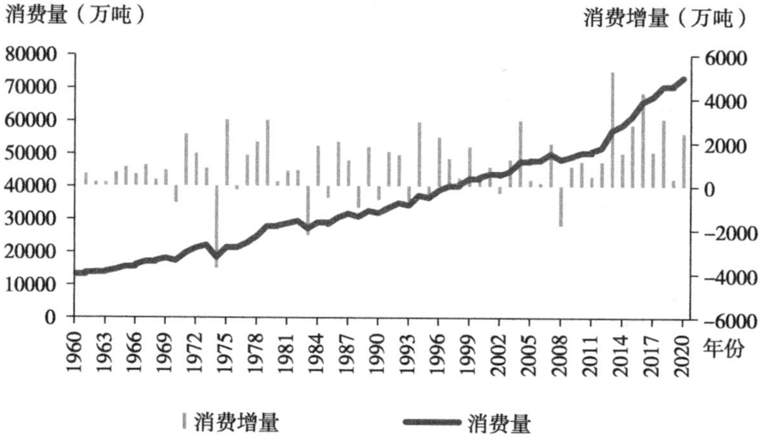

图6-6　世界玉米间接消费量变化（1960—2020年）

2. 1970—1980年玉米间接消费量增速最快

从整体发展趋势来看，全球玉米间接消费量总体呈增长趋势，平均每年增量达到998.3万吨，年均增长率达到2.9%。从增量来看，2010—2020年增量最高，年均增量达到2285.2万吨。从阶段增长率来看，

1970—1980年增长率最高，达到61.4%；1980—1990年增长率最低，仅为14.1%。从年均增长率来看，1970—1980年年均增速最快，年均增长率达到4.9%；1980—1990年年均增长率最低，仅为1.3%（见表6-6）。

表6-6 世界玉米间接消费量增量变化（1960—2020年）

阶段	阶段增量（万吨）	阶段增长率（%）	年均增量（万吨）	年均增长率（%）
1960—1970年	4157.4	31.6	415.7	2.8
1970—1980年	10622.7	61.4	1062.3	4.9
1980—1990年	3932.9	14.1	393.3	1.3
1990—2000年	10883.5	34.2	1088.4	3.0
2000—2010年	7452.3	17.4	745.2	1.6
2010—2020年	22851.9	45.5	2285.2	3.8
1960—2020年	59900.7	455.8	998.3	2.9

（三）大豆压榨消费快于饲料消费

大豆作为压榨原料，主要用于食用油、食品、饲料等。接下来，我们从大豆的饲料消费、压榨消费变化情况来分析全球大豆间接消费量的整体趋势、阶段变化以及年均增长变化，从数据演变中探寻大豆间接消费量的规律，以此反映大豆消费结构。

1. 大豆饲料消费量近60年年均增长达4.4%

从整体来看，大豆饲料消费量实现翻倍，呈现增长趋势；从阶段来看，每个阶段的大豆饲料消费量都比上一阶段有所增长。大豆饲料消费量年均增量不断加大，饲料消费趋势明显。

（1）大豆饲料消费量增长约10.4倍。作为饲料而被间接消费的大豆从1964年的236.3万吨增加到2020年的2698.9万吨，增量达到2462.6万吨，增长了约10.4倍。以1964年为基期，到2020年的56年里，大豆饲料消费量有37个年份呈现正增长，有19个年份呈现负增长，增量累计达到5236.2万吨，减少量累计达到2773.6万吨，增量是减少量的1.89倍。大豆饲料消费增量最大的三个年份依次是1986年（1996.9万吨）、2016年（337.4万吨）和2004年（285.1万吨）。消费量降幅最大的三个年份依次是1987年（1625.1万吨）、2007年（230.1万吨）和1995年（179.8万吨）。

（2）1980—1990年世界大豆饲料消费量增速最高。世界大豆饲料消费量总体呈增长趋势，平均每年增量达到44.0万吨，年均增长率达到4.4%。从增量来看，每个阶段大豆饲料消费量都比上一阶段有所增长，2010—2020年增量最高，年均增量达到149.6万吨。从阶段增长率来看，1980—1990年增长率最高，达到107.3%；2000—2010年增长率最低，仅为6.6%。从年均增长率来看，1980—1990年年均增长率最高，达到7.6%；2000—2010年年均增长率最低，仅为0.6%（见表6-7）。

表6-7　世界大豆饲料消费量增量变化（1964—2020年）

阶段	阶段增量（万吨）	阶段增长率（%）	年均增量（万吨）	年均增长率（%）
1964—1970年	236.3	23.5	39.4	3.6
1970—1980年	291.8	48.0	29.2	4.0
1980—1990年	432.0	107.3	43.2	7.6
1990—2000年	895.7	56.7	89.6	4.6
2000—2010年	1403.5	6.6	140.4	0.6
2010—2020年	1496.3	80.4	149.6	6.1
1964—2020年	2462.6	10.4	44.0	4.4

2. 大豆压榨消费量年均增长达4.9%

从整体来看，大豆压榨消费量实现翻倍增长，增长势头迅猛；从阶段来看，每个阶段的大豆压榨消费量都比上一阶段有所增长。大豆压榨消费年均增量不断加大，年均增长率较为稳定。

（1）大豆压榨消费量增长约14倍。大豆作为压榨原料，压榨消费量从1964年的2106.9万吨增加到2020年的31280.1万吨，增量达到29173.2万吨，增长约14倍，增长势头迅猛。以1964年为基期，到2020年这56年里，有47个年份大豆压榨消费量呈正增长，有9个年份大豆压榨消费量呈负增长，压榨消费量增量累计达到32056.4万吨，减少量累计达2883.2万吨，增量是减少量的11.1倍。压榨消费量增量最大的三个年份依次是2014年（2196.5万吨）、1987年（1760.5万吨）和2009年（1596.6万吨），压榨消费量降幅最大的三个年份依次是2008年（866.9万吨）、1980年（505.3万吨）和1983年（466.1万吨），如图6-7所示。

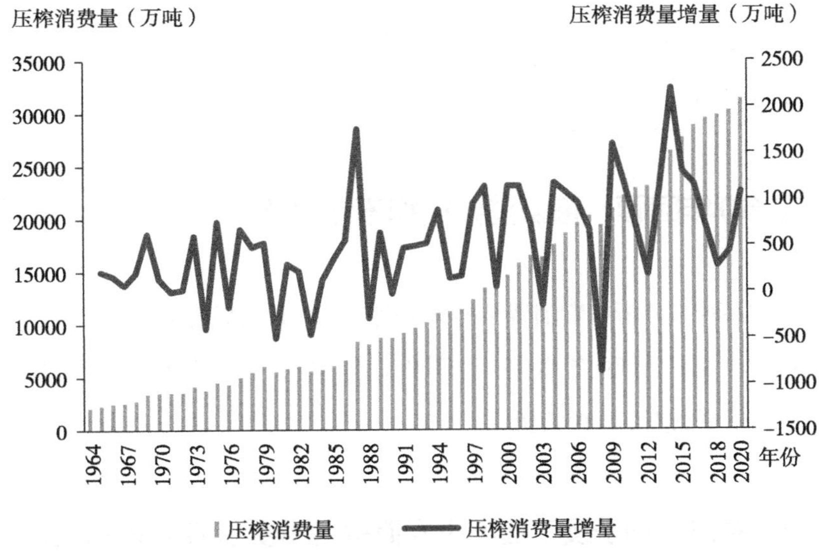

图6-7　世界大豆压榨消费量变化（1964—2020年）

（2）世界大豆压榨消费量总体呈增长趋势，平均每年增量达到521万吨，年均增长率达到4.9%。从增量来看，每个阶段大豆压榨消费量都比上一阶段有所增长，1964—1970年增量最高，年均增量达到236.7万吨。从阶段增长率来看，1990—2000年增长率最高，达到68.7%；2010—2020年增长率最低，为41.3%。从年均增长率来看，1964—1970年年均增长率最高，达到5.6%；2010—2020年年均增长率最低，为3.5%（见表6-8）。

表6-8 世界大豆压榨消费量增量变化（1964—2020年）

阶段	阶段增量（万吨）	阶段增长率（%）	年均增量（万吨）	年均增长率（%）
1964—1970年	1420.1	67.4	236.7	5.6
1970—1980年	1973.8	56.0	197.4	4.5
1980—1990年	3178.4	57.8	317.8	4.7
1990—2000年	5963.8	68.7	596.4	5.4
2000—2010年	7488.2	51.1	748.8	4.2
2010—2020年	9148.9	41.3	914.9	3.5
1964—2020年	29173.2	13.8	521.0	4.9

三、60年回顾：粮食消费结构不断优化

按品种来分析粮食消费结构，小麦、玉米和大豆的消费趋向存在异质性。小麦消费倾向于食用、种子及工业消费，玉米消费倾向于饲料消费，大豆更侧重于压榨消费。

（一）食用、种子及工业类小麦消费占小麦总消费的81.6%

我们将小麦消费分为食用、种子及工业消费和饲料消费两部分。从

食用、种子及工业消费来看，其消费用量逐年递增，但在总体消费结构中的占比呈现下降趋势，由1960年的87.1%下降到2020年的81.6%，下降了近6个百分点。从饲料消费来看，以1990年为时间节点，其消费用量先激增，随后趋稳，在总体消费结构中的占比呈现波动上升趋势，由1960年的12.9%增长到2020年的18.4%，增长了近6个百分点。总体来看，小麦食用、种子及工业消费占比约为饲料消费占比的4倍（见表6-9）。综上所述，小麦消费总体以食用、种子及工业消费为主，饲料消费是未来趋势。

表6-9 世界小麦消费结构变化

年份	食用、种子及工业消费		饲料消费		总消费（万吨）
	用量（万吨）	占比（%）	用量（万吨）	占比（%）	
1960	19905.3	87.1	2949.7	12.9	22855.0
1970	25095.4	76.3	7792.0	23.7	32887.4
1980	35222.3	79.4	9121.0	20.6	44343.3
1990	41938.8	76.3	13008.9	23.7	54947.7
2000	47634.4	81.4	10914.1	18.6	58548.5
2010	53741.6	82.4	11487.3	17.6	65228.9
2020	61088.1	81.6	13747.2	18.4	74835.3

（二）饲料消费占玉米总消费的54.5%

玉米消费包括食用、种子及工业消费和饲料消费两种。从食用、种子及工业消费来看，其消费用量逐年递增，以2010年增长最为显著，跨越30000万吨，2020年跨越40000万吨。食用、种子及工业消费用量占玉米总消费的比例呈波动变化。从饲料消费来看，其消费用量逐年大幅递增，2020年的用量是1960年用量的5倍多。总体来看，饲料消费用量占比高于食用、种子及工业消费用量占比，达到54.5%（见表6-10）。综上所述，玉米消费结构基本以饲料消费为主，以食用、种子及工业消费为辅。

表6-10　世界玉米消费结构变化

年份	食用、种子及工业消费		饲料消费		总消费（万吨）
	用量（万吨）	占比（%）	用量（万吨）	占比（%）	
1960	6289.6	32.4	13141.2	67.6	19430.8
1970	9625.2	35.7	17298.6	64.3	26923.8
1980	13261.3	32.2	27921.3	67.8	41182.6
1990	15503.5	32.7	31854.2	67.3	47357.7
2000	18166.4	26.5	42737.7	62.3	68576.3
2010	35107.6	37.2	50190.0	53.2	94426.1
2020	42715.2	31.9	73041.9	54.5	134007.0

注：2000年以后，美国农业部的数据显示，总消费=食用、种子及工业消费+饲料消费+出口。

（三）大豆压榨消费占大豆总消费的59.8%

我们从压榨消费、食用消费、饲料消费三个方面对大豆消费结构进行分析。从压榨消费来看，大豆用量逐年大幅递增，2000年跨越10000万吨，2020年跨越30000万吨；消费用量占比在1990年之前是逐年递增的，之后逐年递减。从食用消费来看，大豆用量在2000年突破1000万吨，2020年突破2000万吨；消费用量占比逐年降低，2020年较1964年下降17.7个百分点。从饲料消费来看，大豆用量逐年递增，在2000年突破1000万吨，在2020年突破2000万吨；消费用量占比1990年最高，达8.6%，2020年仅为5.2%，较1964年下降2.7个百分点（见表6-11）。综上所述，大豆消费结构以压榨消费为主，食用和饲料消费占比较小。

表6-11　世界大豆消费结构变化

年份	压榨消费		食用消费		饲料消费		总消费（万吨）
	用量（万吨）	占比（%）	用量（万吨）	占比（%）	用量（万吨）	占比（%）	
1964	2106.9	70.4	649.5	21.7	236.3	7.9	2992.7
1970	3527.0	76.7	779.7	17.0	291.8	6.3	4598.5
1980	5500.8	80.8	876.5	12.9	432.0	6.3	6809.3
1990	8679.2	83.0	887.1	8.4	895.7	8.6	10462.0
2000	14643.0	65.0	1110.6	4.9	1403.5	6.2	22538.8
2010	22131.2	64.5	1495.0	4.4	1496.3	4.4	34292.7
2020	31280.1	59.8	2094.0	4.0	2698.9	5.2	52266.0

注：2000年以后，美国农业部的数据显示，总消费=压榨消费+食用消费+饲料消费+出口。

四、20年展望：粮食消费量有望达41亿吨左右

21世纪，世界总人口增长趋势逐渐放缓，2000—2010年的人口年均增长率为1.3%，2010—2018年的人口年均增长率为1.2%。在此基础上，我们综合考虑世界人口增长、农业资源变化以及生物能源等因素，以1.0%、1.5%和2.0%的人口年均增长率趋势，以人均粮食占有量400千克为安全线，对2030年、2040年和2050年世界粮食消费量进行测算。以1.0%低增速测算，到2030年，世界人口可能达到85.5亿人，粮食消费量为34.2亿吨；到2040年，世界人口可能达到93.1亿人，粮食消费量为37.2亿吨；到2050年，世界人口可能达到100.7亿人，粮食消费量为40.3亿吨。以1.5%中增速测算，到2030年，世界人口可能达到90.0亿人，粮

食消费量为36.0亿吨；到2040年，世界人口可能达到101.5亿人，粮食消费量为40.6亿吨；到2050年，世界人口可能达到112.9亿人，粮食消费量为45.2亿吨。以2.0%高增速测算，到2030年，世界人口可能达到94.6亿人，粮食消费量为37.8亿吨；到2040年，世界人口可能达到109.9亿人，粮食消费量为43.9亿吨；到2050年，世界人口可能达到125.1亿人，粮食消费量为50.1亿吨。

第七章

粮食贸易：60年回顾与20年展望

过去60年，世界粮食贸易量总体大幅度增长。粮食出口国相对集中在少数国家，美国、巴西、阿根廷三国控制着主要粮食的出口。玉米和大豆贸易量占粮食贸易总量的80%以上，玉米、大豆出口集中在美国、巴西、阿根廷等国家，小麦出口集中在俄罗斯、美国、加拿大等国家，稻谷出口集中在印度、泰国、越南等国家。小麦、稻谷、玉米等品种进口国家则比较分散。稻谷、小麦等贸易量占粮食贸易总量的5%～20%，大豆贸易量占粮食贸易总量的比例高达40%以上。2000年以后，主要粮食进口国发生明显变化，大豆进口主要集中在中国。我们预测，未来20年，世界粮食贸易量可能增长至7亿～9亿吨，小麦、玉米、稻谷的贸易量占比有望持续升高。

一、粮食贸易总量：60年回顾与20年展望

过去60年，小麦、稻谷、玉米、大豆贸易量均实现翻倍，其中大豆贸易量增长较为显著。四大类粮食贸易量的历史演变规律基本一致，整体呈现增长趋势但年均变化不一，综合研判，各种粮食的贸易量将会持

续增长。

（一）小麦贸易总量：60年回顾与20年展望

通过整体测算近60年的增量及年均变化、阶段增长变化，总结贸易量的演变规律及变化趋势，并以此为基础综合研判2040年全球小麦贸易量，我们可知小麦贸易的主动权仍握在欧美发达国家手中。

1. 近60年小麦贸易量增长了3.29倍

美国农业部的数据显示，世界小麦贸易量（以出口量计）从1960年的0.44亿吨增加到2020年的1.88亿吨，增量为1.44亿吨，增长了3.27倍，在2020年达到历史最高出口量。以1960年为基期，到2020年的60年中，世界小麦出口量相比上年增长的年份有36年，减少的年份为24年；累计出口增量为2.75亿吨，累计出口减量为1.25亿吨，出口增量是出口减量的2.2倍；出口增量最大的3个年份依次是2013年（0.29亿吨）、2008年（0.27亿吨）和2011年（0.25亿吨），出口减量幅度最大的3个年份依次是1985年（0.21亿吨）、2012年（0.21亿吨）和2000年（0.12亿吨）；小麦出口减量最长持续3年，出口增量最长持续8年。

2. 近60年小麦贸易量年均增长率达2.5%

从不同阶段来看，1960—2020年世界小麦贸易量总体呈增长趋势，平均每年增量达到92.0万吨，年均增长率达2.5%。除1990—2000年世界小麦贸易量减少250.9万吨外，其他阶段都相比上一阶段增加，2010—2020年增量最高，达到5517.3万吨。从阶段增长率来看，1990—2000年增长率为−2.4%，历史最低，其余各阶段的增长率均为正；1970—1980年增长率最高，达59.6%。从年均增量及年均增长率来看，除1990—

2000年年均增量最低，为−25.1万吨且年均增长率为−0.2%外，其余各阶段均为正，其中2010—2020年年均增量最高，为551.7万吨，年均增长率达到3.5%，位居第二；1970—1980年年均增长率最高，达到4.8%（见表7−1）。

表7−1　世界小麦贸易量增量变化（1960—2020年）

阶段	阶段增量（万吨）	阶段增长率（%）	年均增量（万吨）	年均增长率（%）
1960—1970年	1262.2	28.8	126.2	2.6
1970—1980年	3364.7	59.6	336.5	4.8
1980—1990年	1371.7	15.2	137.2	1.4
1990—2000年	−250.9	−2.4	−25.1	−0.2
2000—2010年	3146.9	31.1	314.7	2.7
2010—2020年	5517.3	41.5	551.7	3.5
1960—2020年	14411.9	32.72	240.2	2.5

资料来源：根据美国农业部的数据整理。

3. 预计2040年小麦贸易量将达到2.5亿吨左右

小麦贸易量占世界小麦总产量的比重从1960年的16.1%上升到2020年的20.0%，小麦主要从美国、加拿大、澳大利亚等发达国家流向中国、印度与埃及等发展中国家。出口量排名前十的国家的小麦出口量占全球小麦贸易总量的比重从1961年的98.6%下降到2017年的85.3%，进口量排名前十的国家的小麦进口量占全球小麦贸易总量的比重从1961年的64.4%下降到2017年的37.7%，由此可见小麦贸易主动权仍握在欧美发达国家手中。1970—1980年全球小麦贸易量大幅增长，1980—2000年增速回落，甚至出现负增长，2000年以后小麦贸易逐渐回暖，2000—2010年

10年间的增长率达2.7%，2010—2020年的年均贸易增速达到3.5%。总体来看，1960—2020年全球小麦贸易量年均增长2.5%，按照这种趋势，未来全球小麦贸易量将逐渐增长。我们分别以0.5%、1.5%和2.5%的增速测算2040年和2050年全球小麦贸易量：以0.5%较低增速测算，到2040年全球小麦贸易量可能达到2.07694亿吨，到2050年可能达到2.18315亿吨；以1.5%中等增速测算，到2040年全球小麦贸易量可能达到2.53176亿吨，到2050年可能达到2.93822亿吨；以2.5%较高增速测算，到2040年全球小麦贸易量可能达到3.08020亿吨，到2050年可能达到3.94292亿吨。

（二）稻谷贸易总量：60年回顾与20年展望

通过近60年的贸易增量、年均变化及阶段增长变化来总结稻谷贸易量的演变规律及变化趋势，并以此为基础综合研判2040年全球稻谷贸易量，我们认为未来全球稻谷贸易量将保持平稳增长。

1. 近60年稻谷贸易量增长了6.1倍

世界稻谷出口量从1960年的635.9万吨增加到2020年的4521.5万吨，增量为3885.6万吨，增长了6.1倍。从整体来看，世界稻谷出口量增长趋势愈加明显，而且在2016年达到历史最高出口量4727.4万吨。以1960年为基期，到2020年的60年中，世界稻谷出口量相比上年增长的年份为36年，减少的年份为24年；累计出口增量为6420.9万吨，累计出口减量为2817.1万吨，出口增量是出口减量的2.3倍；出口增量最大的3个年份依次是1997年（753.6万吨）、2016年（692.3万吨）和1994年（522.1万吨），出口减量最大的3个年份依次是2015年（323.1万吨）、2018年（297.0万吨）和1999年（279.6万吨）；稻谷出口减量最长持续3年，出口增量最长持续5年，出口量波动较为明显（见图7–1）。

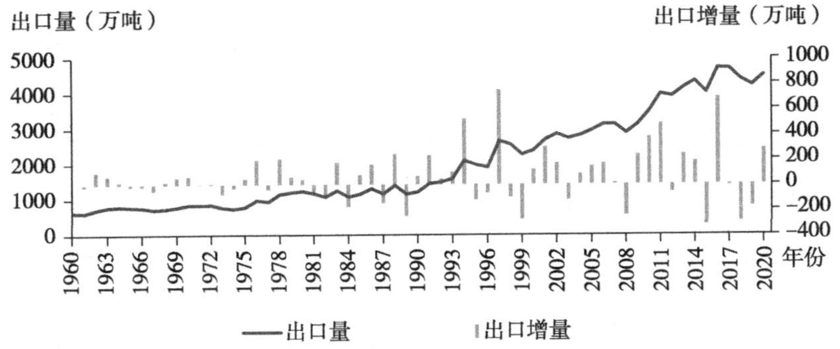

图7-1 世界稻谷出口量及增量变化（1960—2020年）

资料来源：根据美国农业部的数据整理。

2. 近60年稻谷贸易量年均增长率达3.3%

从整体发展阶段来看，世界稻谷贸易量总体增加趋势明显，平均每年增量达到64.8万吨，年均增长率达3.3%。从阶段增量来看，除了1980—1990年世界稻谷贸易阶段增量为−29.8万吨，其他阶段都相比上一阶段增加，1990—2000年阶段增量最高，为1187.3万吨。从阶段增长率来看，1980—1990年增长率为−2.4%，历史最低，此外各阶段增长率均为正，1990—2000年增长率最高，达98.0%。从年均增量及年均增长率来看，1990—2000年年均增量最高，达到118.7万吨，年均增长率达到7.1%；1980—1990年年均增量最低，为−3.0万吨，年均增长率为−0.2%；此外，其余阶段贸易量都实现稳定增长（见表7-2）。

表7-2 世界稻谷贸易量增量变化（1960—2020年）

阶段	阶段增量（万吨）	阶段增长率（%）	年均增量（万吨）	年均增长率（%）
1960—1970年	210.6	33.1	21.1	2.9

（续表）

阶段	阶段增量（万吨）	阶段增长率（%）	年均增量（万吨）	年均增长率（%）
1970—1980年	394.8	46.6	39.5	3.9
1980—1990年	−29.8	−2.4	−3.0	−0.2
1990—2000年	1187.3	98.0	118.7	7.1
2000—2010年	1108.3	46.2	110.8	3.9
2010—2020年	1014.4	28.9	101.4	2.6
1960—2020年	3885.6	611.0	64.8	3.3

资料来源：根据美国农业部的数据整理。

3. 预计2040年稻谷贸易量将达到0.6亿吨左右

稻谷贸易量占世界稻谷总产量的比重从1960年的4.2%上升到2020年的9.0%，稻谷主要从印度、泰国、越南和美国等国流向中国、印度尼西亚、菲律宾、孟加拉国以及撒哈拉以南非洲和中东地区。出口量排名前十的国家的稻谷出口量占全球稻谷贸易总量的比重从1961年的87.4%增长到2017年的89.9%，进口量排名前十的国家的稻谷进口量占全球稻谷贸易总量的比重从1961年的67.9%迅速下降到2017年的35.8%，其中亚洲尤其是南亚稻谷出口贸易更加稳固。1960—1980年全球稻谷贸易量稳中有增，1980—1990年出现过负增长，1990年以后稻谷贸易迅速回暖，1990—2000年10年间的贸易增速达到7.1%，2000—2020年的年均贸易增速达到3%以上。从整体来看，1960—2020年年均增长3.3%，按照这种趋势，未来全球稻谷贸易量将保持平稳增长。我们分别以0.5%、1.5%和2.5%的增速测算2040年和2050年全球稻谷贸易量：以0.5%较低增速测算，到2040年全球稻谷贸易量将达到4995.8万吨，到2050年可能达到5251.3万吨；以1.5%中等增速测算，到2040年全球稻谷贸易量可能达到6089.8万吨，到2050年可能达到7067.5万吨；以2.5%较高增速测算，到2040年全球稻谷贸易量将达到7409.0万吨，到2050年可能达到9484.2万吨。

（三）玉米贸易总量：60年回顾与20年展望

这部分将分别从近60年的增长趋势变化、阶段变化及年均变化三个维度总结全球玉米贸易量的变化趋势及演变规律，并以此为基础综合研判2040年全球玉米贸易量。我们研究认为，美国、巴西、阿根廷三国占玉米出口量的半壁江山，全球玉米贸易量将持续增长。

1. 近60年玉米贸易量增长了12.02倍

世界玉米出口量从1960年的0.14022亿吨增加到2020年的1.82501亿吨，增量为1.68479亿吨，增长了12.02倍（见图7–2）。从整体来看，全球玉米出口量增长势头明显，且在2020年达到历史最高值。以1960年为基期，到2020年的60年中，世界玉米出口量相比上年增长的年份有41年，减少的年份为19年；累计出口增量为3.24807亿吨，累计出口减量为1.56328亿吨，出口增量是出口减量的2.08倍；出口增量最大的3个年份依次是2016年（4076.1亿吨）、2013年（3594.9万吨）和2018年（3294.8万吨），出口减量最大的3个年份依次是2015年（2193.0万吨）、2012年（2178.6万吨）和2008年（1438.5万吨）；玉米出口减量最长持续2年，出口增量最长持续6年。

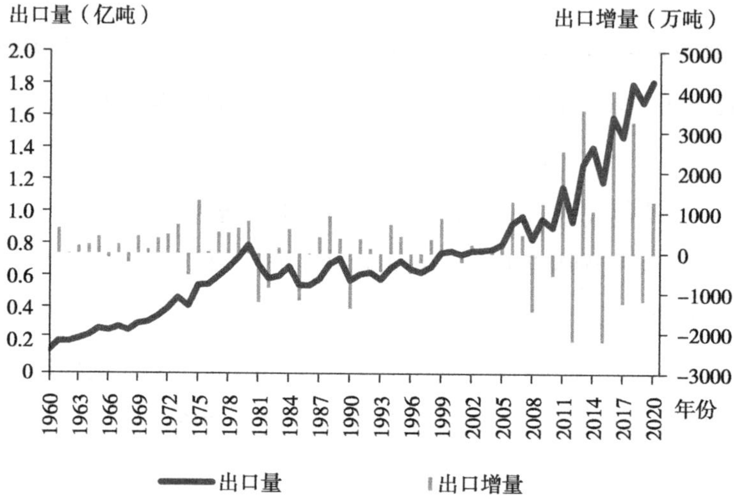

图7–2　世界玉米出口量及增量变化（1960—2020年）

资料来源：根据美国农业部的数据整理。

2. 近60年玉米贸易量年均增长率达4.4%

从整体发展阶段来看，1960—2020年世界玉米贸易量总体增加趋势明显，平均每年增量达到280.8万吨，年均增长率达4.4%。从阶段增量来看，除1980—1990年世界玉米贸易量增量为−2191.9万吨外，其他阶段都相比上一阶段有所增加，2010—2020年增量最高，为9121.6万吨。从阶段增长率看，1980—1990年增长率最低，为−27.3%，其余各阶段增长率均为正，2010—2020年增长率最高，达99.9%。从年均增量及年均增长率来看，2010—2020年年均增量最高，为912.2万吨，年均增长率达到7.2%；1980—1990年，年均增量最低，为−219.2万吨，年均增长率为−3.1%；其余阶段玉米贸易量都实现稳定增长（见表7–3）。

表7-3　世界玉米贸易量增量变化（1960—2020年）

阶段	阶段增量（万吨）	阶段增长率（%）	年均增量（万吨）	年均增长率（%）
1960—1970年	1813.4	129.3	181.3	8.7
1970—1980年	4815.2	149.7	481.5	9.6
1980—1990年	−2191.9	−27.3	−219.2	−3.1
1990—2000年	1833.3	31.4	183.3	2.8
2000—2010年	1456.3	19.0	145.6	1.8
2010—2020年	9121.6	99.9	912.2	7.2
1960—2020年	16847.9	1201.5	280.8	4.4

资料来源：根据美国农业部的数据整理。

3. 预计2040年玉米贸易量将达到2.4亿吨左右

玉米贸易量占世界玉米产量比重从1960年的7.0%上升到2020年的15.0%，玉米主要从美国、巴西、阿根廷、乌克兰、俄罗斯等国家流向墨西哥、日本、韩国、埃及、西班牙等国家。出口量排名前十的国家的玉米出口量占全球玉米贸易总量的比重从1961年的96.6%下降到2017年的90.7%，进口量排名前十的国家的玉米进口量占全球玉米贸易总量的比重从1961年的82.2%下降到2017年的54.6%，其中美国、巴西、阿根廷三国占玉米出口量的半壁江山。1960—1980年全球玉米贸易量稳中有增。1980—1990年曾出现负增长，1990年以后玉米贸易量回升，1990—2000年10年间的贸易增速达到2.8%，2010—2020年10年间的贸易量迅速增长，年均增长达7.2%。整体来看，1960—2020年年均增长4.4%，按照这种趋势，未来全球玉米贸易量将持续增长。我们分别以0.5%、1.5%和2.5%的增速测算2040年和2050年全球玉米贸易量：以0.5%较低增速测算，到2040年全球玉米贸易量将达到2.01645亿吨，到2050年可能达到2.11957亿吨；以1.5%中等增速测算，到2040年全球玉米贸易量可能达到2.45802亿吨，到2050年可能达到2.85264亿吨；以2.5%较高增速测算，到2040年全球玉米贸易量将达到2.99049亿吨，到2050年可能达到3.82808亿吨。

（四）大豆贸易总量：60年回顾与20年展望

我们分别从近60年的增长趋势变化、阶段变化及年均变化来总结全球大豆贸易量的变化趋势及演变规律，并以此为基础综合研判2040年全球大豆贸易量。我们研究认为，大豆进口集中在中国、墨西哥和荷兰，美国、巴西和阿根廷三国把控世界大豆出口，未来全球大豆贸易量将持续增长。

1. 近60年大豆贸易量增长了24.04倍

世界大豆出口量从1964年的0.06467亿吨增加到2020年的1.61930亿吨，增量为1.55463亿吨，增长了24.04倍，增长势头明显，且在2020年达到历史最高出口量。以1964年为基期，到2020年的56年中，世界大豆出口量相比上年增长的年份有40年，减少的年份为16年；累计出口增量为1.94811亿吨，累计出口减量3934.8万吨，出口增量是出口减量的4.95倍；出口增量最大的3个年份依次是2016年（1536.2万吨）、2009年（1422.8万吨）和2014年（1344.9万吨），出口减量最大的3个年份依次是1988年（655.5万吨）、2003年（527.5万吨）和1983年（423.3万吨）；大豆出口减量最长持续3年，出口增量最长持续9年（见图7–3）。

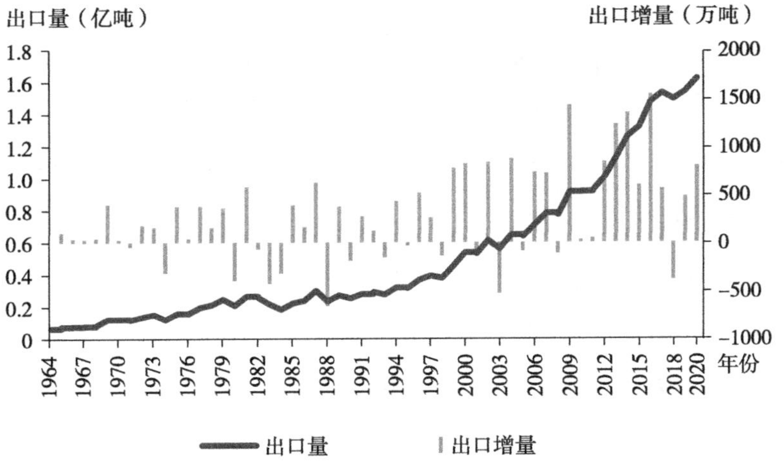

图7-3 世界大豆出口量及增量变化（1964—2020年）

资料来源：根据美国农业部的数据整理。

2. 近60年大豆贸易量年均增长率达5.9%

从整体发展阶段来看，1964—2020年世界大豆贸易量总体增加趋势明显，平均每年增量达到277.6万吨，年均增长率达5.9%。从阶段增量来看，各个阶段相比上一阶段都有所增加，其中1980—1990年增量最低，为454.8万吨，2010—2020年增量最高，为7022.8万吨。从阶段增长率看，1980—1990年增长率最低，为21.8%，其余各阶段增长率均高于50.0%，1990—2000年增长率最高，达111.9%。从年均增量及年均增长率来看，2010—2020年年均增量最高，为702.3万吨，年均增长率达到5.9%；1980—1990年，年均增量最低，为45.5万吨，年均增长率为2.0%；除此之外，其余各阶段的年均增长率均高于5.0%（见表7-4）。

表7-4 世界大豆贸易量增量变化（1964—2020年）

阶段	阶段增量（万吨）	阶段增长率（%）	年均增量（万吨）	年均增长率（%）
1964—1970年	587.5	90.8	58.8	11.4
1970—1980年	850.2	68.9	85.0	5.4
1980—1990年	454.8	21.8	45.5	2.0
1990—2000年	2842.5	111.9	284.3	7.8
2000—2010年	3788.5	70.4	378.9	5.5
2010—2020年	7022.8	76.6	702.3	5.9
1964—2020年	15546.3	25.0	277.6	5.9

资料来源：根据美国农业部的数据整理。

3. 预计2040年大豆贸易量将达到2.2亿吨左右

大豆贸易量占世界大豆产量比重从1964年的22.5%上升到2020年的44.6%，大豆主要从美国、巴西、阿根廷、巴拉圭、加拿大等国家流向中国、墨西哥、荷兰、西班牙等国家。1980年以后，大豆出口主要集中在美国、巴西和阿根廷，三国大豆出口量占全球大豆贸易总量的比重从1980年的96.9%下降到2017年的86.2%；大豆进口集中在中国、墨西哥和荷兰，三国大豆进口量占全球大豆贸易总量的比重从1964年的59.0%上升到2017年的70.0%。总的来说，美国、巴西、阿根廷把持全球大豆出口的格局没有改变。1964—1990年全球大豆贸易量增速放缓，1964—1970年大豆贸易量年均增长率达到11.4%，而1980—1990年年均增长率只有2.0%，1990年以后大豆贸易回暖，1990—2000年年均增长率达到7.8%，2000—2020年的20年间年均增长率保持在5.5%以上。从整体来看，1964—2020年年均增长率为5.9%，按照这种趋势，未来全球大豆贸易量将持续增长。我们分别以0.5%、1.5%和2.5%的增速测算2040年和2050年全球大豆贸易量：以0.5%较低增速测算，到2040年全球大豆贸易量将达到1.78916亿吨，到2050年可能达到1.88066亿吨；以1.5%中等增速测算，到2040年全球大豆贸易量可能达到2.18096亿吨，到2050年可能达到2.53110亿吨；以2.5%较高增速测算，到2040年全球大豆贸易量将达到2.65341亿吨，到2050年可能达到3.39659亿吨。

（五）粮食贸易总量：60年回顾与20年展望

根据“粮食贸易总量=∑以上四类粮食”，我们按照以上四类粮食的贸易量情况对未来的粮食贸易量进行预测。

我们分别以0.5%、1.5%和2.5%的增速测算2040年和2050年全球粮食贸易量：以0.5%较低增速测算，到2040年全球粮食贸易量将达到6.38212亿吨，到2050年可能达到6.70850亿吨；以1.5%中等增速测算，到2040年全球粮食贸易量可能达到7.77973亿吨，到2050年可能达到9.02869亿吨；以2.5%较高增速测算，到2040年全球粮食贸易量将达到9.46501亿吨，到2050年可能达到12.11601亿吨。

二、粮食主要出口国与出口量

从品种来看，小麦出口阶段增量贡献度较大的国家主要为澳大利亚、法国、加拿大、阿根廷等国，稻谷出口阶段增量贡献度较大的国家主要为印度、泰国、越南等东南亚国家，玉米和大豆出口阶段增量贡献度较大的国家主要为美国、巴西、阿根廷等国。从整体来看，粮食出口国家的出口量趋于均等，由部分出口国主导的情况已逐渐改变。

根据测算，世界粮食出口量由1961年的0.99亿吨增至2018年的6.03

亿吨，增长了5.09倍。除1985年前后有较为明显回落外，整体来看，世界粮食出口量呈显著增长趋势，2003年后世界粮食出口量虽时有下降，但整体增速较快（见图7-4）。

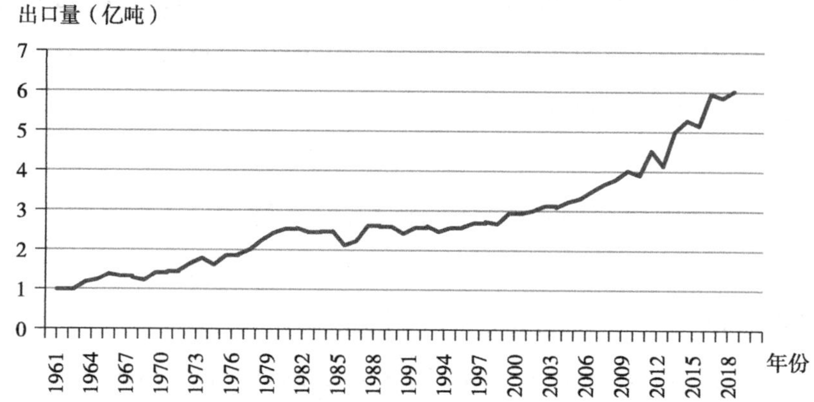

图7-4　1961—2018年世界粮食出口量变化

资料来源：根据美国农业部的数据测算。

（一）小麦出口量增长近4倍

从1961年到2017年，全球小麦出口量增长近4倍，前十大出口国的小麦出口增量对全球贡献度达85.3%，小麦出口量以5年为周期呈现波浪浮动走势。2010—2017年为全球小麦出口增量最大的阶段。小麦主要出口国为美国、澳大利亚、法国、加拿大等国家。

1. 1961—2017年全球小麦出口量增长了3.98倍

1961—2017年全球小麦出口量增长了3.98倍，年均增长2.46%。从小麦出口量年均变化来看，实现小麦出口量年均增长的国家包括利比亚、墨西哥、意大利、德国等27个国家，占比15.61%（剔除数据缺失国家，仅考虑全球173个国家），以色列和中国等22个国家的小麦出口量年均增长率为负数，占比12.72%。通过观察主要国家小麦出口量的历史走势，我们发现小麦出口量整体趋于1500万～2500万吨，这与国际贸易关系稳定及各国粮食安全政策相关。分国家来看，主要国家的小麦出口量变化以5年为周期呈现波浪浮动走势（见图7–5），这与复杂的国际关系存在一定相关性。美国小麦出口量第一的地位受到威胁，其他国家小麦出口量逐渐逼近美国，甚至俄罗斯小麦出口量在2017年超过美国，小麦贸易日益呈现各个国家均等发展的态势。

2. 前十大出口国小麦出口增量对全球贡献度达85.3%

1961—2017年全球小麦出口量增加1.57261亿吨，从小麦出口增量贡献度较大的主要国家来看，俄罗斯、澳大利亚、乌克兰、法国、加拿大、阿根廷、美国、德国、罗马尼亚、哈萨克斯坦10个国家小麦出口增量达1.34102亿吨，对全球小麦出口增量贡献度达85.3%；前5位国家小麦出口增量为9444.0万吨，对全球小麦出口增量贡献度为60.1%，仅俄罗斯的贡献度就达21.0%。从小麦出口增量的阶段变化来看，前十大出口国的增量贡献度是随时间呈下降趋势的，由1961—1970年的99.2%降为2010—2017年的85.3%，且单个国家的增量贡献度也呈下降趋势，增量贡献度排在第一位的国家在2010—2017年仅为21.0%，低于平均阶段增量贡献度45.5%，这反映出主要小麦出口国家的出口量逐渐趋于均等。

（二）稻谷出口量增长6倍多

全球稻谷出口量从1961年到2017年实现了6.08倍的增长，主要出口国前十位国家稻谷出口增量对全球贡献度达95.1%，出口量呈扩大趋势，主要稻谷出口国家的出口量逐渐趋于均等。1990—2000年为全球稻谷出口增量最大的阶段，全球稻谷出口量有向印度、泰国、越南等东南亚国

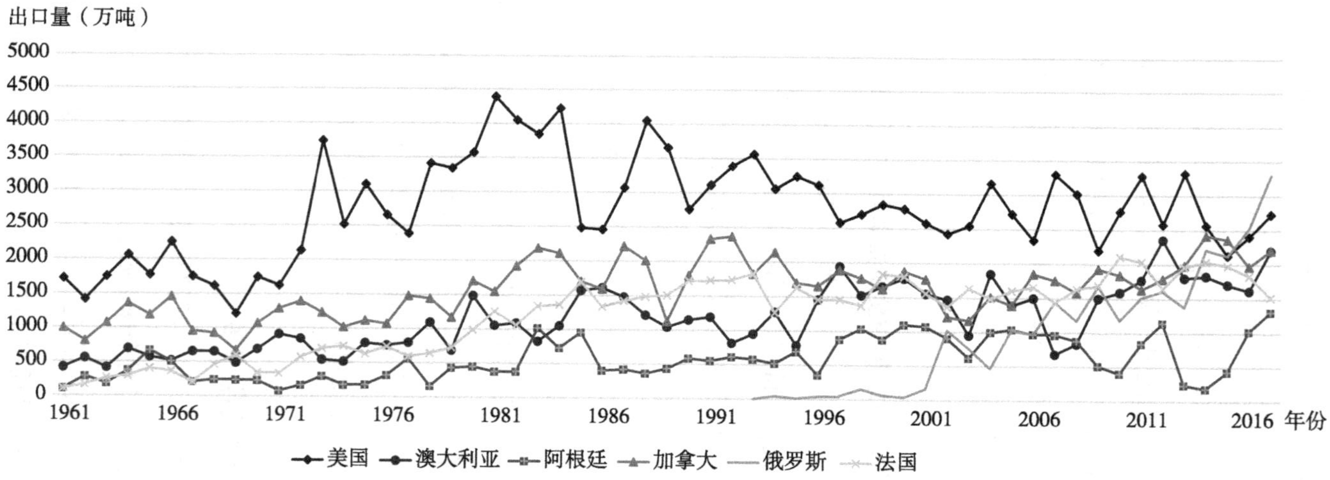

图7-5　1961—2017年主要国家小麦出口量变化

资料来源：根据联合国粮农组织的数据整理。

家集中的趋势。

1. 1961—2017年全球稻谷出口量增长了6.08倍

1961—2017年全球稻谷出口量增长了6.08倍，年均增长3.69%。从稻谷出口量年均变化情况来看，实现稻谷出口量年均增长的国家包括印度、葡萄牙、希腊、日本、瑞典、南非等38个国家，占比19.10%（剔除数据缺失国家，仅考虑199个国家及地区），稻谷出口量年均增长为负的国家及地区包括南斯拉夫、韩国等32个国家及地区，占比16.08%。主要稻谷出口国家出口量的历史走势，整体呈现“喇叭状”扩大倾向，由起初的稳定在200万吨以内逐渐增加到200万～1200万吨，各个国家的稻谷出口量差距逐渐拉大。分国家来看，主要稻谷出口国家的出口量变化呈现波浪增长走势（见图7–6），仅意大利的稻谷出口量较为稳定，位于0～200万吨区间。1981—2010年泰国的稻谷出口量一直处于第一位，但是在2011年之后，印度的稻谷出口量超过泰国，这与国家领导人的更换以及对外政策的变化存在较大关系。稻谷出口量占据较大份额的其他国家主要集中在东南亚地区，这与当地的湿热气候有关。

2. 前十大出口国稻谷出口增量对全球贡献度达95.1%

1961—2017年全球稻谷出口量增加3823.6万吨。从稻谷出口增量贡献度较大的主要国家来看，印度、泰国、越南、巴基斯坦、美国、中国、乌拉圭、巴拉圭、意大利、巴西10个国家稻谷出口增量为3638.0万吨，对全球稻谷出口增量贡献度达95.1%；前5位国家稻谷出口增量为3272.8万吨，对全球稻谷出口增量贡献度为85.6%，仅印度贡献度就达31.5%。从稻谷出口增量的阶段变化来看，前10位国家增量贡献度随时间呈下降趋势，由1961—1970年的126.6%降为2010—2017年的95.1%，且单

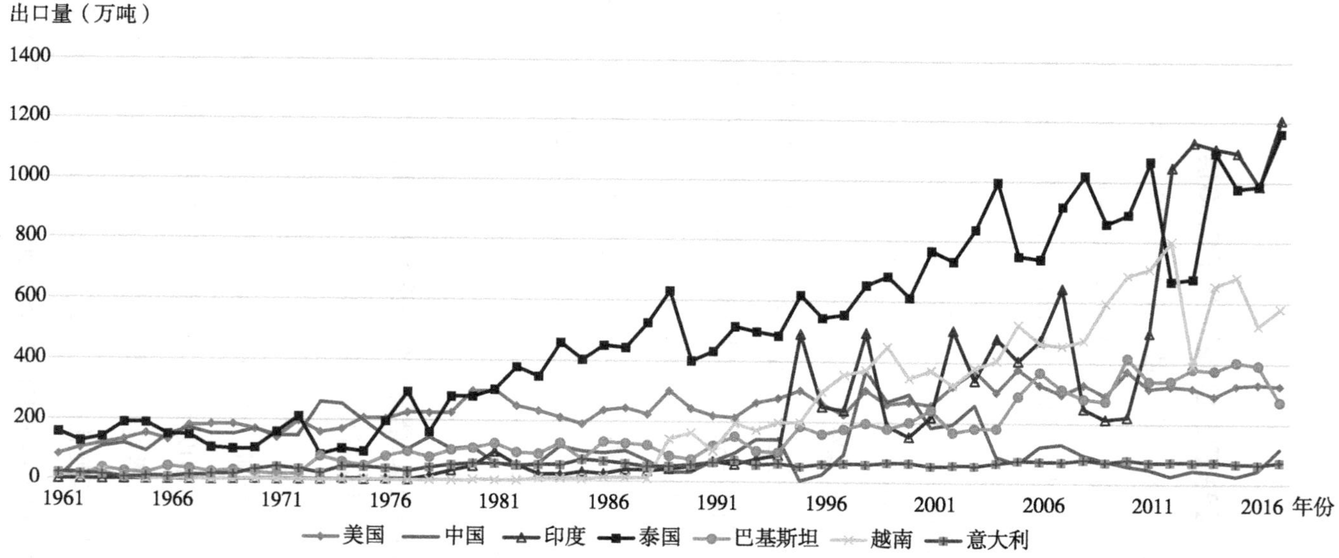

图7-6 1961—2017年主要国家稻谷出口量变化

资料来源：根据联合国粮农组织的数据整理。

个国家的增量贡献度也呈现下降趋势，增量贡献度排在第一位的国家在2010—2017年为31.5%，低于1961—1970年阶段增量贡献度38.6%，这反映出稻谷出口国家的出口量逐渐趋于均等。

（三）玉米出口量增长10倍多

全球玉米出口量1961—2017年增长了10.5倍，前十大出口国玉米出口增量对全球贡献度达91.6%，出口量从一国主导到多国发展，主要出口国家出口量逐渐趋于均等。2010—2017年为全球玉米出口增量最高阶段，主要出口国为美国、巴西、阿根廷等国。

1. 1961—2017年全球玉米出口量增长10.5倍

1961—2017年全球玉米出口量总共增长10.5倍，年均增长率为3.6%。从玉米出口量年均变化来看，实现玉米出口量年均增长的国家包括墨西哥、巴西、丹麦、西班牙、加拿大等36个国家，占比20.0%（剔除数据缺失国家，仅考虑180个国家及地区）；朝鲜、日本、柬埔寨、菲律宾等30个国家及地区的玉米出口年均增量为负数，占比16.7%。主要国家玉米出口量呈现“一超多强”的局面：美国玉米出口量排在第一位，阿根廷和巴西呈现稳定增长态势，泰国、罗马尼亚和法国均处在低位徘徊的阶段（见图7-7）。玉米出口量由起初的“美国主导”逐渐向“多国均等”的方向发展，出口量之间的差距渐渐缩小。

2. 前十大出口国玉米出口增量对全球贡献度达91.6%

1961—2017年全球玉米出口量增加14725.4万吨，从玉米出口增量贡献度较大的主要国家来看，美国、巴西、阿根廷、乌克兰、俄罗斯、法国、匈牙利、罗马尼亚、巴拉圭、墨西哥10个国家玉米出口增量为

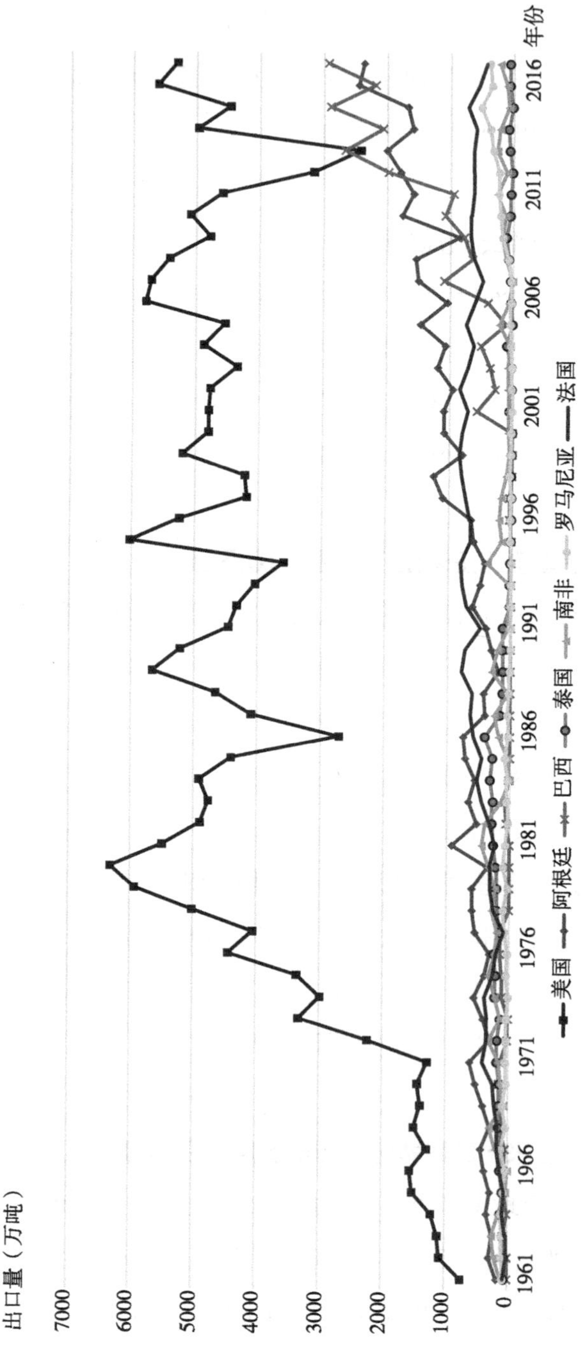

图7-7 1961—2017年主要国家玉米出口量变化

资料来源：根据联合国粮农组织的数据整理。

13494.0万吨，对全球玉米出口增量贡献度达91.6%；玉米出口国集中度较高，仅前5位国家的贡献度就超过80.0%。从玉米出口增量的阶段变化来看，前十大出口国的增量贡献度基本稳定，近50年总贡献度均超过100.0%，其玉米出口增量超出全球玉米出口增量。然而，单个国家的增量贡献度却呈现下降趋势，增量贡献度排在第一位的国家在2010—2017年仅为31.0%，低于平均阶段增量贡献度40.0%，这反映出玉米出口国集中度在降低。

（四）大豆出口量增长35倍多

全球大豆出口量1961—2017年增长35.4倍，前十大出口国大豆出口增量对全球贡献度达98.8%，出口量呈两极分化趋势，主要出口国家分化趋势明显。2010—2017年为全球大豆出口增量最高阶段，主要出口国为美国、巴西、阿根廷等国。

1. 1961—2017年全球大豆出口量增长35.4倍

1961—2017年全球大豆出口量总共增长了35.4倍，年均增长5.5%。从大豆出口量年均变化来看，实现大豆出口量年均增长的国家包括荷兰、巴拉圭、德国、马来西亚、巴西、加拿大等14个国家，占比9.0%（剔除数据缺失国家，仅考虑155个国家）；韩国、老挝、新加坡、中国等8个国家大豆出口年均增量为负数，占比5.2%。主要国家大豆出口量整体趋向两极分化，美国和巴西大豆出口量处于高位增长阶段，阿根廷、巴拉圭、中国、荷兰等国家大豆出口量处于低位徘徊阶段，两极分化趋势将拉大国家之间大豆出口量的差距（见图7-8）。

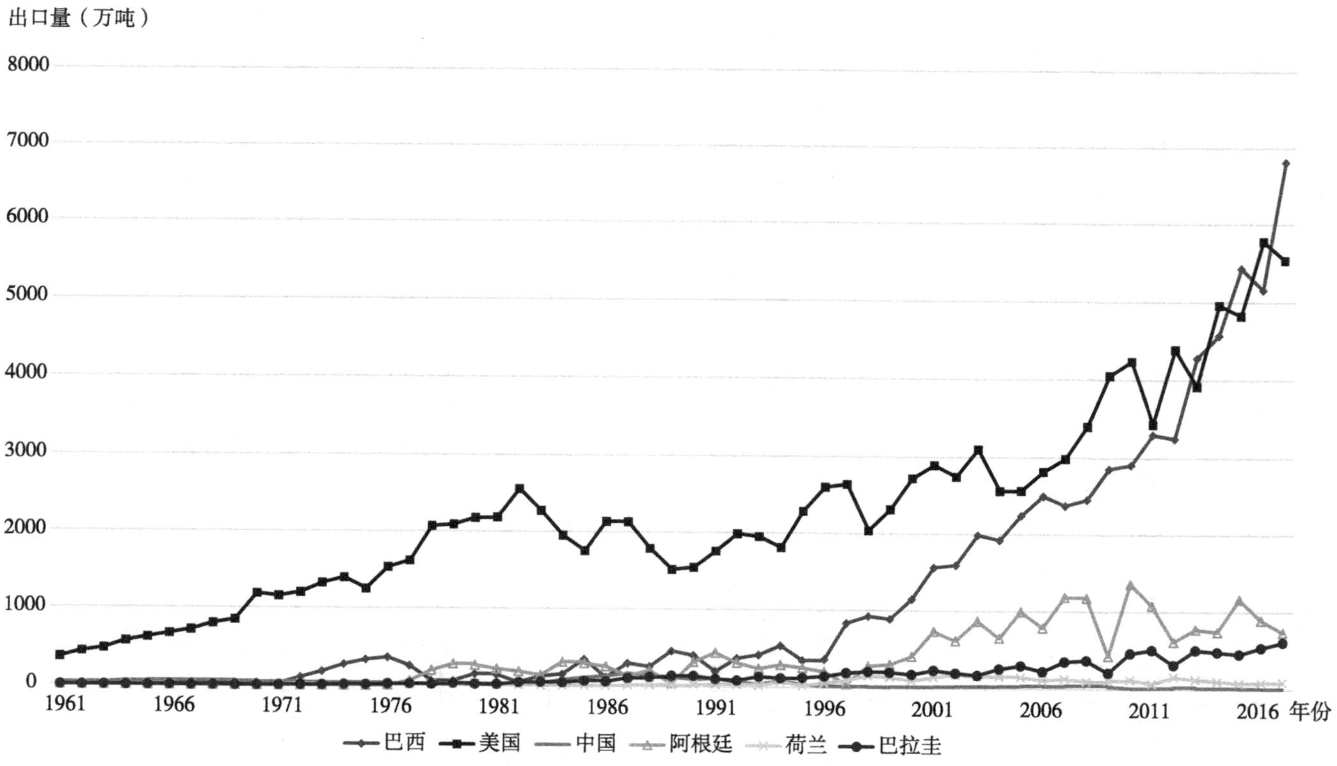

图7-8　1961—2017年主要国家大豆出口量变化

资料来源：根据联合国粮农组织的数据整理。

2. 前十大出口国大豆出口增量对全球贡献度达98.8%

1961—2017年全球大豆出口量增加14766.5万吨。从大豆出口增量贡献度较大的主要国家来看，巴西、美国、阿根廷、巴拉圭、加拿大、乌拉圭、乌克兰、荷兰、俄罗斯、印度10个国家大豆出口增量达14582.1万吨，对全球大豆出口增量贡献度达98.8%；前5个国家大豆出口增量为13793.1万吨，对全球大豆出口增量贡献度为93.4%，仅巴西贡献度就高达46.1%。从大豆出口增量的阶段变化来看，前10位国家增量贡献度随时间呈下降趋势，由1961—1970年的100.2%降为2010—2017年的98.8%。然而，单个国家的增量贡献度却呈现上升趋势，增量贡献度排在第一位的国家在2010—2017年达71.7%，高于其他阶段的增量贡献度。因此，大豆出口分化趋势明显，主要出口国为巴西、美国等国。

三、粮食主要进口国与进口量

分品种来看粮食进口变化：小麦进口增量相对平稳；稻谷进口增量增幅高于小麦，相对集中在亚洲国家；玉米进口量实现10倍以上增长；大豆进口量增幅巨大，且阶段变化明显。整体来看，粮食进口国家进口量均有明显增长。

根据测算，世界粮食进口量由1961年的0.94亿吨增至2018年的5.79亿吨，增长了5.16倍。除1985年前后有较为明显回落外，世界粮食进口量整体呈显著增长趋势，2003年后进口量整体增速明显加快（见图7-9）。

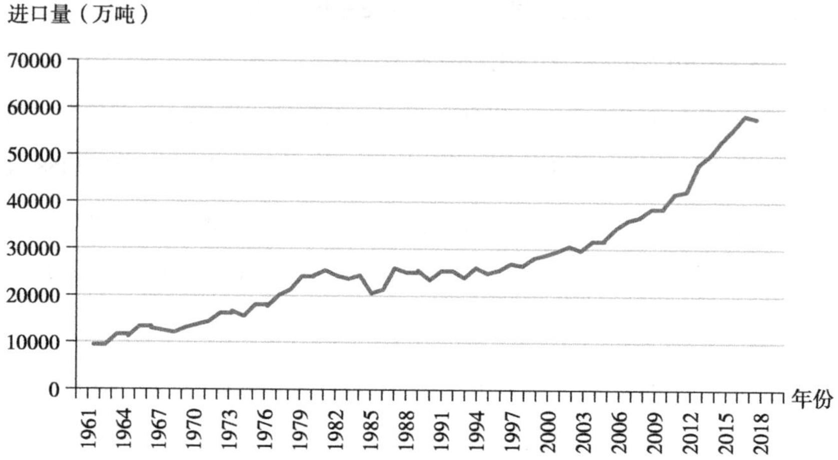

图7-9　1961—2018年世界粮食进口量变化

资料来源：根据美国农业部数据整理。

（一）小麦进口量增长近4倍

1961—2017年，全球小麦进口量增长了3.8倍，排名前十位国家的进口量占全球总进口量的比重过半，小麦主要进口国呈现由发达国家向发展中国家转移的趋势。

1. 1961—2017年全球小麦进口量增长3.78倍

全球小麦进口量从1961年的4004.0万吨增至2017年的19135.3万吨，增长3.78倍。从小麦进口国的进口量变化情况来分析，1961年排名前三位国家英国、德国、中国进口量差距较小，排名前十位国家进口量占全球进口量比重过半；1970年，除中国和英国外，日本进口量明显增长，成为全球第三大小麦进口国。20世纪八九十年代，苏联成为世界第一小麦进口国，中国紧随其后，进口量远高于排名第三的日本，三大进口国总进口量超过全球进口量的1/3。2000年以后，小麦主要进口国发生明显变化，十大进口国进口量占全球进口量比重首次低于50%，且呈持续下降趋势，除日本外，中国、英国等国家的进口量跌出前十，巴西、意大利、埃及等国家后来居上。2017年，印度尼西亚成为全球第一大小麦进口国，埃及、阿尔及利亚分别位列第二、三位（见表7-5）。

表7-5 世界前十小麦进口国进口量变化（万吨）

排序	1961年		1980年		2000年		2017年	
	全球	4004.0	全球	8883.9	全球	11706.1	全球	19135.3
1	英国	398.4	苏联	1470.0	巴西	752.3	印度尼西亚	1045.4
2	德国	390.6	中国	1097.2	意大利	686.0	埃及	1016.4
3	中国	388.2	日本	568.2	伊朗	657.8	阿尔及利亚	807.9
4	印度	309.0	巴西	475.5	日本	585.4	意大利	743.0
5	日本	263.1	埃及	441.7	阿尔及利亚	536.7	孟加拉国	686.8
6	意大利	245.2	波兰	346.6	埃及	489.6	西班牙	618.5
7	巴西	188.1	意大利	313.4	印度尼西亚	358.9	巴西	602.2
8	波兰	173.9	英国	225.6	比利时	358.1	日本	570.6
9	捷克斯洛伐克	112.7	伊拉克	211.5	摩洛哥	344.1	尼日利亚	568.8
10	巴基斯坦	107.9	韩国	186.8	韩国	332.9	菲律宾	550.0

资料来源：根据联合国粮农组织的数据整理。

2. 小麦主要进口国由发达国家向发展中国家转移

分阶段来看：1961—1970年，日本增量排在首位；1970—1980年，苏联以1285.4万吨增量远超其他国家，位居第一；1980—1990年，全球小麦进口增量仅为706.0万吨，各国增量也相对较低，其中土耳其、伊朗、荷兰增量位列前三；1990—2000年，全球小麦进口增量前三位为巴西、比利时、伊朗，与之前阶段相比有明显改变；2000—2010年，埃及、荷兰和德国分别以569.8万吨、290.0万吨、270.1万吨增量位居前三；2010—2017年，全球小麦进口增量达到4464.0万吨，增幅为各阶段之最，印度尼西亚以564.4万吨增量位居第一，印度、孟加拉国紧随其后。整体来看，1961—2017年，印度尼西亚进口增量达1045.4万吨，居全球首位；埃及为950.3万吨，阿尔及利亚为763.7万吨，分别位列第二、三位。

（二）稻谷进口量增长5倍多

1961—2017年，全球稻谷进口量增长5.6倍，排名前十位国家（地区）进口量占全球进口量比重过半，进口量差距拉大。2010—2017年为全球稻谷进口增量最高的阶段，主要进口国（地区）为东亚、东南亚国家（地区）。

1. 1961—2017年全球稻谷进口量增长5.6倍

全球稻谷进口量从1961年的653.7万吨增加到2017年的4336.1万吨，增长5.6倍。从稻谷进口国（地区）的进口量变化情况来分析，1961年稻谷进口量最多的国家是印度尼西亚，进口106.4万吨，印度、孟加拉国分列第二、三位；排名前十位国家（地区）进口量占全球进口量比重过半。1970年，印度尼西亚进口量下降至第二，越南以126.0万吨进口量跃居第一，而韩国以69.5万吨进口量位居第三。1980年，苏联成为世界第三大稻谷进口大国；印度尼西亚进口量最高，达201.2万吨，远高于排名第二、三位的韩国与苏联；三大进口国进口量占全球进口量的28%。1990年以后，稻谷主要进口国（地区）发生明显变化，菲律宾、伊朗、巴西进口量相对较低，各国进口量差距较小，十大进口国（地区）进口量占全球进口量比重首次低于半数且整体下降显著。2000年，印度尼西亚成为全球第一大稻谷进口国，伊拉克、伊朗分别为第二、三位，进口量均超百万吨。2017年，中国稻谷进口量为397.8万吨，远高于第二位贝宁的190.8万吨，此外孟加拉国稻谷进口量达到164.1万吨，位居第三（见表7-6）。

表7-6　世界前十稻谷进口国（地区）进口量变化（万吨）

排序	1961年		1980年		2000年		2017年	
	全球	653.7	全球	1257.5	全球	2249.6	全球	4336.1
1	印度尼西亚	106.4	印度尼西亚	201.2	印度尼西亚	133.9	中国	397.8
2	印度	73.7	韩国	81.4	伊拉克	120.0	贝宁	190.8
3	孟加拉国	49.2	苏联	69.4	伊朗	101.7	孟加拉国	164.1
4	斯里兰卡	46.9	孟加拉国	54.8	沙特	93.6	科特迪瓦	134.7
5	马来西亚	42.0	尼日利亚	45.0	尼日利亚	78.6	伊朗	129.4
6	中国香港	39.2	伊拉克	40.0	朝鲜	77.9	沙特阿拉伯	120.7
7	新加坡	33.5	伊朗	36.5	日本	64.5	塞内加尔	118.1
8	菲律宾	18.8	中国香港	35.9	菲律宾	64.2	阿联酋	105.5
9	古巴	18.7	沙特	35.5	巴西	63.2	南非	105.4
10	德国	15.2	塞内加尔	30.1	马来西亚	59.6	菲律宾	87.4

资料来源：根据联合国粮农组织的数据整理。

2. 玉米进口量以墨西哥、日本等国（地区）居多

分阶段来看，1961—1970年全球玉米进口增量为1472.6万吨，日本增量排在首位，其次是意大利和西班牙。1970—1980年，全球玉米进口增量为5086.2万吨，为增量最高阶段，苏联增量位居第一，位居第二、三位的日本和墨西哥的增量与其差距明显。1980—1990年，全球玉米进口增量下降632.9万吨，与此同时各国（地区）增量也相对较低，其中韩国、苏联、日本增量位列前三。1990—2000年，全球玉米进口增量前三位为埃及、韩国、哥伦比亚。2000—2010年，伊朗、墨西哥、意大利增量位居前三，前十位国家（地区）增量差距相对较小。2010—2017年，墨西哥以749.0万吨增量位居第一，其后为越南、西班牙。整体来看，1961—2017年，墨西哥玉米进口增量最高，达1530.8万吨，日本和阿尔及利亚以1269.7万吨、929.9吨分别位列第二、三位，前两位同2017年各国玉米进口量排名一致。

（四）大豆进口量增长35倍多

1961—2017年，全球大豆进口量增长35.3倍，排名前十位国家（地区）进口量占全球进口量比重最高时达91.1%，主要进口国家（地区）间进口量差距较大。整体来看，1990—2017年中国大豆进口增量最高，高于其他国家（地区）增量总和。

1. 1961—2017年全球大豆进口量增长35.3倍

全球大豆进口量从1961年的409.0万吨增至2017年的14827.8万吨，增长35.3倍。从大豆进口国（地区）的进口量变化情况来分析，1961年，全球排名前三的大豆进口国分别是日本、德国和加拿大，进口量差距相对较大，排名前十位国家（地区）进口量占全球进口量比重为59.2%。

1970年，日本、德国进口量仍居全球第一、二位，西班牙成为第三大大豆进口国。1980年，除日本、德国外，荷兰成为新的第三大大豆进口国，且进口量差距相对较小。1990年，日本、荷兰、德国大豆进口量继续位居全球前三。2000年，全球主要大豆进口国（地区）排名发生显著变化，中国以1041.9万吨进口量远超排名第二、三位的荷兰、日本。之后，中国大豆进口量从2010年的5479.8万吨增加到2017年的9553.4万吨，远远超过墨西哥、荷兰等国家（地区），大豆进口量位居世界第一（见表7–8）。

表7–8 世界前十大豆进口国（地区）进口量变化（万吨）

排序	1961年		1980年		2000年		2017年	
	全球	409.0	全球	2703.7	全球	4848.2	全球	14827.8
1	日本	115.8	日本	440.1	中国	1041.9	中国	9553.4
2	德国	95.2	德国	393.5	荷兰	538.1	墨西哥	434.1
3	加拿大	31.3	荷兰	349.5	日本	482.9	荷兰	384.7
4	丹麦	30.2	西班牙	321.4	墨西哥	398.5	西班牙	339.6
5	荷兰	26.3	意大利	139.3	德国	384.0	日本	321.8
6	意大利	20.5	英国	115.9	西班牙	265.1	德国	301.9
7	英国	18.4	苏联	108.5	中国台湾	230.2	泰国	274.5
8	中国台湾	14.5	中国台湾	93.9	韩国	149.2	印度尼西亚	253.8
9	以色列	11.6	比利时–卢森堡	91.0	泰国	132.0	中国台湾	253.8
10	比利时–卢森堡	9.0	法国	86.8	印度尼西亚	127.8	土耳其	234.1

资料来源：根据联合国粮农组织的数据整理。

2. 中国大豆进口量增长明显

分阶段来看，1961—1970年，全球大豆进口增量为820.5万吨，日本增量排在首位，其次是西班牙和德国。1970—1980年，荷兰增量位居第一，排名第二、三位的西班牙和德国的增量与之相比差距较小。1980—1990年，全球大豆进口增量下降70.7万吨，与此同时各国（地区）增量也相对较低，中国台湾及荷兰、葡萄牙增量位列前三。1990—2000年、2000—2010年、2010—2017年等阶段，世界大豆主要进口国（地区）出现明显变化，中国大豆进口增量在三个阶段分别为1041.8万吨、4437.9万吨、4073.6万吨。2000—2010年，仅中国的大豆进口增量就占全球增量的93.3%。从整体来看，1961—2017年，中国大豆进口增量最高达9553.4万吨，高于其他国家（地区）增量的总和，墨西哥、荷兰分别以434.1万吨、358.4万吨位列第二、三位。

四、大豆贸易量占产量比重增长近1倍

随着全球谷物生产量的增加，世界谷物贸易额和贸易量逐年增长。1961—2018年，大豆、小麦、玉米、稻谷等主要谷物贸易量均有明显增长，除大豆贸易量占比增长翻倍外，其余谷物贸易量占比相对稳定。从整体来看，各个阶段的各种谷物贸易量占比均有所增长。

（一）不同谷物贸易量占比均有上升

我们来分析不同阶段世界主要谷物贸易量占比变化：1961—1970年，除稻谷外，小麦、玉米、大豆贸易量占比均高于1/10；1971—1980年，小麦、稻谷贸易量占比有所降低，玉米和大豆贸易量占比相较上一阶段均有所上涨，玉米贸易量占比更是达到各阶段最高；1981—1990

年，除小麦外，其余谷物的贸易量占比均有所下降；1991—2000年，小麦、玉米贸易量占比出现下降，而稻谷和大豆的贸易量占比则有所回升；2001—2010年，除玉米贸易量占比下降外，小麦、稻谷、大豆贸易量占比均有上涨，大豆贸易量占比更是超1/3；2011—2018年，各类谷物贸易量占比相较上一阶段均有上升，其中小麦、稻谷、大豆更是达到各阶段占比最高（见表7–9）。

表7–9　世界主要谷物贸易量占比变化

阶段	小麦	稻谷	玉米	大豆
1961—1970年	19.72%	2.88%	10.90%	23.69%
1971—1980年	17.95%	2.68%	15.60%	26.44%
1981—1990年	19.78%	2.57%	14.11%	25.73%
1991—2000年	18.40%	3.63%	12.03%	26.69%
2001—2010年	19.12%	4.70%	11.71%	33.12%
2011—2018年	23.01%	5.72%	13.09%	41.21%

资料来源：根据联合国粮农组织的数据整理。

（二）大豆贸易量占产量的42.79%

在世界谷物贸易中，小麦、稻谷、玉米、大豆作为主要品种，贸易量呈逐年上升趋势。我们通过分析1961—2018年这几种主要谷物贸易量占比变化得知：小麦一直占有较大的份额，贸易量占比相对较高，从1961年占比21.11%增长到2018年占比23.64%，年均贸易量占比为19.55%；贸易量占比初期变化幅度相对明显，中后期相对平稳，整体来看有缓慢上升趋势。稻谷生产量处于较高水平，在粮食生产中地位相对较高，但在世界谷物贸易中，稻谷的贸易量和贸易额远远低于大豆、小麦和玉米，贸易量占比最低，年均贸易量占比仅为3.63%，整体变化趋

第八章

畜产品生产：60年回顾与展望

人民膳食营养水平最重要的标志之一是肉类消费水平。随着人民生活水平的提高，畜产品需求必定会大幅度增长。近60年来，全球畜产品产量和消费量大幅增加，肉类产量增长3.8倍，奶产品产量增长1.6倍，蛋类产量增长4.6倍。肉类产量增长最快的是禽肉和猪肉，分别增长13.0倍和3.9倍。全球肉类产量增长也伴随着肉类种类的更替，分别经历了以牛肉为主、以猪肉为主和以禽肉为主的三个阶段，羊肉产量相对较低。

一、肉类生产60年回顾

世界畜产品的生产格局经历了以发达经济体为主向以发展中经济体为主的转变。肉类生产由60年前的欧美发达经济体产量占67.3%，转变为当前亚洲和南美洲发展中经济体产量占55.4%，蛋类产量则由欧美占67.3%转变为亚洲占62.5%，奶产品产量由欧洲占56.7%转变为亚洲占41.9%。这主要是由于发达经济体肉类消费基本达到顶峰，而发展中经济体的经济和畜产品需求均大幅增长，促进畜产品产量快速飙升。人口众多的发展中经济体贡献度最大，中国对全球肉类增长贡献度高达

41.0%，对全球蛋类增长贡献度为45.0%，印度对全球奶产品增长贡献度为34.0%。

中国、美国和巴西是全球肉类产量最高的三个国家，三者占全球肉类产量的48.0%。中国、美国、印度是全球蛋类产量最高的国家，占全球产量的52.3%。印度、美国、中国是全球奶产品产量最高的国家，占全球奶产品产量的38.0%。中国已成为全球最大的肉类和蛋类生产国，印度是最大的奶产品生产国。值得注意的是，欧美发达经济体的畜产品单产仍然远远高于发展中经济体，亚洲和非洲的畜产品单产低于世界平均水平。由于全球畜产品产量增加主要来自发展中经济体，因此全球畜产品产量的增加主要依赖数量的增加，而不是单产的提高。世界畜牧业产业结构在不断优化，逐步向饲料效率高、劳动生产率高和集约化程度高的方向转化。畜牧业产业结构的变化，也进一步推动了肉类消费逐步向健康、可持续和便利性转变，而突发的新冠肺炎疫情可能引发畜产品生产、消费和供应链的巨大变革。

（一）肉类产量增长约3.8倍

从1961年到2018年，全球肉类产量从7136.2万吨增加到34239.6万吨，增长约3.8倍，年均增速为2.8%。在此期间，全球肉类产量增速除了1996年为-1%，其余年份均处于稳步增长态势。全球肉类产量年均增速从1961—1970年的3.9%降到了2010—2018年的1.9%（见图8-1），增速趋缓。

1. 肉类产量增长主要是禽肉与猪肉产量的增长

全球肉类产量增长经历了几个亿吨台阶：1970年突破1亿吨关口，1995年突破2亿吨关口，2012年突破3亿吨关口。从全球来看，肉类产量增长主要依赖于禽肉和猪肉产量的大幅增长。禽肉产量从1961年的0.09

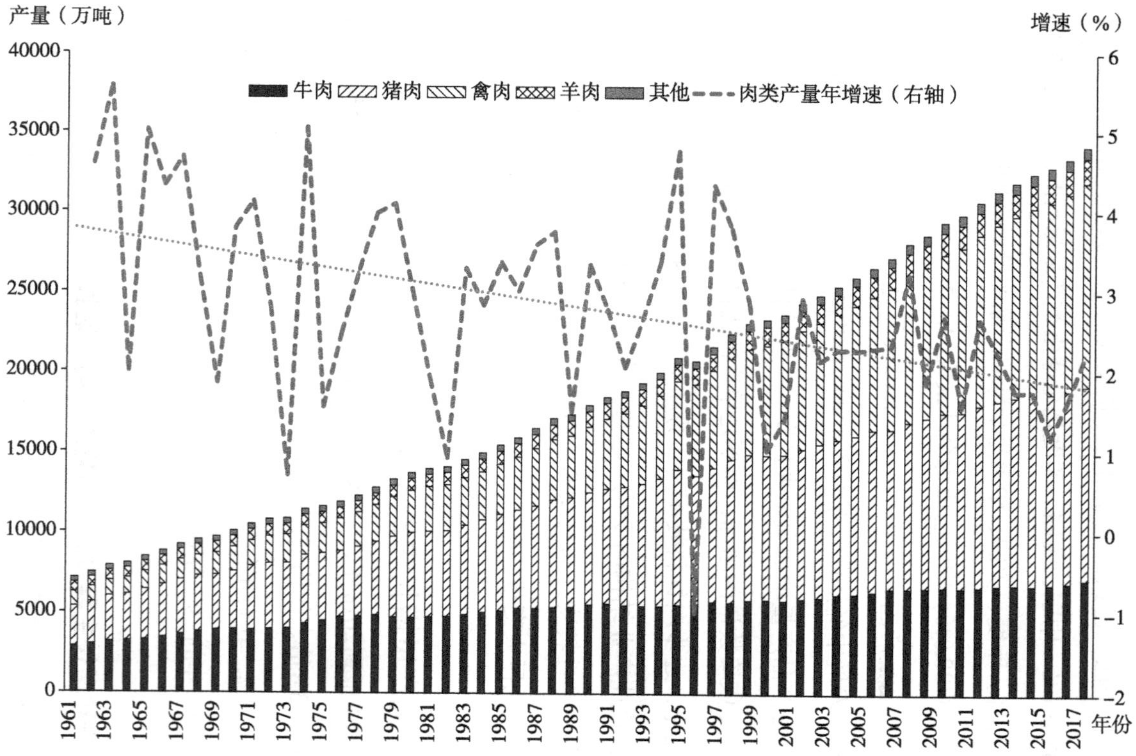

图8-1 1961—2018年全球肉类产量及年增速变化

资料来源：根据联合国粮农组织数据整理。

亿吨增加到2018年的1.27亿吨，增长13.2倍；同期猪肉产量从0.25万吨增加到1.21亿吨，增长3.9倍。牛肉、羊肉和其他肉类产量增长相对缓慢，牛肉产量从2875.57万吨增加到7160.13万吨，只增长1.49倍，远远落后于禽肉和猪肉产量的增幅。

全球肉类产量突破1亿吨主要靠牛肉和猪肉产量的增加，二者分别占肉类产量的39%和36%，禽肉只占15%。全球肉类产量突破2亿吨主要依靠猪肉、牛肉和禽肉产量的增加，1995年猪肉、牛肉和禽肉产量分别占全球肉类产量的40%、26%和26%。全球肉类产量突破3亿吨则主要依靠猪肉、禽肉和牛肉产量的增长，三者分别占全球肉类产量的37%、35%和22%。与快速增长的禽肉、猪肉产量相比，原来产量最高的牛肉增速逐步放缓。我们预计，全球肉类产量未来突破4亿吨关口依然要依靠禽肉和猪肉产量的增长，特别是禽肉产量的增长。

从不同阶段来看，近60年间全球肉类产量增长了27103.4万吨，其中1961—1970年是增长最快的阶段，增长率达到41.1%，年均增长率达到3.9%。2000—2010年是全球肉类产量增长最多的阶段，产量增加了6117.8万吨，年均增量达到611.8万吨，这一阶段对全球肉类产量增长贡献最大的是禽肉产量的增长，增加了3065.8万吨，其次是猪肉产量的增长，达到1909.9万吨。2010年以后，肉类产量增长趋势有所放缓，无论是增量还是增长率都有所下降（见表8-1）。

表8-1　全球肉类产量波动变化

阶段	阶段增量（万吨）	阶段增长率（%）	年均增量（万吨）	年均增长率（%）
1961—1970年	2930.7	41.1	325.6	3.9
1970—1980年	3606.9	35.8	360.7	3.1

（续表）

阶段	阶段增量（万吨）	阶段增长率（%）	年均增量（万吨）	年均增长率（%）
1980—1990年	4012.9	29.3	401.3	2.8
1990—2000年	5394.8	30.0	539.5	2.7
2000—2010年	6117.8	26.2	611.8	2.4
2010—2018年	4777.7	16.2	597.2	1.9
1961—2018年	27103.4	379.8	475.5	2.8

资料来源：根据联合国粮农组织数据整理。

2. 肉类结构经历了牛肉—猪肉—禽肉为主的变化

1961—1970年，全球肉类结构以牛肉为主。1970年牛肉产量为3966.3万吨，居肉类产量第一。猪肉和禽肉产量虽然增长很快，但由于基数较小，仍然无法超过牛肉产量。1971年，猪肉开始取代牛肉；1971—2015年，猪肉产量一直高居全球肉类产量第一。2016年，禽肉首次超过猪肉，位居全球肉类产量第一。从目前趋势来看，禽肉在未来依然是全球产量最高的肉类品种。

3. 发展中经济体对全球肉类产量增加的贡献明显增大

1961年，在全球肉类产量中，欧洲占42.04%，北美洲占25.21%，亚洲占12.68%，南美洲占9.13%，非洲占5.48%，大洋洲占3.20%。到2018年，在全球肉类产量中，亚洲增加到占比41.97%，南美洲占比增加到13.47%，非洲占比为5.89%，欧洲占比降到18.65%，北美洲占比降到15.11%，大洋洲占比降到1.95%。1961—2018年，全球肉类产量增加了2.70亿吨，其中亚洲增加了1.35亿吨，占全球肉类增量的50.0%，南美洲增加了0.40亿吨，占全球肉类增量的14.8%，亚洲和南美洲成为全球肉类产量增加的主要来源。

从全球主要肉类生产国家来看，1961年，美国和苏联是全球主要肉类生产国，产量分别达到1651.3万吨和870.0万吨，分别占当年全球肉类产量的23.1%和12.2%，德国肉类产量为423.8万吨，占全球的5.9%；英国肉类产量为220.2万吨，占全球的3.1%；中国、巴西、印度的肉类产量分别只有255.0万吨、212.0万吨和169.6万吨，三国的肉类产量之和仅占全球肉类产量的8.9%。2018年，经过多年持续增长，中国的肉类产量已达8815.6万吨，占全球肉类产量的25.7%，为全球肉类产量增量贡献了41.0%的份额，成为全球第一大肉类生产国。尽管美国的肉类产量也增加到了4683.3万吨，但只占全球肉类产量的13.7%，从世界第一退至世界第二，为全球肉类产量增量贡献了11.2%的份额。巴西则成为全球肉类产量第三大国，占全球肉类产量的8.6%，为全球肉类产量增量贡献了10.0%的份额（见图8-2）。

（二）猪肉产量增长3.9倍

从1961年到2018年，全球猪肉产量从2474.9万吨增加到12088.2万吨，增长了3.9倍，但波动较大。猪肉产量在1971年和1979年增幅高达10%，但在1969年、1973年、1975年、1996年、2007年、2016年出现了不同程度的下降，特别是1996年大幅下降6%。由于猪肉产量在全球肉类产量中占比较大，这也直接造成了全球肉类产量的下降。2008年，全球猪肉产量首次突破1亿吨大关，达到1.04亿吨，2018年达到约1.21亿吨。

分阶段来看，全球猪肉产量每个阶段的增量都维持在1000万吨以上。1970—1980年是猪肉产量增加最快的阶段，增长率达到47.2%，年均增长率为4.7%。1990—2000年是全球猪肉产量增加最多的阶段，增加

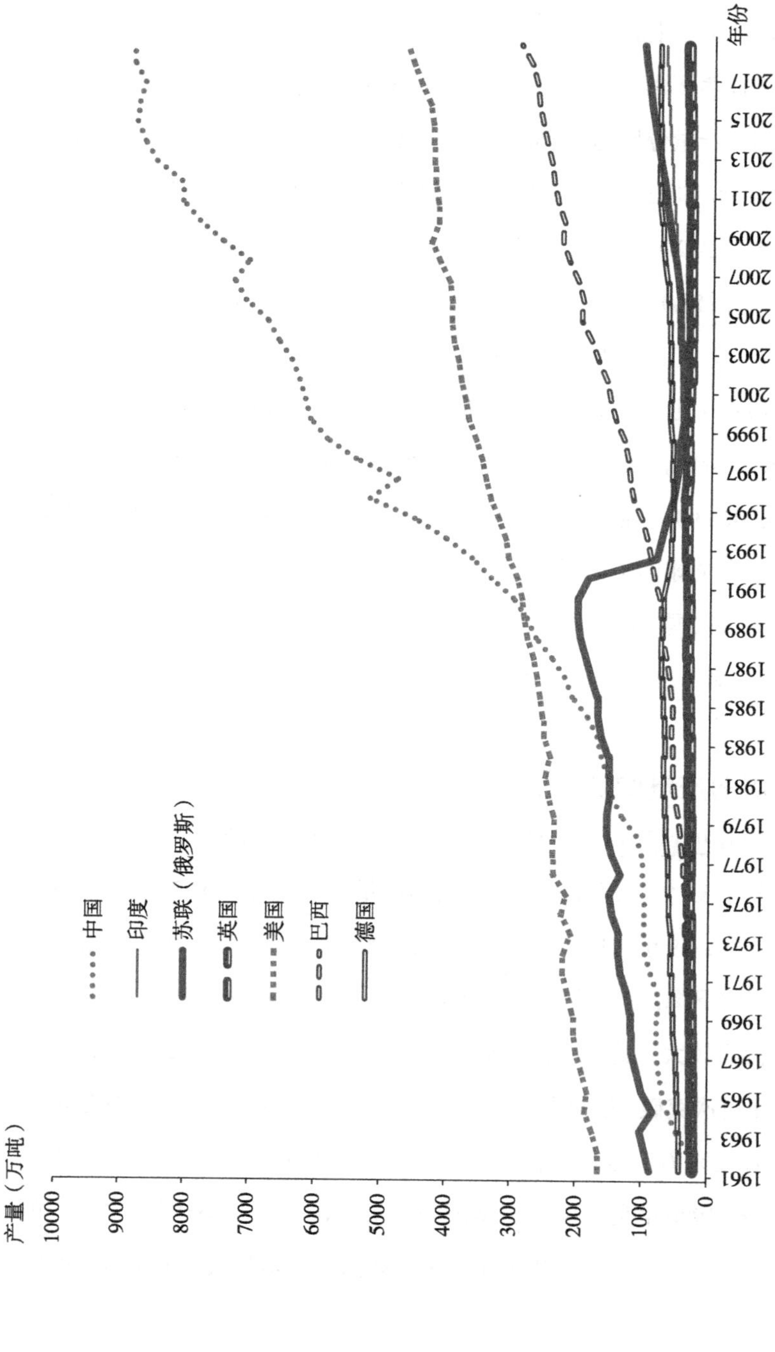

图8-2　1961—2018年部分主要生产国家肉类产量变化

资料来源：根据联合国粮农组织数据整理。

2017.2万吨，年均增量为201.7万吨（见表8-2）。

表8-2 全球猪肉产量波动变化

阶段	阶段增量（万吨）	阶段增长率（%）	年均增量（万吨）	年均增长率（%）
1961—1970年	1104.8	44.6	122.8	4.2
1970—1980年	1688.0	47.2	168.8	4.7
1980—1990年	1702.4	32.3	170.2	2.8
1990—2000年	2017.2	28.9	201.7	2.6
2000—2010年	1909.9	21.3	191.0	2.0
2010—2018年	1190.9	10.9	148.9	1.4
1961—2018年	9613.3	388.8	168.7	3.0

资料来源：根据联合国粮农组织数据整理。

1. 亚洲对全球猪肉产量增加贡献大

从猪肉产量的区域分布来看，亚洲猪肉产量增长最快。1961年，欧洲和北美洲是全球猪肉主产区，产量分别是1424.8万吨和570.8万吨，占全球猪肉产量的57.6%和23.1%；亚洲产量只有290.3万吨，只占11.7%。到2018年，欧洲和北美洲的猪肉产量增加到2966.5万吨和1408.5万吨，但只占全球猪肉产量的24.5%和11.6%；亚洲猪肉产量增加到6672.6万吨，占比飙升至55.1%。亚洲猪肉产量的增长主要来自中国猪肉产量的增长。2018年中国猪肉产量达到5498.4万吨（见图8-3），遥遥领先于其他国家和地区，占全球猪肉产量的45.4%。1961—2018年，亚洲猪肉产量的增量占全球猪肉增量的66.3%，其中中国占55.5%，这意味着近60年间全球猪肉产量的增量，一半以上来自中国。

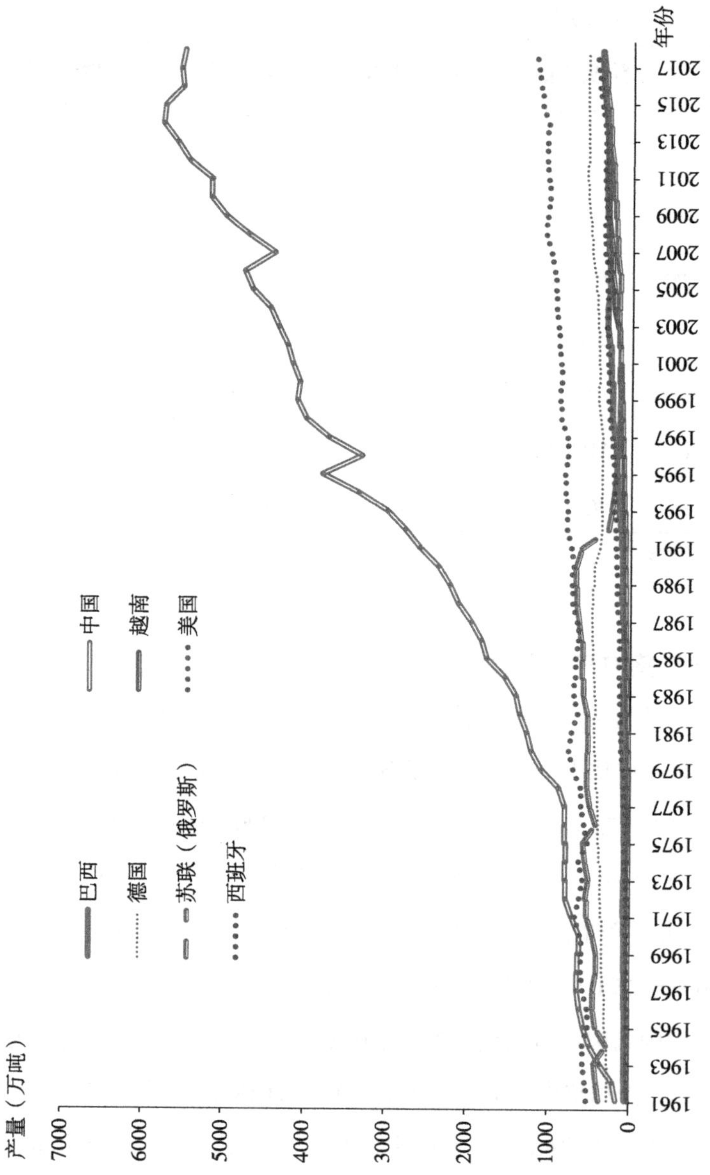

图8-3 1961—2018年部分主要生产国猪肉产量变化

资料来源：根据联合国粮农组织数据整理。

2. 北美洲、欧洲出栏猪胴体重高，亚洲出栏猪胴体重增加快

出栏猪胴体重高，反映了生猪综合生产技术水平高。1961—2018年，北美洲和欧洲等发达地区的出栏猪胴体重远高于世界平均水平。2018年，这两个地区的出栏猪胴体重分别达到96.4千克/头和90.7千克/头。亚洲的出栏猪胴体重由1961年的44.5千克/头增加到2018年的76.8千克/头，近60年增长72.6%，增速远高于北美洲的51.3%和欧洲的21.1%。尽管如此，亚洲、非洲和大洋洲的出栏猪胴体重依然低于世界平均水平。

从猪肉产量增长的关键因素贡献率来看，近60年间，猪肉产量增长主要依靠出栏量的提高，即屠宰数量的大幅增加——对猪肉产量增长的贡献率达到75.8%，胴体重（单产）对猪肉产量增长的贡献率只有6.1%（见表8-3）。

表8-3 世界猪肉产量增长的关键因素贡献率

阶段	1961—1970年	1970—1980年	1980—1990年	1990—2000年	2000—2010年	2010—2018年	1961—2018年
胴体重贡献率（%）	2.7	9.9	28.0	25.9	−16.7	30.2	6.1
出栏量贡献率（%）	95.8	86.3	66.1	68.9	127.5	66.8	75.8

资料来源：根据联合国粮农组织数据计算。

（三）禽肉产量增长约13倍

由于基数较小，从1961年到2018年，禽肉产量增幅最大，增长率为1322.4%，年均增幅为23.2%，产量从894.5万吨增加到12729.4万吨。从2016年开始，禽肉超过猪肉成为全球产量最多的肉类品种。但禽肉产量

波动相对较大，1970年增幅最高，达9.9%，最低是1984年的2.0%。禽肉产量并未出现过负增长的情况，这说明全球禽肉产量一直处于稳步增加态势，目前增速有放缓的趋势。

从全球禽肉产量增长的阶段来看，1970—1980年和1961—1970年是禽肉产量增长最快的阶段，阶段增长率分别为71.9%和68.7%。2010—2018年是全球禽肉增量最高的阶段，年均增量达到350.0万吨（见表8-4）。

表8-4 全球禽肉产量波动变化

阶段	阶段增量（万吨）	阶段增长率（%）	年均增量（万吨）	年均增长率（%）
1961—1970年	614.6	68.7	68.3	6.0
1970—1980年	1085.1	71.9	108.5	5.6
1980—1990年	1505.0	58.0	150.5	4.7
1990—2000年	2764.2	67.4	276.4	5.3
2000—2010年	3065.8	44.7	306.6	3.8
2010—2018年	2800.2	28.2	350.0	3.2
1961—2018年	11834.9	1322.4	207.6	23.2

资料来源：根据联合国粮农组织数据整理。

1. 亚洲禽肉产量增长最多

1961年，亚洲禽肉产量为150.2万吨，占全球禽肉产量的17%；2018年，亚洲禽肉产量增加到4648.3万吨，比1961年增长了30倍，占全球禽肉产量的37%。北美洲和欧洲禽肉产量增长相对较慢，占全球禽肉产量比重分别由1961年的40%和33%降低到2018年的19%和17%，二者之和还低于亚洲的禽肉产量占比。

2. 全球近一半的禽肉产量来自美国、中国和巴西

美国一直是全球禽肉生产第一大国，1961年产量达330.52万吨，占当年全球禽肉产量的37%，同年中国和巴西只有69.31万吨和12.97万吨，分别占全球禽肉产量的8%和1%。经过近60年的发展，中国和巴西的禽肉产量大幅提高，到2018年，中国禽肉产量达到2011.66万吨，比1961年增长28倍，占全球禽肉产量的16%。巴西的禽肉产量增长更快，2018年达到1549.76万吨，比1961年增长118倍，占全球禽肉产量的12%。2018年，美国禽肉产量增加到2229.82万吨（见图8–4），占全球禽肉产量的18%，美国、中国和巴西成为全球主要的禽肉生产国，三个国家禽肉产量占全球禽肉产量的46%。

3. 全球禽类出栏胴体重差距加大

全球禽肉产量持续快速增长，但由于品种、技术水平及生产规模的差异，全球禽类的出栏胴体重差异较大。北美洲、南美洲的禽类出栏胴体重高，亚洲（除日本外）和非洲的禽类出栏胴体重低，尚不及世界平均水平。1961年，全球平均禽类出栏胴体重为1.28千克/只，北美洲为1.42千克/只，欧洲为1.30千克/只，南美洲为1.19千克/只，亚洲和非洲只有1.09千克/只和0.92千克/只。2018年，南美洲的禽类出栏胴体重增加到2.37千克/只，北美洲增加到2.33千克/只，亚洲和非洲只增加到1.39千克/只和1.34千克/只，远低于1.74千克/只的世界平均水平。

阿根廷禽类出栏胴体重达到2.93千克/只，日本达到2.82千克/只，美国也达到2.36千克/只，远高于其他国家。

从禽肉产量的增长情况来看，尽管近60年胴体重的贡献率不断提升，但总体来看，出栏量增加依然是促进禽肉产量增长的主要因素（见表8–5）。

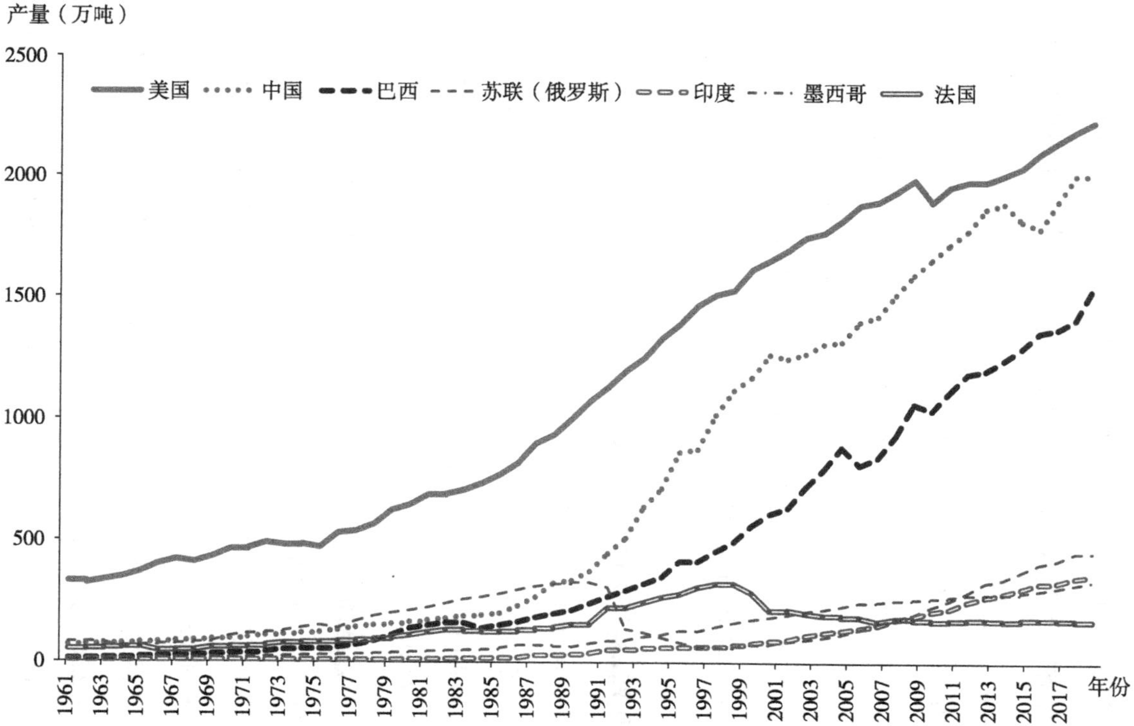

图8-4 1961—2018年部分主要生产国禽肉产量变化

资料来源：根据联合国粮农组织数据整理。

表8-5 世界禽肉产量增长的关键因素贡献率

阶段	1961—1970年	1970—1980年	1980—1990年	1990—2000年	2000—2010年	2010—2018年	1961—2018年
胴体重贡献率（%）	2.1	4.9	10.1	14.6	9.0	21.0	2.6
出栏量贡献率（%）	93.6	89.7	80.4	69.4	82.3	71.2	67.6

资料来源：根据联合国粮农组织数据计算。

（四）牛肉产量增长约1.5倍

1961—2018年，全球牛肉产量从2875.6万吨增加到7160.1万吨，增长约1.5倍，年均增速为1.6%。1961年，牛肉是全球产量最多的肉类品种，占全球肉类产量的40%。但到2018年，牛肉产量已经被禽肉和猪肉产量超过，其占全球肉类产量的比重也下降到21%，下降了近一半。

从全球牛肉产量的波动变化来看，1961—1970年是牛肉产量和增幅最高的阶段，增量达到1090.7万吨，阶段增长率为37.9%，年均增长率为3.7%。此后，牛肉产量增速一直处于下降趋势。1990—2000年，牛肉产量增加最少，只增加了355.4万吨，年均增长率仅为0.6%（见表8-6）。此后，牛肉产量虽然有所提高，但整体增幅仍然较低。

表8-6 全球牛肉产量波动变化

阶段	阶段增量（万吨）	阶段增长率（%）	年均增量（万吨）	年均增长率（%）
1961—1970年	1090.7	37.9	121.2	3.7

（续表）

阶段	阶段增量（万吨）	阶段增长率（%）	年均增量（万吨）	年均增长率（%）
1970—1980年	751.0	18.9	75.1	1.8
1980—1990年	812.4	12.2	81.2	1.6
1990—2000年	355.4	6.4	35.5	0.6
2000—2010年	770.3	13.1	77.0	1.2
2010—2018年	504.8	7.6	63.1	0.9
1961—2018年	4284.5	149.0	75.2	1.6

资料来源：根据联合国粮农组织数据整理。

1. 全球牛肉产量增长主要集中在亚洲和南美洲

从全球牛肉产量增长来看，亚洲和南美洲产量增加最多。1961年，亚洲牛肉产量只有272.93万吨，占全球牛肉产量的9.5%；南美洲牛肉产量为466.65万吨，占全球的16.2%；欧洲和北美洲是当时牛肉产量最高的两个地区，分别为969.16万吨和808.11万吨，各占当年全球牛肉产量的33.7%和28.1%。2018年，亚洲牛肉产量增加到1851.50万吨，占全球牛肉产量的25.9%；南美洲牛肉产量增加到1625.08万吨，占全球牛肉产量的22.7%；欧洲和北美洲的牛肉产量只增加到1064.16万吨和1345.06万吨，占全球的比重下降到14.9%和18.8%。从1961年到2018年，全球牛肉产量增加4284.50万吨。其中，亚洲增加1578.57万吨，增长了5.8倍，占全球牛肉增量的36.8%；南美洲增加1158.43万吨，增长了2.5倍，占全球牛肉增量的27.0%。近60年来，全球牛肉产量增量的63.8%集中在这两个地区。

2. 全球牛肉产量增长主要依靠出栏量和胴体重增加

由于牛的饲养周期长，从1961年到2018年，全球肉牛出栏率变化不大，从18.4%增长至20.1%，只增加了1.7%。肉牛出栏量则由1961年的17295.6万头增加到2018年的30215.0万头，增长了74.7%，肉牛的胴体重也从1961年的160.1千克/头增加到2018年的222.9千克/头，增长了39.2%。北美洲的肉牛胴体重远高于世界平均水平，欧洲和南美洲的肉牛胴体重也高于世界平均水平，亚洲和非洲的肉牛胴体重则一直低于世界平均水平，肉牛生产水平较低。

美国一直是全球第一大牛肉生产国，巴西和中国因牛肉产量增速最快，已经成为全球第二和第三大牛肉生产国（见图8-5）。

从牛肉产量的增长情况来看，出栏量仍然是牛肉产量增长最大的贡献因素，但与猪肉和禽肉相比，肉牛的胴体重对牛肉产量增加的贡献率远高于前两者。1961—2018年，世界牛肉产量增长的胴体重贡献率为25.4%，出栏量贡献率为48.3%（见表8-7）。

表8-7　世界牛肉产量增长的关键因素贡献率

阶段	1961—1970年	1970—1980年	1980—1990年	1990—2000年	2000—2010年	2010—2018年	1961—2018年
胴体重贡献率（%）	35.0	32.8	42.2	−22.9	34.2	45.6	25.4
出栏量贡献率（%）	55.1	59.3	46.2	103.6	51.8	45.7	48.3

资料来源：根据联合国粮农组织数据计算。

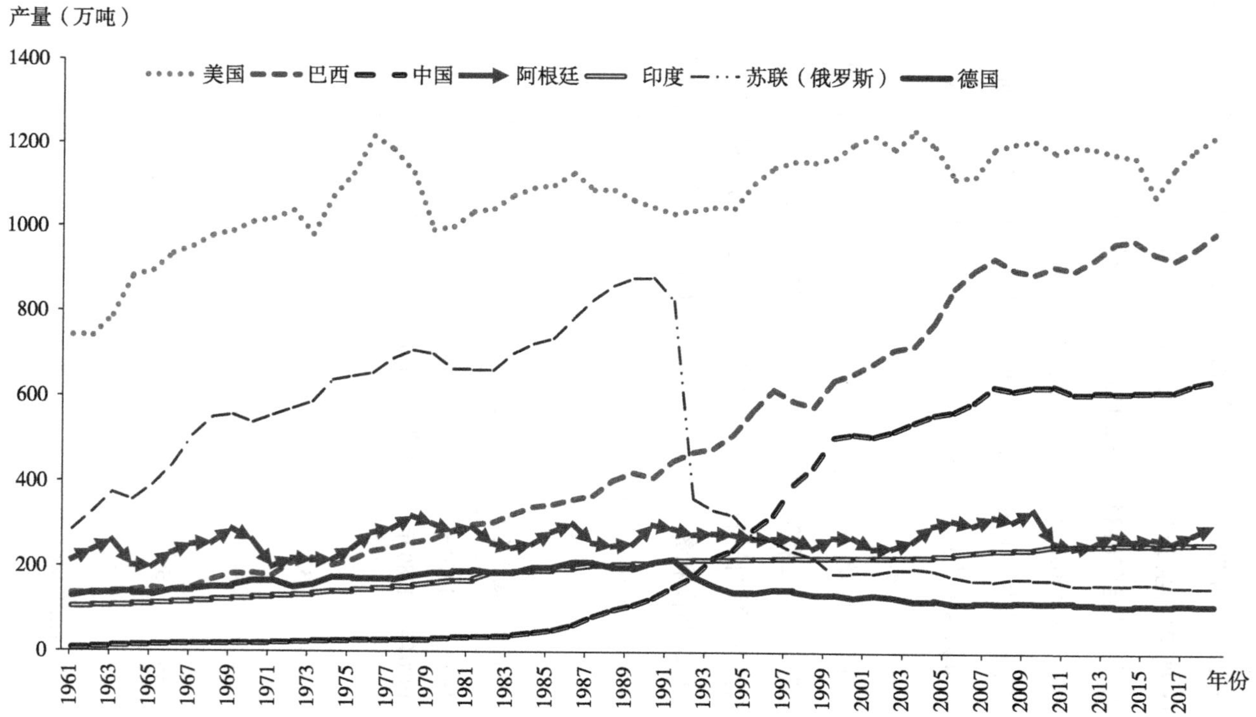

图8-5 1961—2018年部分主要生产国牛肉产量变化

资料来源：根据联合国粮农组织数据整理。

（五）羊肉产量增长约1.6倍

1961—2018年，全球羊肉产量由603.2万吨增加到1576.5万吨，增长了161.4%，年均增速为1.7%。由于羊肉产量远低于牛肉，增速又远低于猪肉和禽肉，这造成了羊肉产量占全球主要肉类产量的比重由1961年的8%降到2018年的5%。羊肉产量在肉类产量中的占比低，有其历史原因。20世纪50年代以前，养羊业以饲养毛用羊为主，肉用羊较少。但随着化纤合成工业的发展，羊毛在纺织和服装业中的重要性逐步下降，毛用羊需求受到了冲击。20世纪50年代以后，养羊业才逐步由毛用型向肉用型转变。鉴于羊肉口感好、胆固醇含量低、蛋白质含量高，随着人们收入的提高，未来羊肉需求量会增加，羊肉产量也会逐步提高。①

从羊肉产量的阶段变化来看，1980—1990年是全球羊肉产量增长最快的阶段，增量达到235.9万吨，阶段增长率为32.1%，年均增长率为2.8%，远高于其他阶段。1990年以后，全球羊肉产量的阶段增量维持在200万吨左右（见表8-8）。

表8-8　全球羊肉产量波动变化

阶段	阶段增量（万吨）	阶段增长率（%）	年均增量（万吨）	年均增长率（%）
1961—1970年	79.9	13.2	8.9	1.4
1970—1980年	51.1	7.5	5.1	0.7
1980—1990年	235.9	32.1	23.6	2.8
1990—2000年	192.0	19.8	19.2	1.8

① 王锐，等. 国内外肉羊生产的现状及发展趋向［J］. 浙江畜牧兽医，2005（2）：14-15.

（续表）

阶段	阶段增量（万吨）	阶段增长率（%）	年均增量（万吨）	年均增长率（%）
2000—2010年	198.0	16.9	19.8	1.7
2010—2018年	207.4	15.2	25.9	1.8
1961—2018年	973.3	161.4	17.1	1.7

资料来源：根据联合国粮农组织的数据整理。

从数据来看，羊肉产量增长和羊出栏率增长有着密切的关系（见图8-6）。羊出栏率的提高，增加了羊肉产量。

二、蛋类生产60年回顾

（一）蛋类产量增长近4.5倍

从1961年到2018年，全球蛋类产量从1510.0万吨增加到8293.4万吨，增长了近4.5倍，年均增长率达3.0%。中国成为全球最大的蛋类生产国，产量从1961年的152.3万吨增加到2018年的3167.67万吨，增长了19.8倍，占全球蛋类总产量的38.2%。中国蛋类产量远高于美国、俄罗斯等蛋类生产大国。

分阶段来看，1990—2000年是全球蛋类产量增长最快的时期，阶段增长率为47.7%，年均增量为178.1万吨，年均增长率达到4.0%。此后，蛋类产量年均增长率逐步降低，但仍维持在2%以上的水平（见表8-9）。

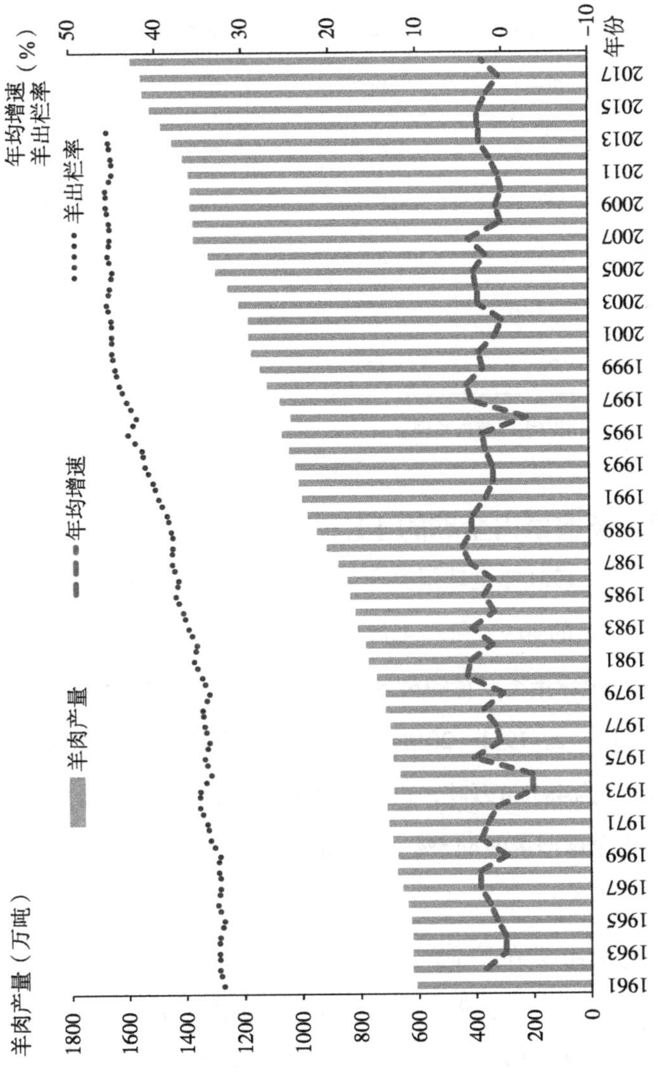

图8-6　1961—2018年全球羊肉产量、年均增速及年出栏率变化

资料来源：根据联合国粮农组织数据整理。

表8-9　全球蛋类产量波动变化

阶段	阶段增量（万吨）	阶段增长率（%）	年均增量（万吨）	年均增长率（%）
1961—1970年	524.4	34.7	58.3	3.4
1970—1980年	705.4	34.7	70.5	3.0
1980—1990年	996.0	36.3	99.6	3.2
1990—2000年	1780.6	47.7	178.1	4.0
2000—2010年	1434.6	26.0	143.5	2.3
2010—2018年	1341.6	19.3	167.7	2.2
1961—2018年	6783.4	448.9	119.0	3.0

资料来源：根据联合国粮农组织数据整理。

（二）中国蛋类增量占全球的44.5%

从数据来看，1961年全球蛋类产量主要来自欧洲和北美洲，二者分别占全球蛋类产量的40.9%和26.4%，亚洲占比为23.1%。2018年，亚洲蛋类产量已经占全球蛋类产量的62.5%，欧洲和北美洲的蛋类产量分别占全球的13.5%和8.5%。1961—2018年，全球蛋类产量增量为6783.4万吨，来自亚洲的增量为4830.8万吨，占全部增量的71.2%，其中中国增量为3015.3万吨，占全球增量的44.5%（见图8-7）。

（三）发达国家蛋类单产高

从蛋类单产来看，北美洲、欧洲的发达经济体的单产远高于亚洲和非洲的发展中经济体。1961年，世界平均蛋类单产为7.75千克/只，亚洲只有5.33千克/只，非洲只有3.20千克/只，而北美洲、大洋洲和欧洲的单产则达到了12.35千克/只、10.50千克/只和9.10千克/只。2018年，北

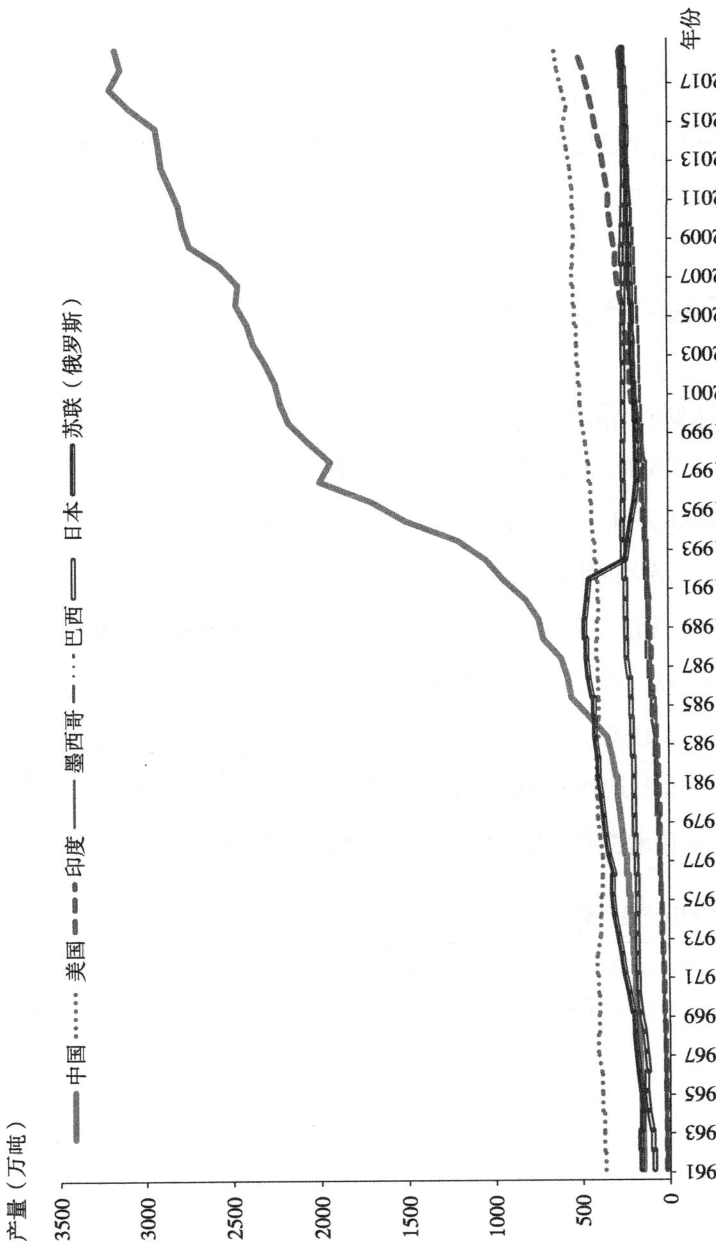

图8-7 1961—2018年部分主要生产国蛋类产量变化

资料来源：根据联合国粮农组织数据整理。

美洲、大洋洲和欧洲的蛋类单产又分别提高到了16.60千克/只、14.85千克/只和13.66千克/只，亚洲和非洲的蛋类单产虽然提高到了10.33千克/只和5.68千克/只，但仍低于世界平均水平。

全球蛋类单产最高的国家，比如约旦、葡萄牙等国的蛋类单产已经超过24.00千克/只。

三、奶产品生产60年回顾

（一）全球奶产品产量增长约1.4倍

1961—2018年，全球奶产品产量从34418.5万吨增加到84184.1万吨，增加了49765.6万吨，阶段增长率达到144.6%，年均增速为1.6%，成为全球产量增加最多的畜牧产品。

从阶段变化情况来看，奶产品产量波动较大，但整体仍然处于平稳上升状态。2000—2010年是全球奶产品产量增加最多的阶段，产量增加14403.9万吨，阶段增长率达到24.9%。此后，全球奶产品产量增速趋缓，但2010—2018年仍然增加了11948.8万吨。1990—2000年是全球奶产品增量最少的时期，阶段增长率只有6.8%，但产量增加了3704.3万吨（见表8-10）。

表8-10　全球奶产品产量波动变化

阶段	阶段增量（万吨）	阶段增长率（%）	年均增量（万吨）	年均增长率（%）
1961—1970年	4776.1	13.9	530.7	1.5
1970—1980年	7387.7	18.8	738.8	1.7
1980—1990年	7664.7	16.5	766.5	1.5
1990—2000年	3704.3	6.8	370.4	0.7
2000—2010年	14403.9	24.9	1440.4	2.3

（续表）

阶段	阶段增量（万吨）	阶段增长率（%）	年均增量（万吨）	年均增长率（%）
2010—2018年	11948.8	16.5	1493.6	1.9
1961—2018年	49765.6	144.6	875.2	1.6

资料来源：根据联合国粮农组织数据整理。

（二）亚洲和欧洲是奶产品主要产区

1961年，欧洲生产奶产品19498.4万吨，占全球产量的56.7%；亚洲奶产品产量为4276.0万吨，占全球产量的12.4%，二者占当年全球产量的69.1%。2018年，亚洲奶产品产量大幅增加，达到35277.9万吨，占全球产量的比重提高到41.9%；欧洲奶产品产量增加到22652.7万吨，占全球奶产品产量的比重下降到26.9%，但亚洲和欧洲奶产品产量仍然占全球奶产品产量的68.8%。，

亚洲奶产品产量增长主要来自印度。从1961年到2018年，全球奶产品产量增加了49765.6万吨，其中31001.8万吨来自亚洲，而印度增产了16758.3万吨，占亚洲奶产品增量的54.1%。印度已经超过美国成为全球奶产品产量最多的国家，其产量占全球奶产品产量的22.3%，遥遥领先于其他奶产品生产国（见图8-8）。

（三）全球平均产奶效率提高17.5%

从1961年到2018年，全球平均产奶效率从884.5千克/头提高到1039.7千克/头，近60年的增幅为17.5%。全球平均产奶效率增幅不大，但由于品种、技术、规模等的差异，全球各地区产奶效率差异巨大。产奶效率最高的是北美洲，1961年北美洲的产奶效率为3230.2千克/头，2017年突破10000.0千克/头，尽管到2018年降为9923.3千克/头，但依然

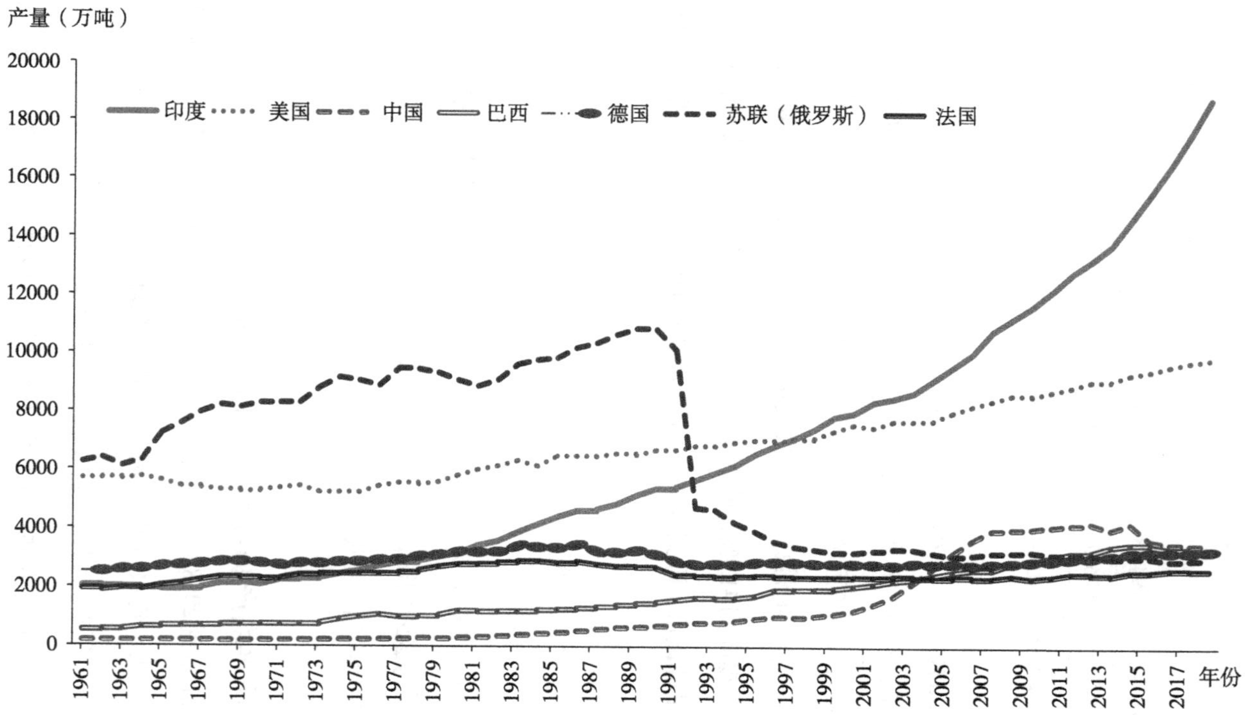

图8-8　1961—2018年部分主要生产国奶产品产量变化

资料来源：根据联合国粮农组织数据整理。

远远高于其他地区。亚洲和非洲的产奶效率一直不高，长期以来一直低于世界平均水平。全球奶产品产量最多的印度，产奶效率也只有1318.2千克/头，略高于世界平均水平。

发达国家产奶效率远远高于发展中国家。美国产奶效率突破了10000.0千克/头，全球最高；丹麦、加拿大、日本等国的产奶效率也接近或超过9000.0千克/头。

四、畜牧业产业结构优化及未来发展趋势

近60年来，在肉类、蛋类、奶产品产量不断增加的基础上，世界畜牧业的产业结构也在不断调整。1961年，全球肉类产品以牛肉和猪肉为主：牛肉产量占肉类总产量的40%，猪肉占35%，禽肉占13%，羊肉占8%，其他肉类占4%。随着畜牧业产业结构的调整优化，禽肉产量增速最快，占肉类总产量的比重迅速增加，到2018年已经达到37%。这期间猪肉产量也大幅增加，但其占肉类总产量的比重并未出现大的变化，2018年仍然维持在35%的水平；牛肉产量占比则下降到21%，羊肉产量占比下降到5%，其他肉类产量占比下降到2%（见图8-9）。总体来看，全球畜牧业产业结构逐步向出栏快、生产效率高、易于工厂化饲养等方向转变。

全球牛、猪、家禽的饲养数量呈不断增长趋势，其中亚洲、非洲、南美洲等发展中国家集中的地区饲养数量增长更快。欧美发达国家的畜牧业正在从数量型发展向质量型发展转变。20世纪80年代到90年代，欧洲牛、猪、羊的饲养量出现高峰，此后一直处于下降状态；欧洲的家禽饲养量也有过一段下降期，但从21世纪初开始逐步增长。美国的牛饲养量呈现逐年减少的趋势，从1961年的9700.0万头减少到2018年的9429.8万头，而禽类饲养量则从1961年的8.58亿只增加到2018年的93.97亿只。

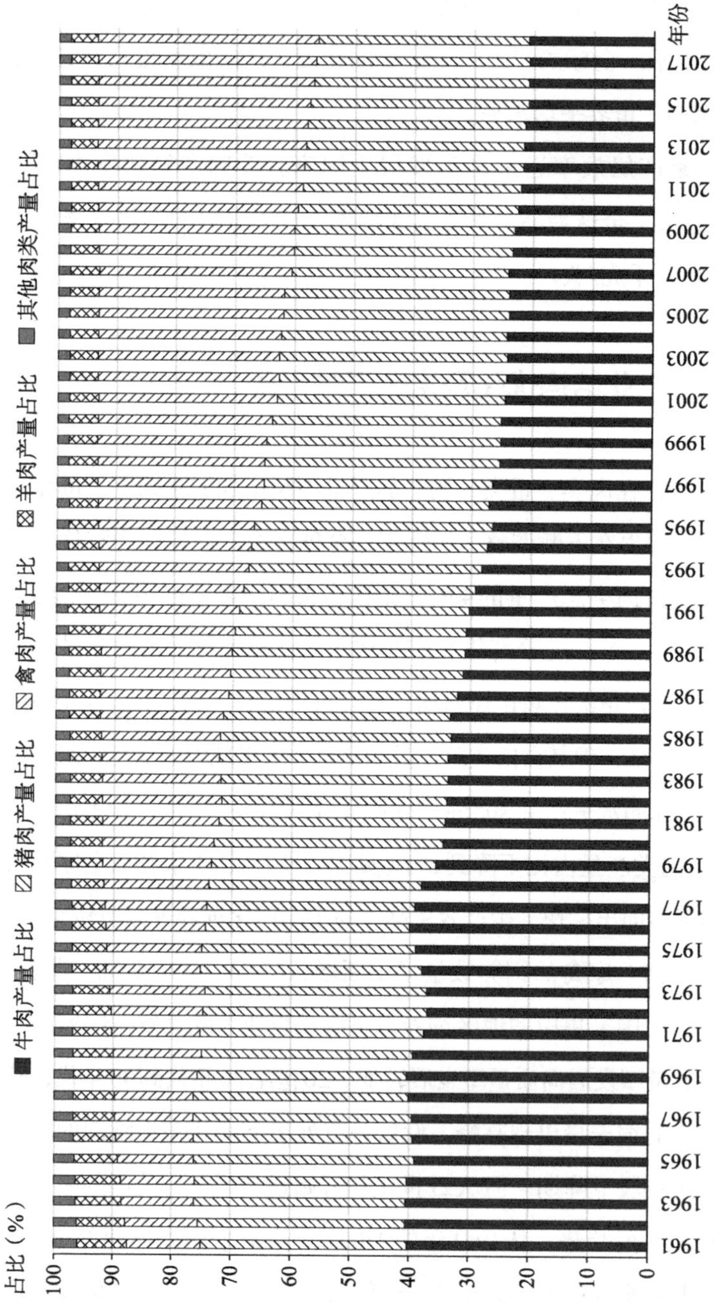

图8-9 1961—2018年全球肉类结构变化

资料来源：根据联合国粮农组织数据整理。

（一）饲养效率提高是根本原因

奶产品产量和禽肉产量的大幅增加，与饲料转化效率、蛋白转化效率和能量转化效率提高密切相关。我们从表8-11中可以看出，在畜牧产品生产过程中，全脂奶的饲料转化效率（每公斤产品消耗饲料粮）、能量转化效率是最高的，这也决定了奶产品在全球的产量最高；禽类、蛋类饲料转化效率、能量转化效率仅次于奶产品。而牛、羊等由于饲料转化效率低等原因，影响了其产量的增加。

表8-11 动物饲养饲料、蛋白和能量转化效率

动物（肉类）	饲料转化效率（%）	蛋白转化效率（%）	能量转化效率（%）
肉牛	25.0	3.8	1.9
蛋类	2.3	25.0	19.0
羊	15.0	6.3	4.4
猪	6.4	8.5	8.6
禽类	3.3	19.6	13.0
全脂奶	0.7	24.0	24.0

资料来源：联合国粮农组织数据库和https://ourworldindata.org/meat-production。

（二）科学技术进步是主要动力

随着育种、卫生防疫、饲养和加工技术的进步，畜牧产品的劳动生产率和土地生产率也在不断提高。从美国的发展过程来看，自1915年开始，美国种植业和养殖业的用工时数明显减少，效率得到明显提高（见表8-12）。

表8-12　美国种植业和养殖业用工时数比较

名称	1915—1919年	1925—1929年	1935—1939年	1945—1949年	1955—1959年	1965—1969年	1975—1979年
玉米[1]	34.2	30.3	28.1	19.2	9.9	5.8	3.6
小麦	13.6	10.5	8.8	5.7	3.8	2.9	2.8
牧草	13.0	12.0	11.3	8.4	6.0	3.8	3.4
棉花	105.0	96.0	99.0	83.0	66.0	30.0	8.0
大豆	19.9	15.9	11.8	8.0	5.2	4.8	3.7
奶牛[2]	141.0	145.0	148.0	129.0	109.0	78.0	45.0
蛋鸡[3]	—	218.0	221.0	240.0	175.0	97.0	57.0
肉鸡	—	—	25.0	16.0	4.0	2.0	0.6

注：1. 玉米、小麦、牧草、棉花、大豆的单位是小时/英亩（1英亩≈0.4047公顷），下同；2. 奶牛的单位是小时/头；3. 蛋鸡、肉鸡的单位是小时/100只。

资料来源：Agricultural statistics，United States Department of Agriculture，1941–1980。

肉鸡业效率发生巨变大约是在20世纪30年代以后，但其发展速度最快，用工时数从1935—1939年的25.0小时/100只减少到1979年的0.6小时/100只，效率提高了40多倍。

种植业可以通过大量减少所需劳动力来大幅提高生产效率，比如新技术、新机器在农业中的大规模应用。养殖业中的肉鸡和猪也可以通过工厂化大规模饲养来提高生产效率，但养牛业和养羊业生产效率提高的速度较慢。在现代农业中，劳动力承受能力最高的应该是养牛业，其次是养羊业，劳动力承受能力最低的是种植业和肉鸡业。

技术进步和劳动生产率的提高，促进了畜牧业产业结构调整，畜牧业逐步向工厂化大规模饲养及胴体重和出栏率增速快的禽肉和猪肉等部门转变，从而使禽肉和猪肉等肉类的产量得到大幅提升。而需要土地多、劳动生产率提高慢的养牛和养羊等部门，肉类产量增长较慢。20世纪50年代，数量遗传学在家畜育种中的运用实现了动物育种的定向控制，信息技术革命也迅速扩展到工农业生产部门，畜牧业生产效率大幅提高，养殖规模不断扩大。20世纪60年代初到2000年，发达国家的养猪场数量减少了80%～90%，而养猪场的平均规模却扩大了13～15倍。①

（三）年人均肉类消费量100千克可能是临界点

随着经济发展、畜牧业产业结构调整和生产效率提高，全球人均肉类消费水平不断提升。1961年，全球年人均肉类消费水平为23.08千克，其中牛肉消费量为9.38千克，猪肉消费量为8.02千克，羊肉消费量为1.92千克，禽肉消费量为2.88千克。最新数据显示，全球年人均肉类消费水平增加到43.22千克，其中猪肉消费量最多，达到16.02千克，禽肉消费量达到14.99千克，牛肉和羊肉的消费量基本与1961年持平，全球年人均肉类消费量的增长主要来自猪肉和禽肉消费量的增长（见图8–10）。

2017年，全球只有美国、澳大利亚、新西兰等少数国家年人均肉类消费量超过100千克，其中美国的年人均肉类消费量最高，为124千克。从发达经济体肉类消费情况来看，年人均肉类消费量100千克可能是临界点，高于此值容易产生肥胖等疾病，低于此值则表明营养水平还有上升空间。法国年人均肉类消费量已由2001年的101千克下降到2017年的83千克；丹麦年人均肉类消费量由1998年的108千克降到2017年的70千克；德国年人均肉类消费量由1990年的94千克降到2017年的88千克。

① 陈焕生，聂风英. 国外养猪业发展的趋势与经验［J］. 饲料研究，2005（1）：40–43.

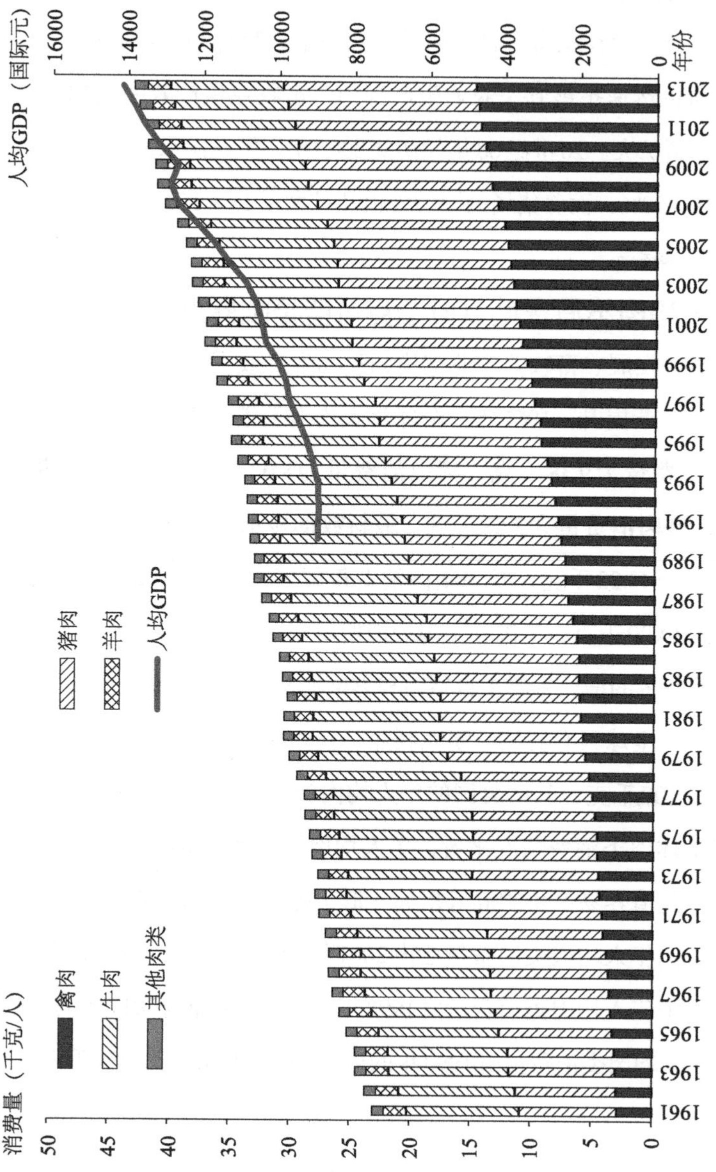

图8-10　1961—2013年全球人均GDP及肉类消费量变化

资料来源：根据联合国粮农组织数据整理。

（四）全球肉类消费的特点和趋势

经济发展会提升肉类的消费水平，但从联合国粮农组织公布的数据来看，几个特点值得关注：一是人均GDP在5000国际元以下，人均肉类消费量与GDP增长关联度更大，这在发展中国家和地区表现得最为明显；二是人均GDP达到30000国际元或者年人均肉类消费量达到100千克左右时，肉类消费量的增速开始放缓甚至下降，这在发达国家表现得更为明显，这意味着未来人均肉类消费量增加的主力为发展中国家，其饮食中高质量蛋白质不断丰富；三是人均肉类消费量的增长，不仅与人均GDP增长密切相关，也受一个国家饮食习惯和文化传统的影响。2017年日本人均GDP达到39000国际元，其人均肉类供应量只有49.33千克/年，远低于发达国家平均水平，这可能和日本的海产品消费量多有关。阿拉伯国家由于宗教信仰的问题，牛肉和羊肉的消费量相应较大。

从发达国家的肉类消费水平来看，基于健康的考虑，鸡肉、鱼肉等由于蛋白质含量高、脂肪含量低，并富含不饱和脂肪酸，越来越受到人们青睐。同时，加入诸如乳清蛋白、膳食纤维、共轭亚油酸、大豆蛋白、麦芽糊精等的功能性肉制品的营养和保健价值更高，逐步成为肉制品消费的新宠。未来的肉类生产会越来重视环保，以求逐步降低生产过程中的碳足迹。英国和爱尔兰等国家由于肉类生产碳足迹低而备受瞩目。便利性是未来肉类消费的另一个趋势，鸡肉由于更易制作成半成品、易于烹饪且具有价格优势而备受青睐。

（五）新冠肺炎疫情对畜牧业的影响不容忽视

2020年突发的新冠肺炎疫情对全球经济造成巨大打击，引起了畜牧业在生产、消费和供应链等方面的变革。新冠肺炎疫情加上最近几年蔓延全球的禽流感和非洲猪瘟疫情，不仅影响肉类产量，而且影响全球动物蛋白质产业链和供应链的格局。大规模工厂化的饲养方式虽然效率更高，但也易于加重疫情的传播，未来的肉类生产系统将会向对人类健康、气候和动物福利都更好的方向转变。世界主要畜产品生产大国，除中国和日本外，美国、巴西、印度、加拿大、阿根廷、墨西哥、法国、德国、俄罗斯、澳大利亚等均受到疫情的影响，部分肉类加工厂关闭，从而减少了肉类供应。疫情一旦影响到粮食产量，无疑会波及全球饲料粮的供给，造成生产成本增加，进而导致肉类价格上升。疫情也改变了人们的消费行为——增加肉类的采购数量，减少采购次数，导致肉类消费量增加。在一般情况下，无论经济形势向好还是面临危机，消费者对肉、蛋、奶的需求一直存在，甚至有可能增加。产量减少、供应量不足和需求增加，是未来几年全球畜产品生产必须面对的问题。

第九章

畜产品贸易：60年回顾与20年展望

全球化推动了肉类贸易的增长，形成了新的畜产品产销体系与供应链。

近60年来，全球肉类进口量增长了11.9倍，是肉类产量增长速度的3倍多。经济增长增加了肉类的消费，而部分国家肉类短缺使其国内肉类价格上升，转而促进了肉类贸易量增加。同时，冷链物流技术的进步，方便了肉类的大规模出口。肉类出口缓解了粮食出口运输的巨大压力，极大地改善了人民生活。展望未来20年，肉类贸易量仍将持续增加。

一、畜产品贸易量增速远大于其产量增速

从1961年到2017年，全球肉类进口量从350.7万吨增加到4530.1万吨，增长了11.9倍；全球肉类出口量从350.1万吨增加到4830.4万吨，增长了12.8倍，是肉类产量增速的3.4倍。从1963年开始，全球肉类出口量一直大于肉类进口量。

（一）欧洲和亚洲占全球肉类进口额的80.32%

1961年，全球肉类进口额为22亿美元，但超过90%集中在欧美发达

地区。欧洲和北美洲肉类进口额分别是15.4亿美元和4.2亿美元，占全球肉类进口额的69.88%和19.21%；亚洲肉类进口额只有7300万美元，非洲也只有8400万美元。2017年，全球肉类进口额增加到1398亿美元。欧洲仍然是肉类进口最多的地区，进口额达到592亿美元，但占比下降到42.34%；亚洲肉类进口额达到531亿美元，占比大幅上升到37.98%；欧洲和亚洲合计占全球肉类进口额的80.32%。北美洲肉类进口额虽然增加到120亿美元，但占比下降到8.58%；非洲肉类进口额增加到50亿美元，占全球肉类进口额的比重反而下降到3.58%。

2017年，亚洲的日本和中国成为全球肉类进口最多的国家，日本肉类进口额从1961年的1499万美元增加到2017年的132.1亿美元，中国则从19.7万美元增加到94.6亿美元（见图9–1）。美国、英国、德国等国家的肉类进口额也较大。

（二）欧洲和北美洲占全球肉类出口额的62.55%

1961年，全球肉类出口额为21.5亿美元，欧洲、大洋洲和南美洲是主要肉类出口地区，出口额分别为11.5亿美元、3.6亿美元和2.8亿美元，占全球肉类出口额的53.49%、16.74%和13.02%，北美洲和亚洲的肉类出口额较小。2017年，全球肉类出口额增加到1442亿美元。欧洲仍然是全球肉类出口最多的地区，出口额为668亿美元，占全球的46.32%；北美洲和亚洲的肉类出口额分别为234亿美元和159亿美元，占全球肉类出口额的比重增长到16.23%和11.03%。北美洲和亚洲成为肉类出口额增加最快的两个地区。

从国别来看，美国、巴西、澳大利亚和荷兰的肉类出口额较大。2017年，美国、巴西的肉类出口额分别达181亿美元和151亿美元，占全球的12.55%和10.47%，美国和巴西成为全球肉类出口额最高的两个国家（见图9–2）。

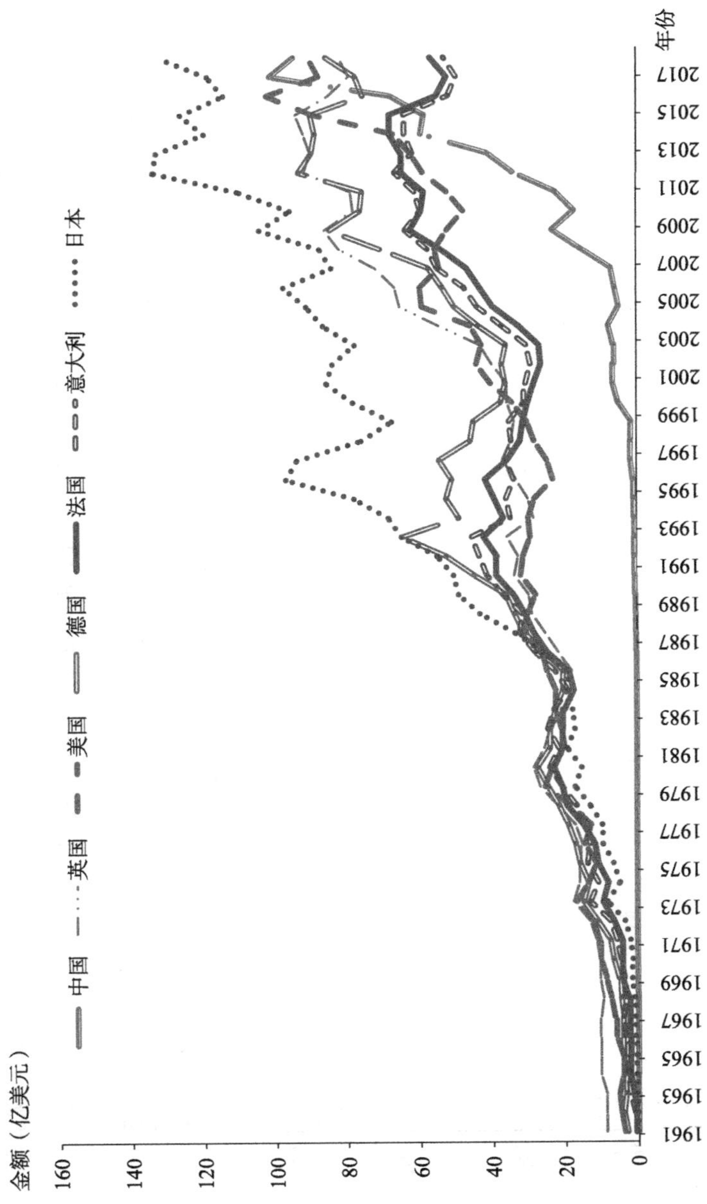

图9–1　1961—2017年主要肉类进口国家进口额变化

资料来源：根据联合国粮农组织数据整理。

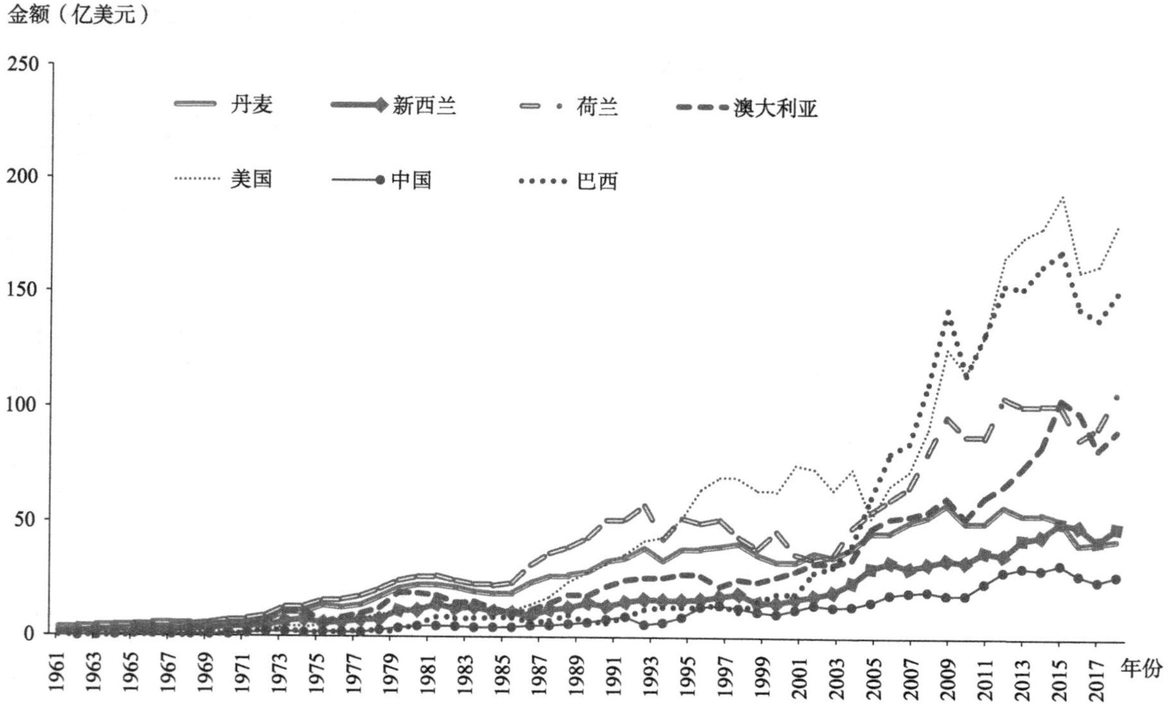

图9-2　1961—2017年主要肉类出口国家出口额变化

资料来源：根据联合国粮农组织数据整理。

（三）蛋类贸易量457.3万吨，增长了3.4倍

1961年，全球蛋类贸易量只有104.8万吨，其中进口量为51.4万吨，出口量为53.4万吨。2017年，全球蛋类贸易量达到457.3万吨，其中进口量为223.3万吨，出口量为234.0万吨。近60年来，全球蛋类进出口贸易基本保持平衡。

二、全球畜产品潜力预测

根据1961—2018年全球畜产品产量数据，我们采用趋势外推法对未来20年的畜产品产量进行预测。假设建立的回归方程为$y_c=a+bt$，其中a为截距，b为回归系数，t为年份，y为t年的全球畜产品产量，y_c为y的趋势值。a和b由最小二乘法可得：

$$b=[\sum ty-(\sum t)(\sum y)/n]/[\sum t^2-(\sum t)^2/n]$$

$$a=(\sum y)/n-(b\sum t)/n$$

接下来，我们据此公式来分别计算未来20年全球肉类、蛋类和奶类的产量。

（一）肉类产量有望增长26%左右

计算得出：$a=4754.3$，$b=478.08$。

回归方程为：$y=478.08t+4754.3$，$R^2=0.9844$。

根据预测，2030年全球肉类产量将达到3.8亿吨；2040年有望达到4.3亿吨，比2018年增长26.5%（见图9–3）。

（二）蛋类产量有望增长25%左右

计算得出：$a=601.67$，$b=122.93$。

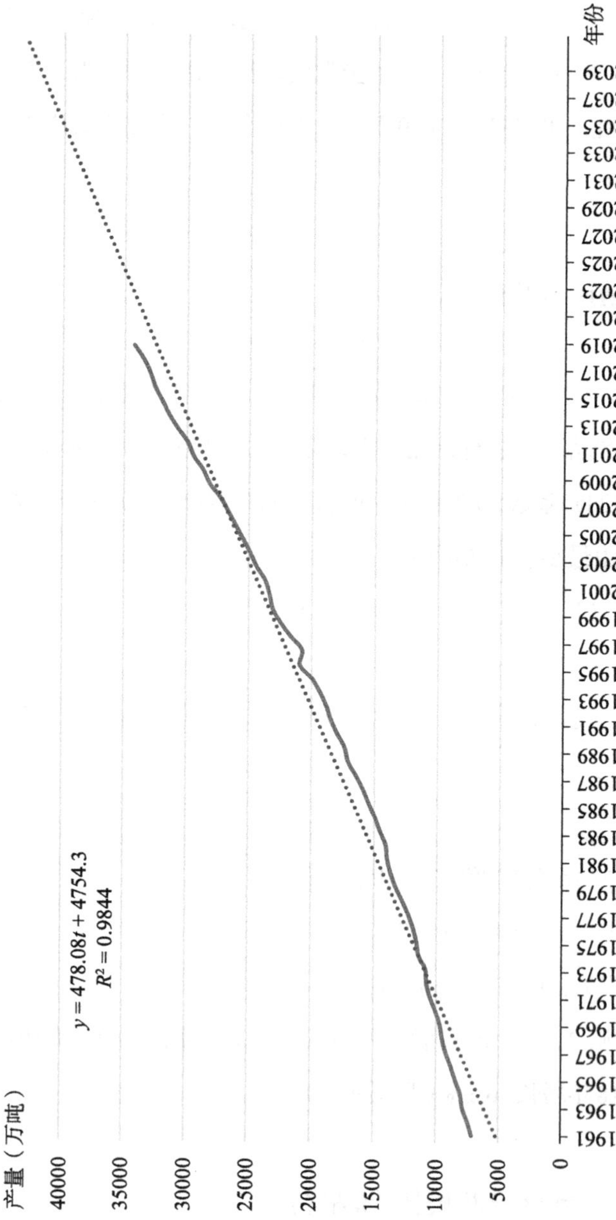

图9-3 2020—2040年全球肉类产量预测

回归方程为：y=122.93t+601.67，R^2=0.9702。

根据预测，2030年全球蛋类产量将达到9206.8万吨；2040年有望达到1.04亿吨，比2018年增长25.8%（见图9-4）。

（三）奶类产量有望增长13%左右

计算得出：a=30422，b=810.4。

回归方程为：y=810.4t+30422，R^2=0.9532。

根据预测，2030年全球奶类产量将达到8.7亿吨；2040年有望达到9.5亿吨，比2018年增长13%（见图9-5）。

全球畜牧业从业人数超过13亿，但大多分布在发展中国家和地区。技术进步推动了肉蛋奶等畜产品产量的增加，城市化进程的推进和人均收入的提高增加了人们对肉蛋奶等畜产品的消费需求。欧美发达地区肉蛋奶的生产和消费已经处于高位平台期，增速放缓；发展中国家和地区是全球肉蛋奶生产和消费的主力。这意味着未来欧美发达地区肉蛋奶的生产和消费将以更健康和环境友好型产品为主，发展中国家和地区则依然以提高产量和满足消费者对畜产品不断增长的需求为主。

动物育种技术的发展以及生殖和营养管理耦合、疾病预防免疫、新型饲料等养殖技术的应用，将不断提高动物的生产能力。同时，用生物反应器培养的动物细胞生产人造肉的技术逐步成熟，未来可以成为肉类生产的一种可持续和对动物友好的替代方法。此外，关于“肉类税”的建议和消费者行为的转变等也都可能对肉类等畜产品的生产与消费产生影响。

考虑到这些影响因素的变化，结合2000年以来肉类、蛋类和奶类的增长变化情况，我们进一步按照低、中、高三种增速方案进行推测。中增速方案按照趋势外推法的数值计算，高增速方案和低增速方案则按在中增速方案的基础上分别增长和降低5%计算。2030年和2040年的畜产

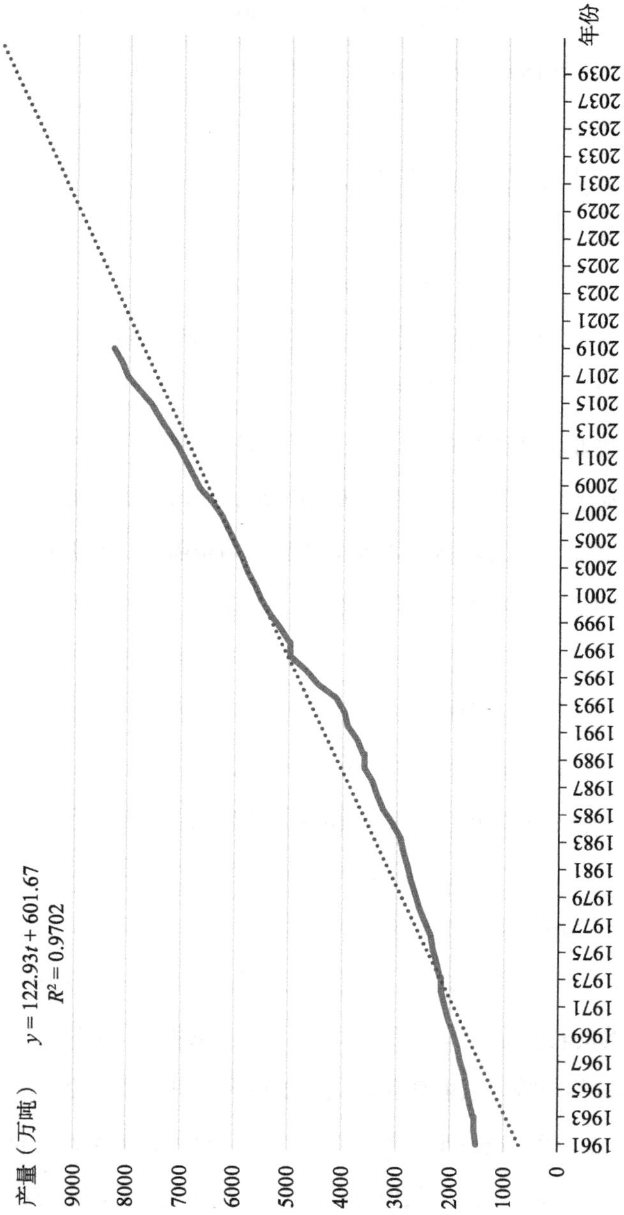

图9-4　2020—2040年全球蛋类产量预测

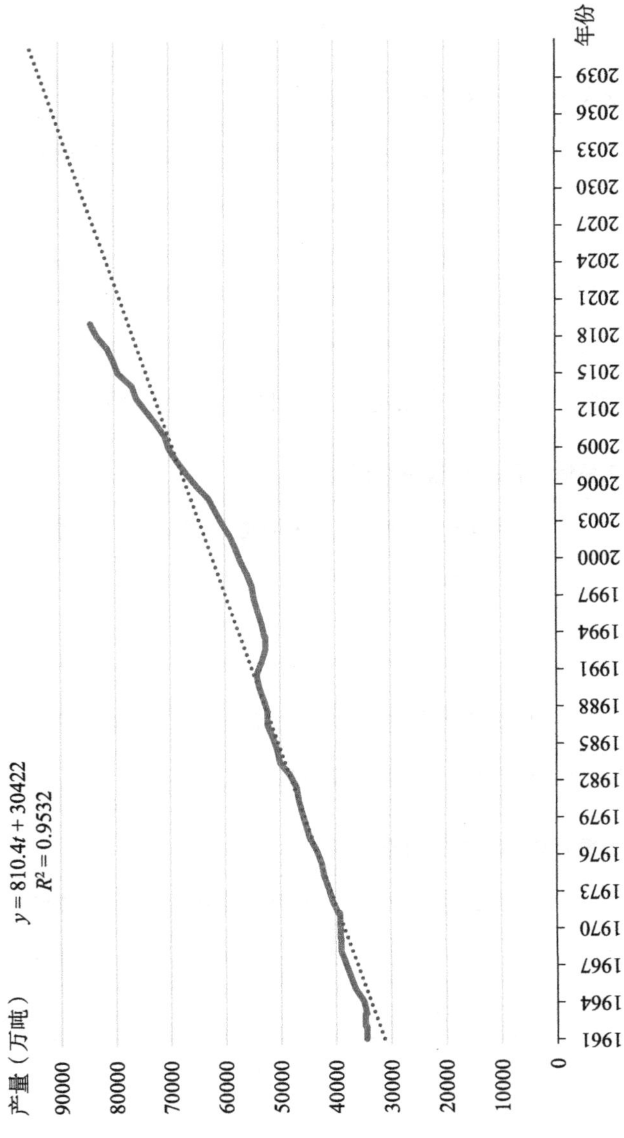

图9-5 2020—2040年全球奶类产量预测

品产量变化预测如下。

根据推测，到2040年，全球肉类产量按低增速方案将增产17.6%，按中增速方案将增产26.5%，按高增速方案将增产32.4%（见表9-1）。

表9-1　不同方案情景下肉类产量变化预测

年份	低增速（万吨）	中增速（万吨）	高增速（万吨）
2030	36308.9	38219.9	40130.9
2040	40850.7	43000.7	45150.7

到2040年，全球蛋类产量按低增速方案将增产19.5%，按中增速方案将增产25.8%，按高增速方案将增产32.1%（见表9-2）。

表9-2　不同方案情景下蛋类产量变化预测

年份	低增速（万吨）	中增速（万吨）	高增速（万吨）
2030	8746.5	9206.8	9667.1
2040	9914.3	10436.1	10957.9

到2040年，全球奶类产量按低增速方案将增产7.3%，按中增速方案将增产13.0%，按高增速方案将增产18.6%（见表9-3）。

表9-3　不同方案情景下奶类产量变化预测

年份	低增速（万吨）	中增速（万吨）	高增速（万吨）
2030	82792.5	87150.0	91507.5
2040	90491.3	95254.0	100016.7

三、畜产品贸易量有望增长23%左右

根据1961—2017年全球肉类贸易数据，我们同样采用趋势外推法对未来20年的全球肉类贸易量进行预测，计算得出a=−776.16，b=153.78，回归方程为$y=153.78t-776.16$，R^2=0.9044。

根据预测，按照现有趋势发展，2030年全球肉类贸易量将达到9988.44万吨；2040年预计达到11526.24万吨，比2017年增长23.1%（见图9−6）。

从1961年到2017年的数据来看，全球肉类贸易量（出口量+进口量）的年均增长率为4.8%，全球肉类产量的年均增长率为2.8%，全球肉类贸易量的增长率远高于全球肉类产量的增长率。但全球肉类贸易受国际形势和经济发展影响较大，根据近60年全球肉类贸易数据，结合全球贸易面临的问题及发展情况，我们分三个情景对未来20年全球肉类贸易量进行推测。

（一）低增速方案：贸易量增长13.8%

考虑到近些年反全球化、去全球化逆流泛起，贸易保护主义逐步抬头，中美、美欧、美日等经济体的贸易摩擦增加，影响全球肉类生产和消费，加上新冠肺炎疫情导致的不确定性，这些都不利于全球肉类贸易的发展，可能会对肉类贸易量增速产生一定的影响。根据预测的结果，这一情况可能会使肉类贸易量增速降低10%。

（二）中增速方案：贸易量增长23.1%

世界经济缓慢复苏，人们对肉类的需求持续增加。疫情成为一种“常态”，对经济的影响逐步减弱。各种贸易谈判正常进行，在关税、配额等方面出现新的进展，全球肉类贸易量按照正常趋势增长。

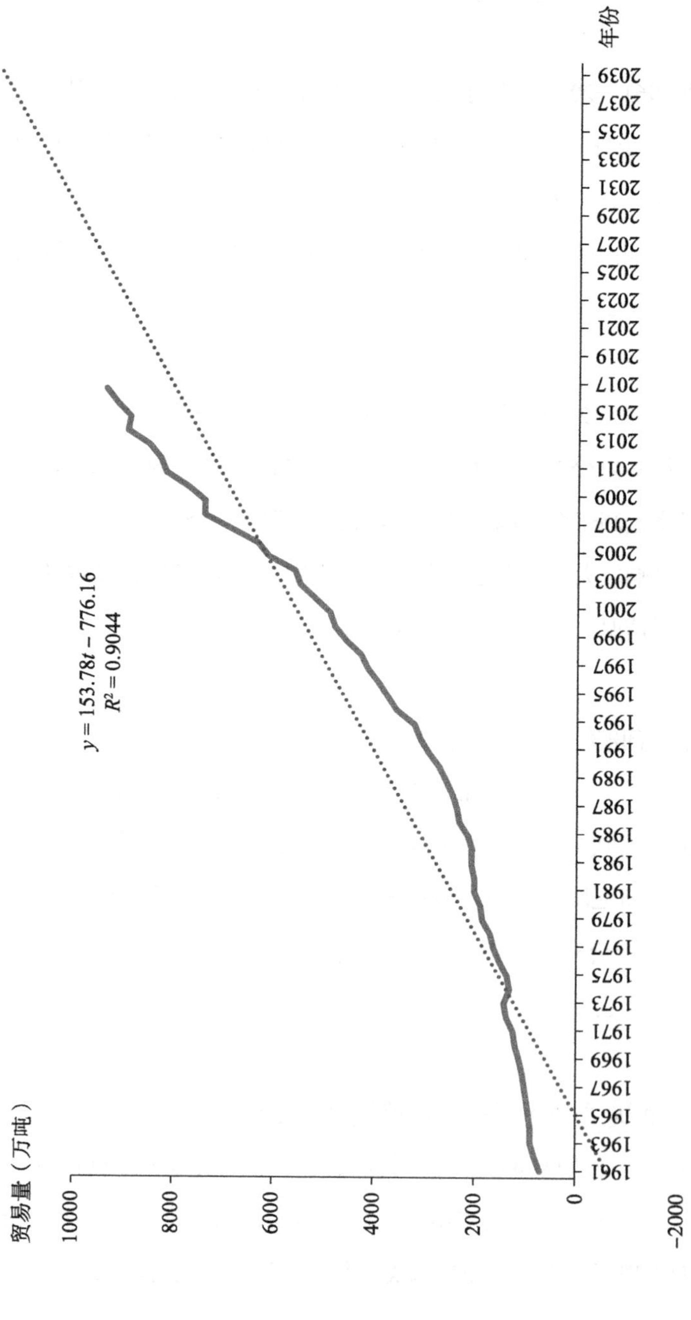

图9-6　2020—2040年全球肉类贸易量预测

（三）高增速方案：贸易量增长39.1%

全球贸易问题得到全部或部分解决，全球化进程不断推进，疫情长期影响消除，经济复苏趋好，肉类消费增长，许多国家肉类产量无法满足国内需求，价格上升，国际市场需求增加，加上多边和双边贸易合作进展顺利，这将推动全球肉类贸易量增速提升10%以上。

这三种情景下的全球肉类贸易量变化预测如表9–4所示。

表9–4 不同方案情景下肉类贸易量变化预测

年份	低增速（万吨）	中增速（万吨）	高增速（万吨）
2030	9196.17	9988.44	11239.77
2040	10650.12	11526.24	13016.82

第十章

世界粮食安全的基本判断

根据联合国粮农组织和世界银行的世界粮食生产与消费数据，我们分析了1961—2017年世界粮食安全格局和各个国家及地区粮食安全指数的分布状况，总结了近几十年世界粮食安全的基本规律，在此基础上对世界人口、粮食生产及消费和未来粮食安全的发展趋势进行了判断。

一、世界粮食总体不安全，肥胖与饥饿并存

（一）世界人均粮食占有量没达到400千克安全线

从世界人均谷物产量的历史变化趋势来看，20世纪60年代以来，世界人均谷物产量不断增长。20世纪60年代，世界人均谷物产量为309千克，80年代达到358千克，此后由于人口快速增长，世界人均谷物产量逐渐下降，21世纪初下降到345千克。由于谷物产量持续增加，2017年世界人均谷物产量增加到377千克。

从不同资源禀赋和经济发展水平来看，发达国家和发展中国家粮食安全处于截然不同的状态。发达国家的人均谷物产量远高于世界平均水平，发展中国家的人均谷物产量低于世界平均水平。发达国家农业基础

好，发展速度快，粮食生产水平较高，加上人口少，人均谷物产量在650千克以上，远远高于世界平均水平；而发展中国家的农业和经济大多发展较慢，加之人口多且增长快，人均谷物产量只有250千克，不到发达国家的40%。因此，按照人均400千克的粮食安全线，世界人均粮食占有量还没有达到安全线，尤其是发展中国家的人均粮食占有量，离安全线尚有很大差距。

（二）世界25%的人口处于中度或重度粮食不安全状态

全世界25%的人口面临中度或重度粮食不安全的危险，过去六年这一比例仍在不断增加。半数以上的非洲人口、近1/3的拉丁美洲及加勒比海地区人口和1/5以上的亚洲人口面临粮食不安全状态。联合国粮农组织等机构联合发布的《2020年世界粮食安全和营养状况报告》估计，全球共有超过20亿人处于“中度或重度粮食不安全”状态，无法正常获取安全、营养、充足的食物，其中绝大多数人生活在低收入和中等收入国家。从人口分布来看，在20多亿粮食不安全人口中，10.3亿人位于亚洲，6.75亿人位于非洲，2.05亿人位于拉丁美洲及加勒比海地区，8800万人位于北美洲和欧洲，590万人位于大洋洲。

2019年，全世界有近7.5亿人面临重度粮食不安全状态，占世界总人口的1/10；有近6.9亿人处于饥饿状态，占世界总人口的8.9%，1年内增加了1000万人，5年内增加了近6000万人。重度粮食不安全人数同样呈增加趋势。从区域来看，世界缺粮国家主要分布在亚洲、非洲、拉丁美洲及加勒比海地区。其中，亚洲营养不良人口总数为3.81亿人，占世界营养不良人口总数的一半以上，主要分布在印度、孟加拉国、巴基斯坦、印度尼西亚、越南、朝鲜、蒙古、伊拉克等国家；非洲营养不良人口总数约为2亿人，占世界的20%左右，主要分布在刚果、埃塞俄比亚、肯尼亚、索马里、津巴布韦、尼日尔、卢旺达等国家；拉丁美洲及加勒比海地区2019年的食物不足率为7.4%，低于世界平均水平8.9%，有近4800万人面临食物不足的危险，5年内增加了900万人。

（三）非洲国家粮食短缺问题短期难以解决

非洲国家尤其是撒哈拉以南的非洲地区一直是世界的饥饿重灾区，也是世界营养不良人口比例最高的区域。由于政治、经济和资源等方面的原因，非洲粮食短缺已经成为一个严重的国际问题，并且这一问题将长期存在。

从人口发展趋势来看，预计2030年世界人口将达到82亿，其中发展中国家人口将达到68.7亿。预计新增人口将主要集中在发展中国家，占世界新增人口总数的96%，其中60%的新增人口在亚洲，主要分布在印度和中国；另一个人口增加的热点地区是非洲，将新增6亿人口。虽然发展中国家和低收入且食物短缺国家的粮食总产量在60多年间有很大的提高，但是这些国家的人口增长也非常迅速，抵消了粮食总产量增长带来的积极影响，人均谷物消费量一直没有超过250千克。人口的增加和生活水平的提高，对非洲未来的粮食安全是严峻的考验。

联合国粮农组织发布的《2050年如何养好世界》报告分析，气候变化、地区冲突和经济发展放缓是造成全球饥饿人口上升的重要因素。在这三大因素中，地区冲突因素危害最大，2018年共有21个国家和地区的近7400万人因冲突或安全局势动荡而陷入饥饿。另外，全球气候异常造成气温升高、降雨量减少等不利生产条件，令高度依赖农牧业发展的许多发展中国家不堪重负。报告预计，到2050年，气候变化将使全球增加7100万粮食不安全人口，其中一半以上来自撒哈拉以南非洲地区。

非洲是气候对粮食生产和农民生计影响最大、最复杂的区域之一，

70%～80%的非洲农村人口的生计系统主要采用旱地种植和畜牧系统，高度依赖旱作农业导致农村人口更易受到气候的影响。农业技术进步缺乏人才与资金支持、农业生产效率低是非洲农业和粮食安全发展的瓶颈。

（四）高收入国家或地区生产粮食的积极性下降

第一次绿色革命以后，世界农业和粮食取得了前所未有的发展。土地资源丰富的产粮大国的谷物产量持续增加，除了满足本国的粮食需求，很大一部分粮食通过国际贸易满足其他国家的粮食需求。此后出现的几次粮食相对过剩引起了粮食价格波动性下降，导致发达国家粮食生产的积极性下降。一方面，一些发达国家对农业尤其是农业科学技术的国际性投入及国家性投资都有明显的下降；另一方面，发达国家对常规农业现代化模式进行反思，农业可持续发展思潮、新农业思想的实践也给粮食生产带来了挑战。

自20世纪80年代开始，全球粮食增速明显趋缓，特别是发达国家的粮食产量出现了停滞或下降。世界谷物单产增长率也开始下降，1961—1970年世界谷物单产增长率为3.0%，1971—1980年为1.8%，1981—1990年为2.0%，2000年以后下降到1.2%。第一次绿色革命的效应逐渐暗淡，一些常规技术的贡献率逐渐下降，第一次绿色革命的负面效应也开始显露。

第一次绿色革命的核心仍是大量增加水、肥、农药等物质和化石能源的投入，"透支"农业发展的资源和环境基础。因此，在粮食相对过剩的背景下，欧美发达国家从追求粮食高产技术转向减少水、肥、农药投入的环保型粮食生产技术。此外，国际粮食市场的粮食价格拉动不足，导致粮食主要出口国的生产动力不足，粮食生产积极性缺乏刺激。

（五）世界各国的“粮食鸿沟”可能长期存在

世界农产品的总量基本上能满足人类对食物的需求，但资源、技术与财富的分配不均衡导致“粮食鸿沟”不断加深，即发达国家粮食生产过剩和发展中国家食物短缺危机的长期并存，这种长期的发展不平衡导致世界粮食安全向两极化发展。一方面，在拥有先进技术和丰富自然资源的发达国家，粮食过剩导致劳动力和土地资源大量闲置，农业补贴负担沉重，粮食增长的动力明显不足，粮食增长速度下降，粮食生产体系不稳定；而技术先进但自然资源匮乏的发达国家（如日本）在工业化过程中大量占用耕地，加之粮食成本居高不下使粮食自给率下降，于是通过大量进口粮食转移本国农业自然资源危机，进而加剧了发展中国家的资源短缺。另一方面，一些发展中国家（如中国和印度等）虽然经济迅速发展，但由于受到人口众多和农业资源紧缺等诸多因素的制约，本国粮食自给问题压力很大，无暇他顾；大多数发展中国家仍然不能实现粮食自给，面临着粮食生产不足和缺乏足够的粮食进口能力的双重制约。

从近60年的世界农业生产来看，“粮食鸿沟”可能进一步加大并将长期存在，发展中国家与发达国家在人均谷物占有量、谷物单产、人均肉类产量及人均食物消费量方面将长期存在差距。此外，发展中国家与发达国家在农产品贸易方面的差距也不断加大：发达国家始终占据世界农产品贸易的主导地位，其农产品贸易额占世界农产品贸易额的比重一直在70%以上，发展中国家的农产品进口比例有所增长，但出口比例却不断下降。另外，农业科技创新的差距越来越大，大部分技术（如农业信息技术、生物工程、遗传科学等）仍掌握在发达国家手中。

二、世界粮食安全的基本格局

世界粮食安全状况与经济发展水平息息相关，不同经济发展水平的国家，粮食安全状况存在较大的差别。我们比较了世界主要区域（包括欧洲、北美洲、大洋洲、亚洲、非洲、南美洲）的食物生产和消费情况，并通过分析谷物生产与消费指标来评价世界各个大洲的粮食安全现状和格局。

目前，世界粮食生产的总体格局是：北美洲每年生产谷物5.2亿吨，人均谷物产量为1446千克；欧洲每年生产谷物5.26亿吨，人均谷物产量为706千克；大洋洲每年生产谷物5000万吨，人均谷物产量为1244千克；亚洲是人口最多的地区，人口超过45亿，每年谷物产量突破14.5亿吨，人均谷物产量与世界平均水平相当，达到321千克；而非洲是人多粮少的地区，每年谷物产量不到2亿吨，人均谷物产量仅有159千克。

人均谷物消费量是衡量一个国家和地区谷物消费水平的重要指标：人均谷物消费量高说明食物充裕，粮食安全水平高，人均谷物消费量低说明食物不足。发达国家的人均谷物消费量远高于世界平均水平，1961—2017年发达国家的人均谷物消费量为468～643千克，而世界人均谷物消费量一直徘徊在260～340千克，发展中国家和低收入且食物短缺国家的人均谷物消费量一直没有超过250千克。虽然发展中国家和低收入且食物短缺国家的粮食总产量在40多年来有很大的提高，但是人口的快速增长抵消了粮食总产量增加带来的积极影响。

（一）人类吃饱、吃好的标准

为了分析各国的粮食安全格局，我国根据保障人类基本生理需求的粮食消费量提出了“人均粮食理论消费量”的概念。人均粮食理论消费量是指保障一个正常人生命活动所必需的粮食基本消费量，是既不会饥饿也不会导致营养过剩的粮食消费量。综合不同国家人群粮食消费量与营养需要，我们通过研究认为，保障粮食数量安全（吃饱）的基本标准是400千克，保障粮食质量安全（吃好）的基本标准是600千克。

根据人均粮食理论消费量的两个基本标准，我们可以将世界各国分为粮食潜在出口国、基本平衡国、潜在进口国三类，即人均粮食消费量大于600千克的国家为粮食潜在出口国，人均粮食消费量在400～600千克的国家为粮食基本平衡国，人均粮食消费量小于400千克的国家为粮食潜在进口国。

（二）粮食潜在出口国

按照上述标准及联合国粮农组织2018年对各国粮食产量与人口的数据分析，理论上能够大量调出粮食的国家大多位于美洲和欧洲，主要有美国、巴西、阿根廷、乌克兰、加拿大、俄罗斯、法国、罗马尼亚、澳大利亚、巴拉圭、哈萨克斯坦、匈牙利等29个国家，这些国家的人口总和达到10.8亿人。其中，美国一直是谷物的第一出口国，理论上可调出的粮食总量达39536万吨（包括谷物和大豆）；第二为巴西，理论上可调出的粮食总量达9527万吨；第三为阿根廷，理论上可调出的粮食总量达8176万吨（见表10-1）。

表10-1　世界主要粮食出口国的粮食可调出量

序号	国家	人口（万人）	粮食产量（万吨）	谷物产量（万吨）	大豆产量（万吨）	人均粮食占有量（千克）	理论调粮（万吨）
1	美国	32710	59161	46795	12366	1809	39536
2	巴西	20947	22095	10306	11789	1055	9527

（续表）

序号	国家	人口（万人）	粮食产量（万吨）	谷物产量（万吨）	大豆产量（万吨）	人均粮食占有量（千克）	理论调粮（万吨）
3	阿根廷	4436	10838	7059	3779	2443	8176
4	乌克兰	4425	7357	6911	446	1663	4702
5	加拿大	3707	6537	5810	727	1763	4312
6	俄罗斯	14573	11387	10984	403	781	2642
7	法国	6499	6314	6274	40	972	2415
8	罗马尼亚	1951	3202	3155	47	1641	2032
9	澳大利亚	2490	3392	3386	6	1363	1898
10	巴拉圭	696	1812	707	1105	2604	1394
11	哈萨克斯坦	1832	2046	2020	26	1116	946
12	匈牙利	971	1507	1489	18	1552	925

资料来源：联合国粮农组织。

全球粮食的理论调出量明显高于粮食贸易量，这表明世界粮食贸易量仍然有增长潜力。一方面，一些粮食出口国由于人均粮食消费量偏大，引发了肥胖、粮食浪费等问题；另一方面，缺粮国家的购买能力不足，粮食没有实现有效、充分地流动与使用。

（三）粮食基本平衡国

按照人均粮食消费量在400～600千克的国家可以实现粮食供需平衡的标准来看，奥地利、玻利维亚、泰国、马里、波斯尼亚和黑塞哥维那、缅甸、西班牙、越南、芬兰、苏里南、德国、中国、印度尼西亚以及土耳其属于粮食基本平衡国，除中国之外的13个国家的人口总数接近8亿，其中印度尼西亚人口最多，达到近2.7亿，越南、德国、土耳其等国的人口也接近1亿（见表10–2）。

表10–2 世界主要粮食供需平衡国

序号	国家	人口（万人）	粮食产量（万吨）	谷物产量（万吨）	大豆产量（万吨）	人均粮食占有量（千克）
1	印度尼西亚	26767	11424	11329	95	427
2	越南	9555	4901	4892	8	513
3	德国	8312	3801	3796	6	457
4	土耳其	8234	3454	3440	14	419
5	泰国	6943	3762	3756	6	542
6	缅甸	5371	2819	2801	17	525
7	西班牙	4669	2437	2436	0	522
8	马里	1908	1017	1016	1	533
9	玻利维亚	1135	621	327	294	547
10	奥地利	889	500	481	18	562

资料来源：根据联合国粮农组织统计资料整理。

需要指出的是，这些国家的粮食供需平衡是低消费水平的平衡，要想改善人民生活，仍然需要进口粮食。比如我国人均粮食占有量为470千克，达到了“吃饱”的基本需求，但目前人均粮食进口量为70千克左右。

（四）粮食潜在进口国

目前，世界主要粮食进口大国有中国[①]、日本、墨西哥、韩国、西班

① 根据联合国粮农组织的统计，按人均粮食产量，中国是基本平衡国，而按实际进口量，中国是粮食进口大国。

牙、埃及、意大利、荷兰等，上述几个国家的粮食进口总量占世界总量的40%以上。其中，中国由于人口增长和经济发展水平的提高，已经成为世界第一粮食进口大国，年均粮食进口量超过1亿吨。其次是日本，进入21世纪以后，日本年均粮食进口量在2000万吨以上。日本从国际市场大量进口粮食的原因主要有以下几个：一是日本土地资源有限，粮食不能自给；二是随着经济的发展，日本的膳食结构发生了很大变化，趋于西方化，淀粉类食物需求下降，动物性脂肪和蛋白的消费需求增加，从而大大地刺激了畜牧业的发展，而畜牧业的发展需要大量的饲料；三是日本农业政策的导向作用，日本的工业发展较快，就生产力而言，农业比工业低得多，日本政府从比较利益原则出发，用获利较高的工业品出口换取用地多、获利少的农产品是非常合算的。

必须指出的是，人均粮食消费量400千克是保障粮食安全的基本标准，一些低于此标准的国家并没有进口粮食，只是因为人均收入水平还无法负担粮食进口，但随着收入水平的提高，理论上可能成为粮食进口国。例如，印度的人均粮食消费量只有245千克，随着人均收入的增加，印度将成为潜在的粮食进口大国，亚洲将成为世界粮食进口的最大市场。

三、粮食和食物的供需平衡

粮食的供需平衡是指在保障充足的食物供给和分配数量的同时，还要求营养全面、结构合理、卫生健康。供需是否平衡能反映一国粮食的供求情况，供给过剩或需求过剩都属于供需不平衡。在开放经济的条件下，国际粮食市场已经成为平衡国内供需的途径。当然，国际市场调节水平的高低还与全球粮食供需平衡状况有关，只有确保世界粮食供需的平衡才能实现每个国家的粮食安全。

几十年来，全球粮食总产量持续增加，食物可及性与自给率呈上升趋势。总体来看，全球人均每日热量与蛋白质供给量在增加，绝大部分人口的能量获取已经达到最低2200千卡的营养标准（见表10–3）。由于世界各个地区的资源条件、经济水平和人口等条件存在明显差异，不同地区的食物供给量和生产量表现出很强的地域性。在食物供给方面，全球大部分国家的食物供给已经上升至2700千卡的标准之上，欧美、大洋洲是人均食物供给量丰足的地区，且食物种类以改善营养的高热量食物为主；非洲及亚洲的部分国家是人均热量低值地区，食物供给量小，且以植物性产品消费为主，肉类和脂肪的消费水平偏低。从增速来看，低收入国家增速最快，中等收入国家次之，高收入国家增速最慢。但非洲、东南亚等地区的一些欠发达国家仍未达到最低的营养标准，全球仍有相当一部分人口处于营养不良状态。

表10–3　世界粮食与食物供需平衡表

地区	世界	亚洲	非洲	拉丁美洲	大洋洲	欧洲	北美洲
人口（万人）	733152	451904	124422	41990	4101	74541	36194
谷物总产（亿吨）	27.64	14.52	1.98	2.25	5.10	5.26	5.23
人均生产（千克）	377	321	159	536	1244	706	1446
人均消费（千克）	176	197	163	135	103	133	110
肉类总产（万吨）	34242	14193	1965	4374	640	6385	5057
人均生产（千克）	46.70	31.40	15.80	104.20	156.10	85.70	139.70
人均消费（千克）	42.57	32.05	17.24	80.98	112.30	77.94	119.89
平衡（千克/人）	4.13	−0.65	−1.44	23.22	43.80	7.76	19.81
蛋类总产（万吨）	8137	5074	310	554	33	1103	686

（续表）

地区	世界	亚洲	非洲	拉丁美洲	大洋洲	欧洲	北美洲
人均生产（千克）	11.10	11.20	2.50	13.20	8.10	14.80	19.00
人均消费（千克）	9.94	10.85	2.30	9.16	8.02	12.48	15.43
平衡（千克/人）	1.16	0.35	0.20	4.04	0.08	2.32	3.57
奶类总产（万吨）	83132	33873	4893	6169	3073	22765	10589
人均生产（千克）	113.40	75.00	39.30	146.90	749.30	305.40	292.60
人均消费（千克）	87.99	62.25	35.45	126.05	186.88	215.96	245.43
平衡（千克/人）	25.41	12.75	3.85	20.85	562.42	89.44	47.17
能量（千卡）	2884	2979	2624	3027	3216	3367	3663
蛋白质（克/天）	81.23	77.57	69.03	86.09	101.58	104.42	109.13
脂肪（克/天）	82.76	81.23	69.10	101.27	141.06	128.96	160.10

资料来源：联合国粮农组织。

四、世界粮食安全的趋势与规律

（一）粮食产量增长仍快于人口增长

20世纪初，世界人口开始快速增长，特别是二战以后，发展中国家人口急剧增长，其人口增长率在20世纪60年代后期出现了历史峰值，达到2.04%。1960年全球人口突破30亿，20世纪末突破60亿，2018年达到73亿，在此期间，世界人口年均增长率为1.7%。其中，发达国家的人口增长相对较慢，年均增长率为0.7%，而发展中国家的年均增长率为2.1%。中国和印度是人口增长最快的两个国家，共占世界人口的35.7%。

进入21世纪以后，人口高速增长惯性依然在延续，人口对农业的压力进一步增加。根据联合国粮农组织人口署的预测，人口增长率将持续降低，其中发达国家人口增长率将在2030年基本降为零，并开始出现负增长，发展中国家的人口增长率将于2030—2050年下降到0.7%。预计2030年世界人口总数将达到82.70亿，较2015年增加超10亿，其中发展中国家人口将达到68.69亿（见表10-4）。

表10-4　未来世界不同区域人口预测

区域	人口（亿）			增长率（%）	
	2015年	2030年	2050年	2015—2030年	2030—2050年
世界	72.07	82.70	93.22	0.9	0.6
工业化国家	9.51	9.79	9.86	0.2	0.0
转型国家	3.98	3.81	3.49	−0.3	−0.4
发展中国家	58.27	68.69	79.35	1.1	0.7
撒哈拉以南非洲	8.83	12.29	17.04	2.2	1.6
中东和北非	5.20	6.51	8.09	1.5	1.1
拉丁美洲和加勒比海地区	6.24	7.17	7.99	0.9	0.5
南亚	16.72	19.70	22.58	1.1	0.7
东亚	21.28	23.03	23.65	0.5	0.1
欧盟	3.77	3.68	3.40	−0.2	−0.4

资料来源：根据联合国粮农组织统计资料整理。

（二）粮食直接消费的比例下降

从近几十年来世界谷物消费水平和结构来看，人均粮食直接消费量逐渐下降，谷物作为食物直接消费的比例也在下降，发达国家将谷物作为食物直接消费的比例要远远低于发展中国家。从1961年到2002年，全球各国将谷物作为食物直接消费的比例从31.6%下降到22.8%，发达国家将谷物作为食物直接消费的比例更低，加拿大只有12.2%的谷物作为食物直接消费，美国的这一比例为13.2%；加拿大将70%的谷物用于饲料消费，法国、德国、美国也有60%以上的谷物被用于饲料消费。而在发展中国家，谷物主要还是作为食物被直接消费，比例为60%以上，是发达国家的4～5倍，在印度、巴基斯坦、印度尼西亚和一些非洲国家，谷物作为食物直接消费的比例则超过80%。

从谷物的消费用途来看，全球有50%左右的谷物作为食物被人类直接消费，有35%左右作为饲料被牲畜消费转化为人类的间接食物，还有15%左右被用于食品加工、工业原料、种子，或者被浪费掉，抑或作为其他用途。

（三）人均粮食消费量仍在上升

粮食消费水平与收入密切相关，在国民收入处于较低水平时，人均粮食消费量达到每年二三百千克就可以满足需要。当收入增长到一定水平时，一方面是粮食直接消费量下降，另一方面是粮食间接消费量以更快的速度上升。

不同国家和地区的人均粮食消费量有很大的差别。发达国家的人均粮食消费量远远高于世界平均水平，由1961年的468千克上升到1986年的最高点643千克，1986年以后人均粮食消费量开始缓慢下降，目前仍然维持在500千克以上；而发展中国家和低收入且食物短缺国家的人均粮食消费量一直没有突破300千克。

肉类消费也表现出和粮食消费相同的趋势。从20世纪80年代末开始，发达国家的肉类消费总量开始下降并逐渐稳定在1亿吨左右，人均肉类消费量稳定在80千克左右，一些发达国家在100千克以上。而发展中国家的人均肉类消费量由1961年的9.4千克增加到2015年的35千克，虽然不断增长，但是与发达国家相比仍然有很大差距。目前，发展中国家正处于肉类消费的快速增长阶段，对畜产品的需求刺激了畜牧业的发展，畜牧业需要大量的饲料，从而导致粮食需求的增加。联合国粮农组织研究表明，在高收入的发达国家，人均收入每增长10%，粮食消费便增长1%~2%；在典型的低收入国家，人均收入每增长10%，粮食消费将增长7%~8%。因此对于经济基础较差的发展中国家，经济增长意味着粮食需求的迅猛增长。

（四）城市化导致耕地面积下降

随着历史进程和社会经济的发展，耕地面积和城市化水平成反比，而随着人口的增长，世界需要越来越多的土地来生产粮食。

食物、人与土地资源的矛盾日益突出。1961年世界人均耕地面积为0.42公顷，2001年下降到0.25公顷，其中发达国家的人均耕地面积由1961年的0.66公顷下降到2001年的0.48公顷，下降了27%；发展中国家的人均耕地面积下降速度更惊人，由1961年的0.3公顷下降到2001年的0.19公顷，下降了37%；低收入且食物短缺国家的人均耕地面积由1961年的0.27公顷下降到2001年的0.15公顷，下降了44%。

联合国环境规划署的一份研究报告指出，过去45年，由于农业活动、森林砍伐、过度放牧而造成中度和极度退化的土地的面积达12亿公顷，约占地球上所有植被地表面积的11%。联合国环境规划署统计，世界旱地面积为32.7亿公顷，受沙漠化影响的就有20亿公顷，占比高达61%。每年有600万公顷土地变成沙漠，另有2100万公顷土地丧失经济价值。世界上大部分地区都存在土壤侵蚀问题，高出土壤再造速度数倍。全世界每年由于水土流失损失土地600万~700万公顷，而受土壤侵蚀影响的人口有80%在发展中国家。

随着城市化水平的提高，人口增长、经济发展、人民居住、工业建设乃至基础设施都需要大量建设用地，不可避免地要占用耕地。人口密集国家的耕地在工业化过程中必然会遭受严重损失，工业化进程越快，耕地损失就越多。比如日本1960—1989年30年间耕地面积减少了143.40万公顷，中国台湾1977—1990年耕地面积减少了18.37万公顷，欧洲1965—1991年耕地面积减少了1280.00万公顷，美国耕地减少的速度更快，1965—1990年减少的耕地面积高达6151.00万公顷（见表10-5）。

表10-5　不同国家与地区在不同年代耕地减少情况

国家或地区	时间	耕地减少面积（万公顷）	每年减少（万公顷）
欧洲	1965—1991年	1280.00	49.23
美国	1965—1990年	6151.00	246.04
日本	1960—1989年	143.40	4.94
中国台湾	1977—1990年	18.37	1.41

资料来源：根据联合国粮农组织数据整理。

（五）粮食生产的比较效益在下降

纵观世界各国发展历程，工业化程度对粮食生产的比较效益有明显影响。工业化程度越高，粮食生产的比较效益就越低，主要原因是工业化会对耕地、劳动力、资本、成本、收入以及自然环境等诸多方面产生影响。

工业化的加速对水资源和耕地资源的刚性需求会严重挤占粮食生产资源，削弱粮食生产的潜力。同时，高素质的劳动力由农村流向城市，对粮食高产的追求导致了化肥施用量的增加，农业机械对化石燃料的依赖抬高了粮食生产成本，降低了农业生产的比较效益，影响了农民种粮的积极性。此外，部分粮食主产区为了追求经济利益的最大化，选择放弃或忽视粮食生产，转向发展工业或者种植水果和蔬菜等收益较高的经济作物，这不仅导致工农比例的失调和城乡差距的加大，而且会造成粮食安全问题。

自改革开放以来，中国工业化和城镇化进程不断加快，对农业生产产生了负面影响，导致农业比较效益下降，主要有以下几个原因。一是农业生产方式传统、分散。目前，中国广大农村地区依然沿袭着家庭联产承包责任制形成的传统、分散的生产模式，规模化、集约化水平很低，粮食生产的科技附加值较低。二是农业劳动力短缺的现象日益突出，青壮年劳动力大多外出打工，造成农业生产劳动力质量和数量的双重下降。三是投入成本不断增加，比如肥料、农用柴油、棚膜等生产资料涨势过快过高。近年来，虽然国家取消了农业税，实行农民收入补贴制度，但生产资料的价格涨幅更大，国家的粮食补贴明显被农业生产资料价格上涨抵消，农民收益仍处于较低水平。工业比较优势明显高于农业，从而使得土地、水源、劳动和资本等从农业生产向非农部门转移，影响了粮食生产，从而造成粮食安全问题。

第三篇

中国粮食安全：历史与经验

中华民族种粮已有1万多年的历史，《氾胜之书》《齐民要术》《陈敷农书》《王祯农书》《农政全书》记载着中华民族辉煌的农业史。在农业经济时代，中国保持世界第一大经济体地位长达1700多年。

从战国中晚期到乾隆四十九年的2000多年里，我国人均粮食占有量达382～628千克，粮食总体安全，但粮食危机还是中断了多个朝代的农业辉煌。“朱门酒肉臭，路有冻死骨”是对中国古代粮食安全状况的真实写照。

翻开中国历史，每次改朝换代，几乎都与农民起义有关，而农民起义几乎都与粮食有关。西汉末年连年粮荒，王莽篡权；东汉末年灾荒再起，黄巾起义，东汉灭亡。粮食安全问题始终困扰着中华民族的生存与发展，制约着社会的稳定，影响着朝代的更替。

历史的经验表明，“国以民为本，民以食为天”“仓廪实而知礼节”“无农不稳，无粮则乱”。

第十一章

中国农业辉煌史与粮食安全

纵观历史长河，粮食安全问题贯穿了整个中华民族的社会发展史，是历代王朝及其统治者密切关注和高度重视的问题，中国几千年历史也可以说是反饥饿的斗争史。自1949年以来，中国政府始终致力于对共同富裕道路的探索，对共同富裕目标的认识越来越深化，中国社会面貌和人民生活水平发生了巨大的变化。

一、中国种粮已有一万多年的辉煌历史

（一）黄河流域的农业文明

从距今10000年左右的农业起源到公元前3000年左右传统农业形成之前，通过人口迁移及人类的不懈努力，原始农业从中美洲发展到南美洲、欧洲、亚洲大部、北非并在这些地区扎下了根。中国传统农业基础是在距今6000年的仰韶文化中心的黄河流域建立起来的。考古工作者在黄河流域发现了大量古遗址，其中最著名的有河北瓷山遗址（距今8000年）、河南新郑裴李岗遗址（距今7500年）、甘肃秦安大地湾遗址（距今7800～7350年）。这些遗址出土了旱地粮食作物粟、黍，加工粮食作物的

石磨盘、石磨棒，生产工具石斧、石铲、石刀、石镰等，陶器、骨器以及猪、牛、羊的遗骨，表明在距今7000～8000年以前，黄河流域的原始农业已发展到一定水平。但是，中国历朝历代都有大规模的灾荒或饥荒发生，而且比较频繁。

（二）长江流域的农业文明

长江流域的气候、水土和森林植被等生态环境要素的历史变迁，与人类活动尤其是以水稻作为生产中心的农业活动密切相关，生态环境制约着稻作农业的发展变化，农业活动对生态环境也具有不同程度的影响。从已发现的遗址来看，长江流域和华南地区的农业起源并不比黄河流域晚，江西万年仙人洞遗址（距今8575年）和浙江余姚河姆渡遗址（距今7000年）都出土了陶器、石器、骨耜和稻谷等，这说明长江流域当时已进入较为发达的耜耕农业阶段，为解决本区域粮食问题起了重要作用。

二、2000多年的粮食安全分四个阶段

在农业文明时代，中华民族领跑世界近1700年，创造了辉煌历史，但粮食危机不断，多个朝代被粮荒引发的农民起义推翻，多个皇帝以“均贫富”作为新政的开篇。按照联合国粮农组织人均粮食占有量400千克的安全线，中华人民共和国成立之前的粮食安全大致分为总体安全和不安全两个阶段。自中华人民共和国成立以来，农业发展取得了巨大成就：1998年政府宣布农业进入新阶段，困扰人民数千年的“吃不饱”问题彻底解决；2006年政府取消农业税，农民彻底告别了持续数千年的“交皇粮”的历史。

第一阶段，粮食总体安全、粮荒相对较少的阶段。从战国中晚期到

乾隆四十九年（公元1784年）长达2000多年的时间里，由于人口少，人均耕地面积为3～4.2亩，人均粮食占有量达到382～628千克，所以这2000多年是中国粮食总体安全阶段，也是中华民族领跑世界经济的阶段。其间也曾多次发生粮食危机，引发了改朝换代。西汉末年连年粮荒，王莽篡权；东汉末年灾荒再起，黄巾起义，东汉灭亡。隋、唐、宋、元、明都有关于粮荒的记载，但从粮食数据来看，除灾荒年外，粮食安全总体上能够得到保障（见表11–1）。唐朝人口约为0.53亿，人均粮食占有量达到628千克的历史最高值。宋、明人口总量达到1亿～1.3亿，人均粮食占有量为550～580千克。康乾盛世人口达到1.84亿，人均粮食占有量仍有575千克，实属不易。

表11–1　中国历代粮食产量与人均粮食占有量

时期	人口（亿）	粮食单产（千克/公顷）	粮食总产（万吨）	人均粮食占有量（千克）
战国时期	0.20	1620	914	457
西汉末	0.56	1980	2957	497
唐	0.53	2505	3323	628
宋	1.04	2318	6026	579
明	1.30	2595	7266	559
乾隆十八年	1.84	2794	10580	575
乾隆四十九年	2.86	2749	10923	382
道光二年	3.72	2756	10876	292
1855年	4.13	1597	12389	300
1931年	4.75	1514	10961	231
1936年	4.67	1647	11952	248
1947年	4.63	1356	10748	232

资料来源：王宏广，等.中国粮食安全研究［M］.北京：中国农业出版社，2005.

第二阶段，粮荒频繁、粮食不安全阶段。从乾隆四十九年到1948年，由于人口增长较快，加上天灾人祸，人均粮食产量降到350千克以下，粮食危机不断。据文献记载，仅光绪年间的丁戊粮荒，饥饿人数就达1亿，约2000万人被饿死；1920—1921年华北四省大饥荒，饿死约1000万人；1928—1930年北方八省大饥荒，又饿死1300多万人。1947年我国人口为4.63亿人，比乾隆四十九年多了1.77亿人，人均粮食占有量只有232千克，尚不足唐朝时期的一半，粮食单产只有90.40千克/亩，甚至低于2000多年前的战国时期。

第三阶段，粮食欠安全阶段（1949—1995年），即人均粮食占有量低于400千克。1949—1995年，粮食单产由68.6千克/亩上升到282.6千克/亩，增长了312.0%；粮食总产由11318.4万吨增加到46661.8万吨，增长了312.3%；人均粮食占有量由209.0千克增加到385.3千克。这一阶段，我国人均粮食占有量低于400千克的安全线，属于粮食欠安全阶段。1958—1960年，我国遭遇特大自然灾害，按国家统计局的数据，1961年的人口比1959年减少1348万人。1984年、1992年两次出现全国性粮食相对过剩的“卖粮难”，中国在4.5亿人口时吃不饱，在13亿人口时却出现“卖粮难”，创造了农业奇迹。1995年，美国世界观察研究所所长莱斯特·布朗出版《谁来养活中国》一书，引起一片哗然，他认为“中国人养活不了中国，世界也养活不了中国”，因为世界多余的粮食全部卖给中国也不够养活中国人。他的危言耸听现在看来不过是个笑话，当年却是许多国家领导人访问中国时必谈的政治问题、外交问题。他的主要依据是高速工业化和城市化要占用耕地，中国会因缺少耕地而导致粮食减产。后来，政府把耕地面积由1995年的14.2亿亩调整到1996年的19.5亿亩。

第四阶段，粮食弱安全阶段（1996年至今）。自1996年起，中国人均粮食占有量跨过400千克安全线，进入粮食安全阶段，其中2000—

2007年，人均粮食占有量高于400千克，人均粮食进口量低于18千克，粮食供需基本平衡。但从2004年起，人均粮食消费速度超过了粮食生产速度，虽然粮食总产实现15年连增且连续5年超过6.5亿吨，人均粮食占有量连续5年超过470千克，但粮食进口量逐年增加。从2014年起，连续5年粮食净进口量超过1亿吨，人均粮食进口量超过或接近80千克。2019年的粮食净进口量是2003年的202倍，随着人均收入不断增长，人均粮食消费量会不断增加，中国粮食安全进入弱安全阶段。

三、历代保障粮食安全的主要经验

（一）民以食为天，自给自足是粮食安全的基础

通过对上述中国粮食生产历史数据的分析，我们发现在乾隆盛世之前，粮食生产水平在不断发展和进步。但是翻开中国古代史，与粮食生产相比，历史记录篇幅较多的却是灾荒、饥荒和战乱。据《中国灾荒史记》记载，秦汉两代发生自然灾害375次，三国两晋南北朝304次，隋唐515次，宋朝874次，元朝513次，明朝1011次，清朝1121次。也就是说，中国无间断的大灾荒平均每年将近2次。灾荒肆虐下的中国，到处是“千里无鸡鸣，白骨露于野”的悲惨景象。《汉书·王莽传》记载：“连年久旱，……人相食，……饥民死者十（之）七八。”《晋书·食货志》记载：“晋末……或毙于饥馑，其幸而自存者，盖十五焉。”《魏书·宣武帝本纪》记载：“四州大饥，民死二十万余口。”《唐书·五行志》记载：“永淳元年冬大疫，两京死者相枕于路。”到了明清时期，因灾荒死亡的人数剧增：清朝嘉庆年间的旱灾、水灾等共造成900万人死亡，道光年间的灾害死亡人数达到1500万人，光绪年间的灾害死亡人数达到1000万人。民国十七年（公元1928年）至民国十九年（公元1930年）因灾死亡

1000万人，民国二十四年（公元1935年）因灾死亡300万人。[①]

（二）国以粮为安，粮食安全是稳定社会的基石

“无米则乱”，饥荒是历朝历代社会动荡、战乱的主要原因。据邓拓统计，春秋战国动乱551年，魏晋南北朝动乱389年，唐末动乱53年，南宋及辽金元动乱241年。人民由于受压迫较深，加上饥荒的威胁，不得不通过起义来对抗政府，从西周后期发生的“国人暴动”到陈胜、吴广领导的中国历史上第一次大规模的农民起义，以及黄巾起义、黄巢起义、宋江起义、白莲教起义、李自成起义，无不和饥荒有关。几千年来，不知有多少人因饥荒无望地挣扎在死亡线上，又不知有多少人因为得不到食物而饿死。春秋战国时期，诸侯混战，社会动荡，民不聊生，广阔的原野上到处都有逃荒的饥民。到秦二世时，全国饥民达数百万，由于粮食匮乏，灾民甚至吃树皮和草根。即使是唐朝盛世时期，也有大面积的饥荒发生。

在奴隶社会和封建社会中，统治阶层占有社会大部分财富。农民虽然是粮食的直接生产者，但没有权利支配土地上生产出来的农产品，80%以上的粮食都要上缴给统治者或地主，自己只能留下很少的一部分，甚至连养家糊口都不够，遇上灾年生活就变得更加惨淡。封建王朝的统治者和富人阶层在生活上“食不厌精，脍不厌细”，餐桌上山珍海味，“日食万钱”，而老百姓却是终日不得温饱。在封建社会，大部分人的生活都处于朝不保夕的状态，更不用说遇上天灾和战乱。唐朝诗人杜甫的诗句“朱门酒肉臭，路有冻死骨”，是对历朝历代社会贫富不均、官

① 王宏广，等. 中国粮食安全研究［M］. 北京：中国农业出版社，2005.

僚锦衣饱食、贫民饥寒交迫生活的真实写照。①统治者为了维护自己的统治地位，想方设法发展农业生产，以解决人民的温饱问题，但是由于封建制度下生产关系的束缚和统治者管理水平的局限性，加上灾害、饥荒、战乱不断，粮食安全仍危机四伏。虽然统治者也采取了工赈、粥赈、赈粮、赈钱等多种安抚灾民的赈济措施，但是由于交通不便、吏治腐败等多种因素，因灾施赈的效果并不理想。比如，虽然粥赈当时能救活一批灾民，但粮食用完后，又有大批饥民饿死，一次粮食饥荒造成数万人甚至更多人死亡的现象在历史上并不鲜见。回顾中国的几千年历史，可以说是反饥饿的斗争史，粮食安全危机和社会动荡是中国历史的主要问题。

（三）分田地均贫富，许多新朝新政的良好开篇

夏、商时期，土地制度是以氏族为单位的土地公有制，农业生产往往采取集体劳作的方式进行。武王克商以后，分封各地。分封地的主权和产权是周王的，即“普天之下，莫非王土；率土之滨，莫非王臣”。土地与人民归周王所有，王室制定井田制来管理土地。各诸侯国不甘愿土地都归周王所有，私下擅自割让或交换土地，逐渐把土地变为自己所有。同时，诸侯们采用开垦荒地的方式，将更多的土地划为己有，私田越来越多，威胁着统治阶层对土地的统治权。春秋时期，齐国的“相地而衰征”是指根据土地多少和田质好坏征收赋税，鲁国的“初税亩”实行按亩收税，公田、私田的区别越来越模糊，土地由国有制逐渐向私有制转化。秦国商鞅变法正式通过法律形式将土地私有合法化，国家开始重农抑商，奖励耕织，实行土地私有制，按亩纳税。当时土地兼并严重，农

① 王宏广，等. 中国粮食安全研究［M］. 北京：中国农业出版社，2005.

民承担的徭役繁重、赋税沉重。①

汉朝的土地所有制形式分为三种：封建国家土地所有制、地主土地所有制和自耕农土地所有制。三国时期，公元前196年曹操率先实行屯田制来管理国有土地。到了魏末晋初，统治阶级对屯田的剥削日益加重，屯田的分租比例甚至高达八二开或者七三开。晋武帝时期两次下令罢免屯田官，民屯被废止。为了加强对自耕农的控制，限制土地兼并，公元280年西晋颁布占田制，明确规定了允许民户自行占有土地并且限定占田数额，要按照规定的课田亩数缴纳田租。唐朝实行均田制（仅按人口分配国家掌握的土地），但由于后期土地兼并严重，大大影响了均田制的实施，同时导致租庸调制无法维持，国家财政收入受到重创。尽管唐德宗时期实行两税法保证国家财政收入，但结果却加重了农民的赋税负担。②

在中国历史上，均分田地的有以下几个时期：太平天国颁布《天朝田亩制度》，“凡天下田，天下人同耕”，提出了平均分配土地的方案；孙中山旧三民主义中的民生主义指的是“平均地权”，新三民主义把民生主义概括为“平均地权”和“节制资本”两大原则；毛泽东在兴国主持制定第二部土地法，“没收一切公共土地及地主阶级的土地”，共产党在中国历史上第一个制定了可以付诸实践的比较完整的土地革命纲领和路线。③中华人民共和国成立后，1950年中央人民政府颁布《中华人民共和国土地改革法》，废除封建土地所有制，实行农民阶级的土地所有制。

自中华人民共和国成立以来，中国政府始终致力于对共同富裕道路的探索。自改革开放以来，中国实行以包产到户、包干到户为主要形式

---

① 田静. 我国历史上土地制度的变化及影响［J］. 试题与研究：新课程论坛，2011（3）：42.

② 魏永康. 中国古代土地制度问题概述［J］. 中学历史教学参考，2015（5）：14–18.

③ 傅金碧. 论土地革命初期的两部“土地法”——《井冈山土地法》与《兴国土地法》之比较［J］. 湘潭师范学院学报：社会科学版，2008，30（6）：191–193.

的家庭联产承包责任制，极大地促进了农业和农村经济的变化，树立了“告别饥饿”“告别交皇粮”“告别‘二牛抬杠’”“告别绝对贫困”四个里程碑，中国人民从站起来、富起来走向强起来，开始了社会主义强国建设的新征程。

第十二章
中国农业与粮食安全的里程碑

中国人均粮食占有量刚过400千克的安全线，口粮自给率为98%，粮食自给率为86%，隐性自给率仅为70%，粮食进口量相当于中国9亿亩农田的产量。中国粮食安全的现状是“低水平、高难度、紧平衡、弱安全”，吃饱没问题，吃好需进口。对于粮食安全，我们不能太乐观，国家亟须把粮食总产提高30%，或者构建10亿亩进口粮的稳定供应链。在此之前，我们绝对不能放松粮食安全这根弦。粮食战，更要及早防范！

一、70年创造了中华民族农业史上的四个里程碑

自中华人民共和国成立后，我国农业取得了举世瞩目的成就，可以总结为“四个告别历史”：彻底告别了持续数千年受饥饿困扰的历史，彻底告别了持续数千年农民“交皇粮”的历史，基本告别了数千年“二牛抬杠”的历史，即将彻底告别存在“绝对贫困人口”的历史。这不仅是中华民族千年发展史上的里程碑，而且必将载入人类发展的史册。14亿人口的大国，街头罕见讨饭的人，这是过去想都不敢想的事情，谁能说这不是中国奇迹。

（一）宣布"农业进入新阶段"，告别饥饿

1949年中国粮食平均亩产仅为68.6千克，1965年稳定在100千克以上，1982年突破200千克，1998年突破300千克；2018年达到374.7千克，比中华人民共和国成立之初增长了4倍多。2018年，中国人均粮食产量达到472千克，比1996年的414千克增长了14%，比1949年中华人民共和国成立时的209千克增长了126%，高于世界平均水平（见图12-1）。

中国畜产品产量位居世界前列。中华人民共和国成立初期，中国畜产品供应总体不足，肉类产量才220万吨，禽蛋和牛奶产量更少，均不足100万吨。改革开放后，特别是1985年国家放开猪肉、蛋、牛奶等畜产品价格后，畜产品产量不断攀升，肉蛋奶产量多年来一直稳居世界前列。截至2018年，肉类产量增加到8625万吨，蛋类产量增加到3128万吨，牛奶产量增加到3075万吨，分别较1949年增长38.2倍、30.3倍、29.8倍。2018年，中国人均肉、蛋占有量分别达到61.8千克、22.4千克，均超过世界平均水平。

1998年，中央做出了中国农业发展已进入新阶段的重大判断：主要农产品由全面短缺转为总量基本平衡，基本解决了温饱问题，粮食出现了结构性和地区性的过剩；提高农民收入成为农业生产的主要目标，非农产业成为农民收入增长的主导性因素；农业发展对资本和技术的依赖程度越来越高，劳动力和土地的作用下降；农业发展的制度创新从确立农户的独立经营地位，转向农业与相关产业的一体化经营。因此，新阶段农业发展的主要任务是调整农业结构，保证农民收入稳定增长，发展农业产业化经营，实施小城镇发展战略，推进基本实现农业现代化的进程。

（二）基本实现机械化，告别"二牛抬杠"

1959年，毛泽东主席提出"农业的根本出路在于机械化"。1966

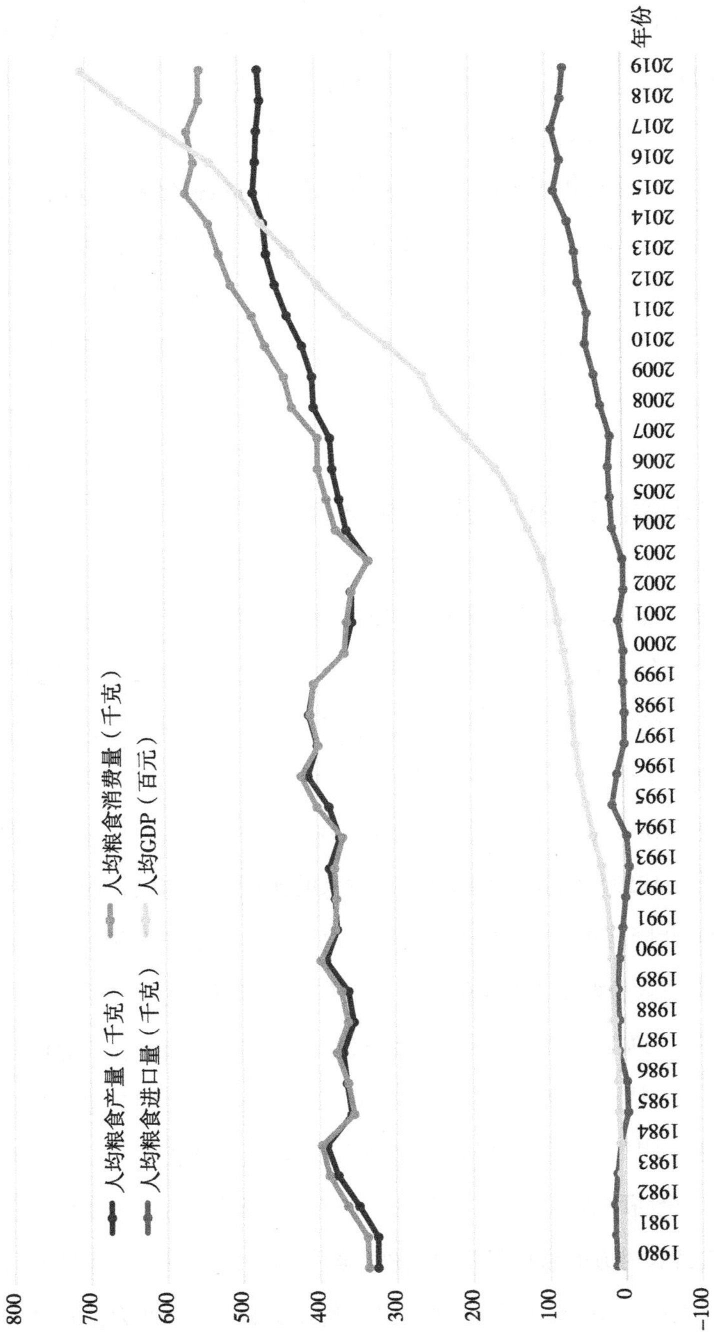

图12-1 1980—2019年人均GDP与人均粮食变化

资料来源：根据《中国统计年鉴》整理。本章图片资料均根据《中国统计年鉴》整理而得。

年，中央政府明确提出“1980年实现农业机械化”的目标，后来又提出“1990年实现农业机械化”，到2000年，机耕、机播、机收面积达到90%以上。2010年，我国农作物耕种收综合机械化水平超过了50%，机械化生产方式作业量超过传统生产方式作业量，标志着机械化生产方式开始居于主导地位：农业机械总动力从不到1亿千瓦增加到10多亿千瓦；农用拖拉机从190多万台增加到2300多万台；联合收割机从1.9万台增加到190多万台，机耕、机播、机收面积超过95%。自此，我国基本告别了持续数千年“二牛抬杠”的历史。

（三）全面取消农业税，告别“交皇粮”

农业税是国家对一切从事农业生产、有农业收入的单位和个人征收的一种税，俗称“公粮”。2005年12月29日，第十届全国人民代表大会常务委员会第十九次会议决定：第一届全国人民代表大会常务委员会第九十六次会议于1958年6月3日通过的《中华人民共和国农业税条例》自2006年1月1日起废止。自改革开放以来，中国经济迅速发展，农业税占总税收的比例越来越小。1953—2003年，国家累计征收农业税3945.66亿元，1950年农业税占国家财政收入的比重为39.00%，1979年为5.50%，2005年降至0.05%，农业税占财政收入的比重逐渐下降。2006年1月1日，中国全面废除了农业税，这是具有划时代意义的重大变革，标志着这项在中国实行了2600多年的传统税正式退出历史舞台。农业税的取消终结了中国历史上存在了2000多年的“皇粮国税”，与农村税费改革前的1999年相比，中国农民每年减负总额超过1000亿元，人均减负120元左右。全面取消农业税表明中国在减轻农民负担和实行工业反哺农业、城市支持农村方面取得了重要突破，给亿万农民带来了看得见的物质利益，极大地调动了农民积极性，又一次解放了农村生产力，必将带动农村生产关系和上层建筑某些环节的调整，推动农村经济的快速发展和农村社会的和谐进步。废止《中华人民共和国农业税条例》，标志着中国农民的命运开启了一个不同以往任何历史时期的崭新阶段。

（四）将全面实现小康，告别“绝对贫困”

20世纪70年代末，邓小平在规划中国经济社会发展蓝图时提出“小康社会”的战略构想，随着中国特色社会主义建设事业的深入，其内涵和意义不断得到丰富和发展。2002年11月8日至14日，中国共产党第十六次全国代表大会在北京召开。根据全面开创中国特色社会主义事业新局面的要求，在深刻分析党和国家面临的新形势、新任务的基础上，大会确定了全面建设小康社会的奋斗目标，指出：我们要在21世纪头20年，集中力量，全面建设惠及十几亿人口的更高水平的小康社会，使经济更加发展、民主更加健全、科教更加进步、文化更加繁荣、社会更加和谐、人民生活更加殷实。

改革开放以来，中国国民经济和人民生活水平都有了较大提高，2000年，国内生产总值达89404亿元，人均GDP比1980年翻两番的任务超额完成，标志着小康目标基本实现。自2000年以来，中国粮食消费需求为4800亿～4900亿千克，而粮食产量已连续三年徘徊在4550亿千克左右，每年产需缺口达250亿～350亿千克，不得不靠挖库存来解决。根据国务院颁布实施的《中国谷物与营养发展纲要》，专家们预测，2010年达到小康水平，按人均粮食需求量420千克计算，全国粮食需求总量在5880亿千克左右；2030年，按人均粮食需求量440千克计算，全国粮食需求总量在7040亿千克左右。①

---

① 刘尚文. 最大化满足小康社会对粮食的总需求［J］. 中国粮食经济，2004（03）：21-23.

2019年，我国居民人均可支配收入为30733元，贫困人口从2012年年底的9899万人减少到2019年年底的551万人，同时形成了世界上规模最大的中等收入群体。贫困人口比率和分布状况对于研究一个国家或地区的粮食安全有着重要意义。一般来说，贫困是粮食不安全的主要原因，通过分析贫困人口比率的变化可以了解粮食安全的变化趋势；了解了一个国家或地区贫困人口的分布状况，也就了解了该地粮食安全情况。因此，打赢脱贫攻坚战对于保障中国粮食安全至关重要。过去70年，中国完成了卓越的经济转型，8亿多人成功脱贫，这是人类发展史上具有里程碑意义的重大成就。在此背景下，中国将在2020年打赢脱贫攻坚战，确保现行标准下农村贫困人口实现脱贫、贫困县全部摘帽，解决区域性整体贫困，做到脱真贫、真脱贫。

二、人口增长近9亿，成为第一人口大国

自中华人民共和国成立后，我国总人口由1949年的5.4亿人增加到2018年的近14亿人，人口增加近9亿。中华人民共和国人口发展走过了漫长而曲折的道路，分为四个阶段。①

第一，高速增长阶段（1949—1970年）。中国人口在这一阶段由中华人民共和国成立时的5.4亿人增加到8.3亿人，20余年净增2.9亿人。除1960—1961年由于自然灾害等，人口出现短暂的负增长外，这一时期其他各年份的人口增长率普遍在2%以上，部分年份接近3%。

第二，调控增长阶段（1971—1980年）。进入20世纪70年代，随着

① 人口总量平稳增长　人口素质显著提升——新中国成立70周年经济社会发展成就系列报告之二十，2019.8.22。

计划生育政策的推行，我国人口增速出现明显下降，增长率由1971年的2.7%迅速下降至1980年的1.2%。但由于人口基数较大，1971—1980年的净增人口数仍相当可观，全国总人口由8.5亿人增加到9.9亿人，净增1.4亿人。

第三，增速回升阶段（1981—1990年）。20世纪80年代，中国实施了十分严格的计划生育政策，生育率下降。但由于在中华人民共和国成立后的“生育高峰”中出生的人口陆续进入婚育年龄，人口增长率出现短暂回升，在1987年达到峰值1.7%。这一阶段全国总人口由1981年的10.0亿人增加到1990年的11.4亿人，净增1.4亿人，年均增加1585万人，略高于1971—1980年的1497万人。

第四，平稳增长阶段（1991—2018年）。由于育龄妇女人数的减少以及人们婚育观念的转变，自1991年以来，中国人口增长率稳步下降，最终在0.5%左右的增速上保持平稳。1991—2018年，中国人口年均增加878万人，进入21世纪以来年均增加711万人，人口总量压力有所减轻，结构问题逐渐成为关注的焦点。

中国自1949年以来的人口变化趋势如图12-2所示。

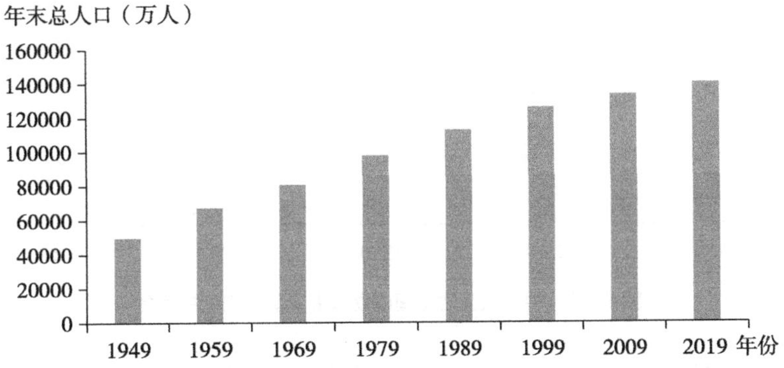

图12-2 1949—2019年年末总人口变化

三、人均预期寿命增42岁，在大国中增加最多

人均预期寿命增长一倍多，人口再生产类型发生转变。1949年中国人均预期寿命不足35岁，2018年中国人均预期寿命增加到77岁，预期寿命增加了42岁（见图12-3），是人口大国、经济大国中增加最多的。中华人民共和国成立之初，我国人均预期寿命不足35岁，属于高出生率、高死亡率、低自然增长率的传统型人口再生产类型。中华人民共和国成立后，社会环境恢复和平，人民生活水平不断提高，医疗卫生事业逐步发展，到了1957年，人均预期寿命升至57岁。伴随着死亡率的快速下降，中国人口再生产类型较快实现了第一次转变，进入了高出生率、低死亡率、高自然增长率的过渡型阶段。2018年人均预期寿命为77岁，中国人口再生产类型进入低出生率、低死亡率、低自然增长率的阶段。

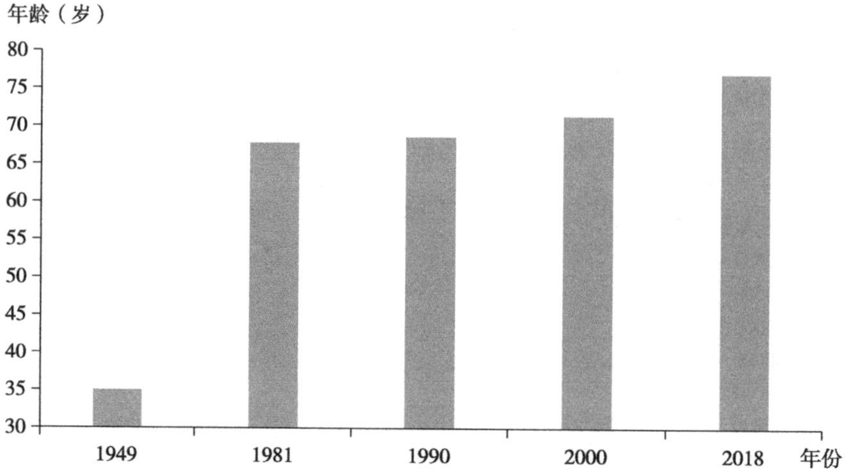

图12-3　中华人民共和国成立以来中国人均预期寿命

人均预期寿命增长主要有三方面的原因。首先，中国医疗水平越来越高，医疗机构数量不断增加。《2019年中国卫生健康事业发展统计公

报》显示，中国医疗卫生机构总数达100.7万个，医疗卫生机构床位达880.7万张，卫生技术人员达1015.4万人。其次，中国在传染病控制方面取得了进步。传染病是发展中国家国民健康的最大威胁，但许多最严重的烈性传染病在我国都得到了有效控制。最后，人均预期寿命的增长与人们饮食越来越健康有很大的关系。中华人民共和国成立初期，物资短缺，人们只有在逢年过节时才能凭票购买一些糕点糖果、干货果品，而且数量都极少。而现在，食物种类越来越丰富，越来越多的人开始注重食物的营养和品质，人民生活越来越富裕，吃得也更丰富、更营养、更健康。

四、粮食总产增长486%，成为第一粮食大国

目前，全国粮食总产已由供给短缺转变为口粮绝对保障、谷物基本自给。1949年粮食总产为1131.8亿千克，1952年稳定在1500亿千克以上，土地改革后粮食生产有了一定发展，但未能突破2000亿千克，直到1966年才达到2000亿千克，从1500多亿千克到2000多亿千克用了14年时间。1978年全国粮食总产为3000多亿千克，从2000多亿千克到3000多亿千克用了12年时间。1984年全国粮食总产达到4000亿千克，6年间登上一个千亿千克台阶，到了1993年，全国粮食总产突破4500亿千克。此后14年间，全国粮食总产分别于1996年、1998年和1999年三次达到5000亿千克，之后粮食总产有所波动，直到2007年又重新站上5000亿千克的台阶。2012年全国粮食总产首次突破6000亿千克大关，2015年再上新台阶，突破6500亿千克，之后的几年一直保持在这个水平上（见图12–4）。2019年全国粮食总产为6638.5亿千克，比1949年增长486%，年均增长

2.6%。[①]粮食总产连续五年稳定在6500亿千克以上，标志着中国粮食综合生产能力站上一个新台阶。

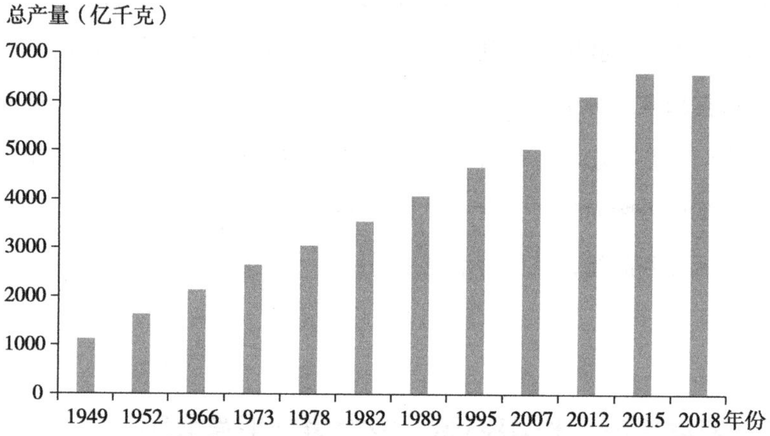

图12-4　1949—2018年全国粮食总产变化

中国粮食产量已多年位居世界第一，不仅实现了由长期短缺向供求基本平衡的历史跨越，而且为促进世界粮食安全做出了巨大贡献。中国是农业大国，全球35%以上的农民生活在中国，半个世纪以来，中国农业发展解决了13亿人，即世界21%的人口对食物的基本需求。中国是人口大国，也是农产品生产和消费大国，国内粮食的稳定发展对世界农产品的稳定供应起到了积极的作用。从20世纪80年代开始，中国谷物总产量位居世界第一。2018年，中国谷物总产量占世界谷物总产量的24.6%，其中：稻米产量居世界第一，占世界稻米产量的27.2%；小麦产量位居世界第一，占世界小麦产量的18.5%；玉米产量位居世界第一，占世界玉米产量的28.8%。

① 农业生产跃上新台阶　现代农业擘画新蓝图——新中国成立70周年经济社会发展成就系列报告之十二，2019.08.05.

五、超3亿亩耕地支援城镇化，总价约45万亿元

根据1996年土地资源清查情况统计，中国耕地面积为1.30亿公顷。随着社会经济的快速发展、生态建设力度的增加以及农业结构调整的深入，我国耕地面积出现了大幅度减少，1996—2008年，耕地面积减少了0.08亿公顷；人均耕地面积也由0.11公顷减少到了0.09公顷，不足世界人均耕地面积的40%。[①]自然资源部发布的《2017中国土地矿产海洋资源统计公报》显示，2017年年末，全国耕地面积为13486.32万公顷，全国因建设占用、灾毁、生态退耕、农业结构调整等减少耕地面积32.04万公顷，通过土地整治、农业结构调整等增加耕地面积25.95万公顷，年内净减少耕地面积6.09万公顷。人均耕地面积为0.10公顷，与1996年调查的人均耕地面积0.11公顷相比有所下降，不到世界人均水平的一半。

土地有偿使用是一项重要的改革。改革开放初期，中国对城市土地实行的是无偿、无限期的划拨制，1990年基本建立起了城镇国有土地使用权出让、转让制度，此后在1992年、1995年、1998年、2004年又进行了多次完善，基本形成了包括地类划分、供应方式、供应价格、供应期限、征地制度等在内的中国特色城市土地制度。据不完全统计，自中华人民共和国成立以来，超3亿亩耕地支援城镇化，按每亩耕地15万元匡算，总价约45万亿元，其中，1999—2015年全国土地出让收入总额约27.29万亿元，年均约1.6万亿元。

---

① 张叶生，王珊. 耕地现状和人口增长对粮食安全的影响分析［J］. 农业部管理干部学院学报，2011（01）：35-39.

第十三章
粮食生产：70年增长486%

中华人民共和国成立以来，中国政府一直重视粮食安全，始终坚持“粮食自给”的基本方针，粮食产量大幅度提高，总产量增长486%。“以粮为纲，全面发展”“一靠政策、二靠科技、三靠投入”是中国粮食生产发展的成功经验。

一、粮食总产增长486%

根据国家统计局的数据，我国粮食总产从1949年的11318万吨增加到2019年的66384万吨，增长486.0%，70年跨上5个1亿吨台阶，粮食单产增长386.6%，粮食种植面积增长5.5%。东北平原、华北平原、长江中下游平原一直是中国粮食的主产区；稻谷、小麦、玉米3种最主要的作物占粮食总产的87.0%。

小麦、玉米产量增加是粮食总产增加的主要原因。玉米总产量由1949年的1242万吨增加到2019年的26077万吨，70年增长了20.0倍；小麦总产量由1949年的1381.5万吨增加到2019年的13359万吨，70年增长了近8.7倍；稻谷总产量由1949年的4864.8万吨增加到2019年的20961万吨，70年增长了3.3倍；大豆总产量由1949年的509.2万吨增加到2019年的1597万吨，70年增长了2.1倍。同期粮食总产增长了486.0%，稻谷和大豆增长速度均低于粮食总产增长速度（见图13–1）。

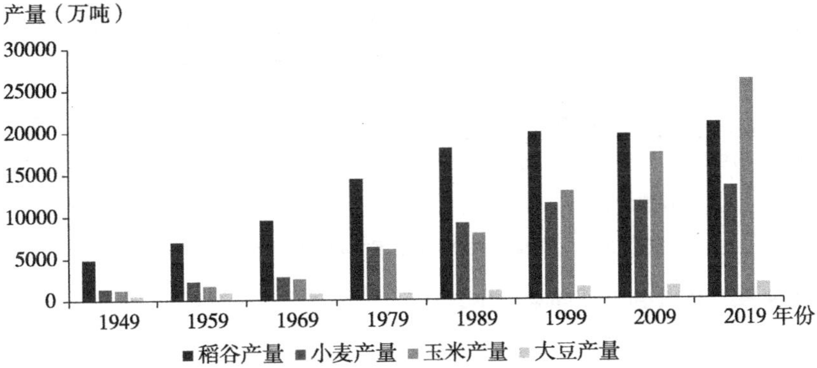

图13–1　1949—2019年中国主要粮食作物产量

资料来源：根据《中国统计年鉴》整理。

二、粮食单产增长461%

70年来，中国粮食总产的提高主要归结于粮食单产的提升。中国粮食单产由1949年的1029千克/公顷提升到2019年的5770千克/公顷，增长了461%。在主要作物中，小麦单产提升的幅度最大，由1950年的636千克/公顷增加到2018年的5417千克/公顷，增长了752%；其次是玉米单产提升的幅度，由1950年的1073 千克/公顷增加到2018年的6104千克/公顷，增长了469%；稻谷单产由1950年的2107千克/公顷增加到2018年的7027千克/公顷，增长了234%；大豆单产提升的幅度较小，由1950年的775千克/公顷增加到2018年的1898千克/公顷，增长了145%（见图13–2）。其他农作物的单产也有不同程度的提升。

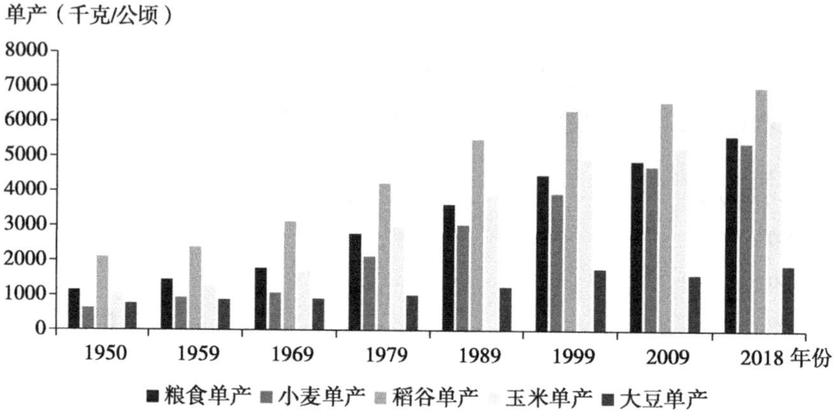

图13-2　1950—2018年中国主要粮食作物单产变化

资料来源：根据《中国统计年鉴》整理。

三、粮食种植面积增长5.5%

粮食产量增长主要依赖提高单产，耕地面积对粮食总产增长的贡献不大。1949—1959年，我国粮食作物播种面积增加了606.4万公顷。1959—1964年粮食作物播种面积持续增加，由11602.2万公顷增加到12210.3万公顷。1964年粮食作物播种面积为70年来最大，此后播种面积不断减少。2009—2018年粮食作物播种面积有所增加，同1949年相比，增加了610.2万公顷，预计此后仍会减少。玉米播种面积增加最多，其他主要粮食作物播种面积呈现先增加、后减少的趋势。70年来，在主要粮食作物中，玉米的播种面积一直在显著增加，由1949年的1291.5万公顷增加到2019年的4128.0万公顷，增长了2.2倍，而小麦、稻谷和大豆的播种面积呈现先增加、后减少的趋势（见图13-3）。

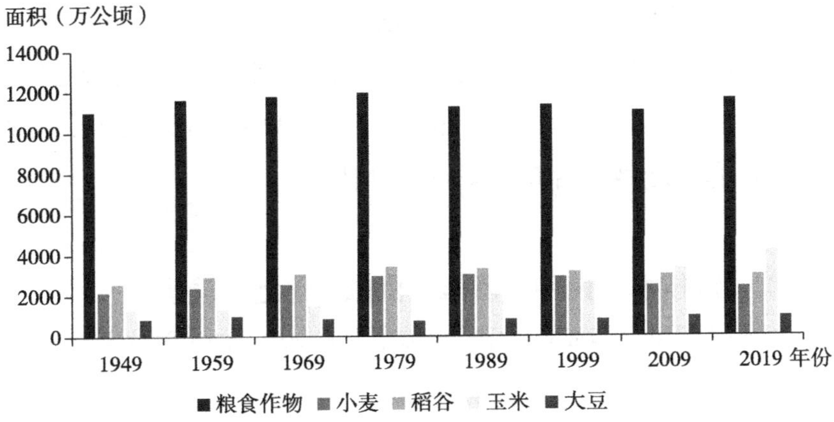

图13-3　1949—2019年中国主要粮食作物播种面积

资料来源：根据《中国统计年鉴》整理。

四、增产的关键因素

（一）主要省区：东北、华北、长江中下游占70%

在中国粮食生产的区位分布中，东北平原、华北平原、长江中下游平原一直是中国粮食的主产区，粮食产量占全国的70%，粮食商品量占全国的95%以上，为国家提供了大量的商品粮。三大平原具有明显的粮食区位优势：自然条件好，农田基础设施相对完善，农业机械化、集约化程度较高，交通便利，有利于实现粮食生产的现代化。据统计，2019年，东北平原的中、高产田占其耕地面积的92%，华北平原的中、高产田占其耕地面积的89%，长江中下游平原的中、高产田占其耕地面积的81%。中国粮食总产的提高，主要依靠中、高产田产量的大幅度提升，而不是依靠大多分布在生态脆弱地区和存在多种障碍因素的低产田。

（二）主要作物：小麦、玉米、水稻占91%

2018年，在粮食生产的作物结构中，水稻、小麦、玉米是最主要的三种作物，占粮食总产的91%。其中，水稻占32%，小麦占20%，玉米占39%。这三大作物是中国粮食生产的主体。

（三）关键技术：良种、灌溉、机械、化肥、精耕

中华人民共和国成立以来，保障粮食安全增产的主要技术有五种。一是良种化，包括对主要农作物的优良培育与推广。“一粒种子能够改变世界”，良种始终是粮食增产的主导因素，比如杂交水稻、杂交玉米、高产优质小麦、大豆、薯类等作物的杂种优势。二是水利化，“水利是农业的命脉”，我国有效灌溉面积由1949年的1500万公顷增加到2019年的6800万公顷，增长了3.5倍。大幅度增加灌溉面积，确保旱涝保收，是我国粮食增产最重要的技术之一。三是机械化，“农业的根本出路在于机械化”，机械化大幅度提升了粮食生产效率。四是化学化，施用化肥、农药以提高粮食产量，新型肥料、新型农药和新材料技术是粮食持续安全增产的重要保障。五是精耕细作技术，包括高产高效栽培与耕作技术，实现种子、土壤、肥料、农药、地膜等各种生产要素与技术的优化组合，提高资源利用率，提高复种指数，实现高产高效的统一。

此外，在畜牧业生产领域，新鲜胚胎在牛、羊、猪等家畜上移植，冷冻胚胎移植技术用于黄牛、绵羊和家兔等，克隆牛、克隆羊以及转基因鲤鱼、转基因鲫鱼等出现；在信息技术领域，建立农业信息库和农作物生产管理网络系统，结合遥感技术和计算机技术，精准农作技术下田间进行信息实时采集与管理；开展种植业和养殖业的综合经营，充分利用草原，开发南方草山草坡，开垦荒地和沿海滩涂。

（四）主要政策：减负、提价、补贴、少取

中华人民共和国成立70多年来，农业政策经历了从索取农业到反哺农业的演变：农业政策在内涵上实现了从“取”到“予”的逆转；在粮食产量和农民收入方面，农业政策的制定理念由“增产、稳收”转向“保质、增收”；农业政策手段随着政策目标的调整由转移农业剩余向优先发展农业转变。农业政策的演变体现了中国二元经济结构从制度化构建到不断缩小城乡差异、促进城乡一体化发展的过程。改革开放以来，“一靠政策、二靠科技、三靠投入”是中国农业发展的成功经验，而政策的核心内容是减负、提价、补贴、少取。政策的总方向、总目标是不断减轻农民负担，其他重要政策包括提高农产品价格、增加农业与农产品补贴及促进乡村振兴等。实现未来中国粮食生产能力稳步提高的目标，保证中国的粮食安全，还要坚持以政策作为保障，加大科技创新力度，增加物质投入，实施大粮食战略和大市场战略，控制人口，保护耕地，合理利用水资源，建立提高农民生产积极性的政策体系，推进第二次“绿色革命”，同时要处理好农业效益低与保持农民积极性的关系、城市化工业化进程与耕地占用的关系、农业结构调整与粮食种植面积下降的关系以及国内粮食安全与国际粮食安全的关系。

中央每年都要召开一次农村工作会议，确定下一年农业与农村经济发展的重大方针与政策，先后采取了联产承包、双层经营、价格双轨制、保量放价、菜篮子工程、米袋子工程、科教兴农、取消农业税、城乡一体化等一系列重大举措，加速农业和农村经济的持续发展。

二、进口近9亿亩耕地的食物

由于农产品在生产资源配置和消费上存在很强的替代性，播种面积当量法不失为有效衡量农业外向依存度的综合指标。按播种面积当量计算，2014年中国主要农产品净进口量折合播种面积约7亿亩，占国内总播种面积的比重为30%；2019年净进口量折合播种面积近9亿亩，占国内总播种面积的比重约为35%。

三、贸易主要品种：大豆占83.2%

中国大豆进口量在20世纪90年代中期以前没有明显的变动，年均进口量为22.0万吨。自1995年开始，大豆进口量呈现逐年上升的趋势，2000年大豆进口量达到1041.9万吨，与国内大豆总产量接近，中国成为世界主要的大豆净进口国。2005年，大豆进口量则迅猛上升到2659.0万吨，超出国内大豆总产量；2019年达到8851.1万吨，占粮食进口的83.2%（见表14-2）。

表14-2　1985—2019年中国大豆进出口变化情况

年份	大豆进口		大豆出口		净进口量（万吨）
	进口量（万吨）	占粮食进口（%）	出口量（万吨）	占粮食出口（%）	
1985	0.1	0.0	115.1	12.4	−115.0
1990	0.1	0.0	91.0	15.6	−91.0
1995	29.4	1.4	37.5	36.6	−8.1
2000	1041.9	76.8	21.1	1.5	1020.8
2005	2659.0	71.2	40.0	2.0	2619.0

（续表）

年份	大豆进口		大豆出口		净进口量（万吨）
	进口量（万吨）	占粮食进口（%）	出口量（万吨）	占粮食出口（%）	
2010	5480.0	88.2	16.0	7.6	5464.0
2015	8169.2	67.6	13.0	14.3	8156.2
2019	8851.1	83.2	11.7	3.6	8839.4

资料来源：根据《中国统计年鉴》、海关总署数据整理。

四、主要贸易国家：美国与巴西共占84.3%

巴西、美国和阿根廷是中国大豆的三大主要进口来源国，从这三个国家进口的大豆占中国大豆进口总量的92.8%左右。海关数据显示，2019年巴西大豆占中国大豆进口总量的65.2%，达到5767万吨，美国大豆占中国大豆进口总量的19.1%，达到1694万吨，从美国和巴西两国进口的大豆合计占中国大豆进口总量的比重约为84.3%，而从俄罗斯、印度、阿根廷、乌拉圭等其他国家进口的大豆约占同期大豆进口总量的15.7%（见图14-1）。

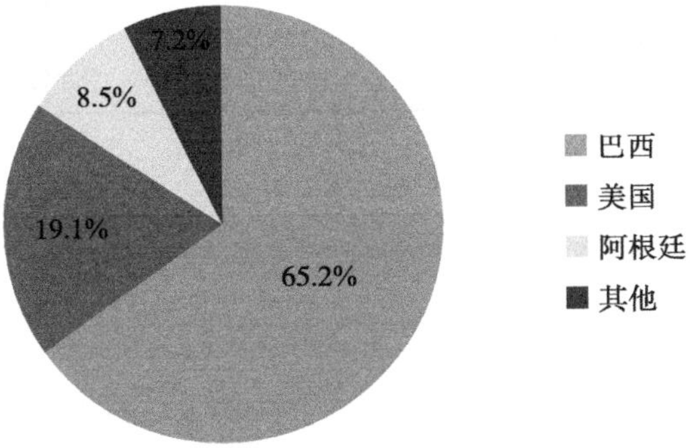

图14-1　2019年中国大豆主要进口国及占比

资料来源：根据联合国粮农组织、《中国统计年鉴》数据整理。

五、主要问题：集中度高、风险上升

中国粮食进口总量偏大，且粮食进出口市场过于集中，进口来源国或地区在中国粮食进口中处于垄断地位（见表14–3）。中国粮食进口市场仍然是卖方市场：一方面，中国没有粮食进口价格的话语权，面临着进口粮食价格上涨的风险；另一方面，主要进口来源国政府更替、政局变化、政策上的出口限制都将加大中国粮食进口风险。另外，中国粮食出口流向中有不少发展中国家或欠发达国家，一定程度上存在出口收汇风险。

表14–3　中国粮食主要进口来源国及种类

主要进口来源国	种类
美国	小麦、玉米、大豆
巴西	大豆
阿根廷	大豆、玉米
加拿大	小麦
澳大利亚	小麦
泰国	稻米
越南	稻米

第十五章

粮食消费：70年增长577%

粮食消费水平是人民生活水平的一个标志。按照国内外粮食消费的一般规律，要保障人体正常生命活动，保障“吃饱”，那么每人每年通常需要消费400千克粮食。而“吃好”通常需要消费大量肉类等动物产品，这使得用于饲养动物的饲料粮消费大幅增长，主粮消费则会降至100千克左右。人均年粮食消费量通常要达到650千克以上，有的国家达到800千克以上。

中华人民共和国成立70多年来，随着经济的发展和人民生活水平的提高，粮食消费结构已经发生了明显的变化：由单一的以粮食为主转向多样化，人均粮食直接消费量明显减少，肉类、奶产品、水产品等动物性食品消费量增加，油料、糖料、水果、蔬菜等人均消费量有了较快的增长。中国人均粮食消费量已跨过“吃饱”的界线，正在向“吃得更好”努力。即使国际粮食供应链出现问题，我国也能够保障人民“吃饱”，但部分人的“吃好”可能会因食物涨价受到冲击。当然，如果实行粮食危机时期的特殊政策，不计成本生产食物，那么“吃好”也会有一定保障。所以，只要努力生产、杜绝浪费、适度进口，我国就能够保障人民对粮食消费的基本需求，不进口也不会挨饿。

一、粮食消费总量增长577%

我国是粮食净进口国，因此粮食消费总量等于总生产量加上总进口量：1949年粮食产量为11318万吨，有少量出口，消费量稍多于11318万吨；2019年粮食产量为66384万吨，进口量为10312万吨，合计消费量为76696万吨。70年间，我国粮食消费总量增长了577%。

二、直接消费降95%，间接消费增380%以上

自1949年以来，中国人均粮食占有量增长约127%（见图15-1）。粮食消费日趋稳定，食物消费日趋多元，1978—2018年居民直接粮食消费量逐渐减少，蔬菜消费量趋向稳定（见图15-2），但食用油和猪肉、牛肉、羊肉等肉类消费量呈增加趋势。与1978年相比，2018年直接粮食消费量降低了约49%，而食用油和猪肉、牛肉、羊肉的消费量分别提高380%和408%。

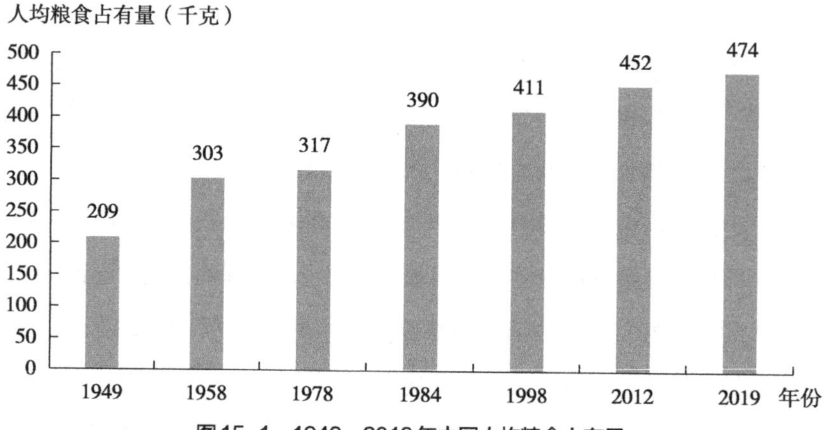

图15-1　1949—2019年中国人均粮食占有量

资料来源：根据《中国统计年鉴》整理。

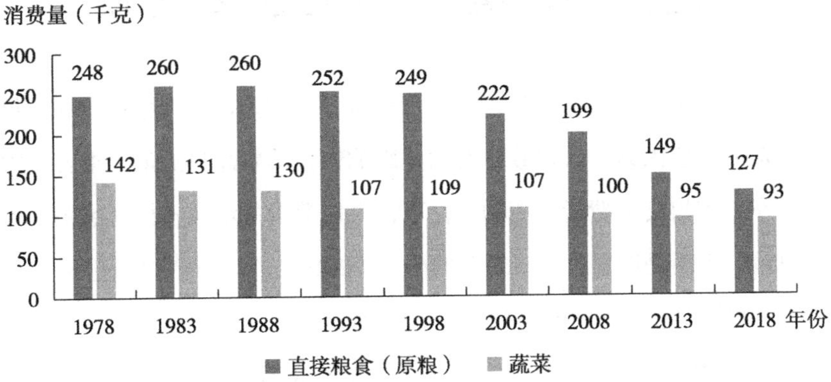

图15-2　1978—2018年中国居民直接粮食和蔬菜消费量

资料来源：根据《中国统计年鉴》整理。

口粮消费稳定，饲料粮消费剧增。粮食消费包括口粮消费、饲料粮消费、种子用粮、工业用粮、酿酒用粮、粮食损耗等。口粮是指直接食用的生活用粮，包括大米、面粉及其加工制品等；饲料粮是通过动物转化而间接消费的粮食。另外，工业用粮、种子用粮、粮食损耗也在粮食消费量中占很大比例。随着粮食消费量的增加，谷物食用比例逐渐下降，饲料粮消费比例逐年上升。

由于经济发展水平的差异，城乡粮食消费结构也存在很大差别，主要表现为农村口粮消费量远远高于城镇，而饲料粮消费量则相反。1985—2018年，农村居民粮食总消费量由1985年的353千克降低到2018年的344千克；口粮消费量由1985年的280千克下降到2018年的138千克，而饲料粮消费量则由1985年的43千克增加到2018年的103千克。城镇居民粮食总消费量由1985年的372千克下降到2018年的288千克；口粮消费量由1985年的242千克下降到2018年的110千克，下降幅度较大，而饲料粮消费量则由1985年的100千克增加到2018年的207千克，增长了1倍多。

三、人口增长对粮食消费总量增长的贡献率为50%

人口数量和结构是影响粮食消费总量，尤其是影响口粮消费和饲料粮消费的主要因素。人口数量变动是影响粮食消费总量的最为重要的因素。在人均粮食消费量不变的条件下，人口数量的增减直接影响粮食消费总量。中国是世界上人口最多的国家（2019年中国总人口数达到14亿人），也是粮食消费总量最多的国家。尽管近年来人口增速放缓，但由于人口基数较大，中国将出现人口低增长率和高增长量长期并存的局面，人口刚性增长必然带来粮食消费的刚性增长。自改革开放以来，我国粮食消费总量增加了3.7亿吨，人口增加了3.5亿，按人均粮食消费量550千克计算，人口增长对粮食消费总量增长的贡献率为50%。依照世界城市化发展的规律，中国已经进入了城镇化加速发展阶段，农村人口还会大量向城镇转移，城镇人口数量持续增加（见图15–3）。2019年年末，中国城镇人口占比为60.6%。城镇化的推进在改变城市人口和农村人口比例的同时，也影响着粮食消费的结构和水平。农民进入城市后，生活方式和饮食结构也会与城镇居民趋同，即肉、蛋、奶等畜产品和其他副食消费比重增加，而这一变化将会带来饲料粮和工业用粮消费的增加。

四、收入增长对粮食消费总量增长的贡献率为50%

中华人民共和国成立70多年来，农村居民收入持续较快增长，城乡居民收入差距明显缩小。2018年城乡居民人均可支配收入比值为2.7，比1957年下降了0.6（见图15–4）。与此同时，农村居民消费水平不断提高，恩格尔系数持续下降。2018年农村居民人均消费支出为12124元，扣除物价因素，比1949年实际增长32.7倍，年均实际增长5.2%。

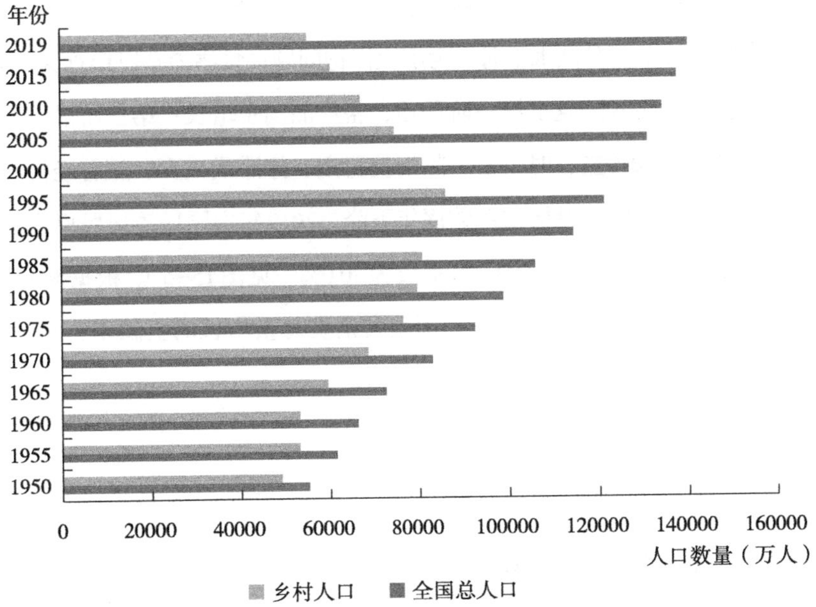

图15-3　1950—2019年中国人口与结构变化

资料来源：根据《中国统计年鉴》整理。

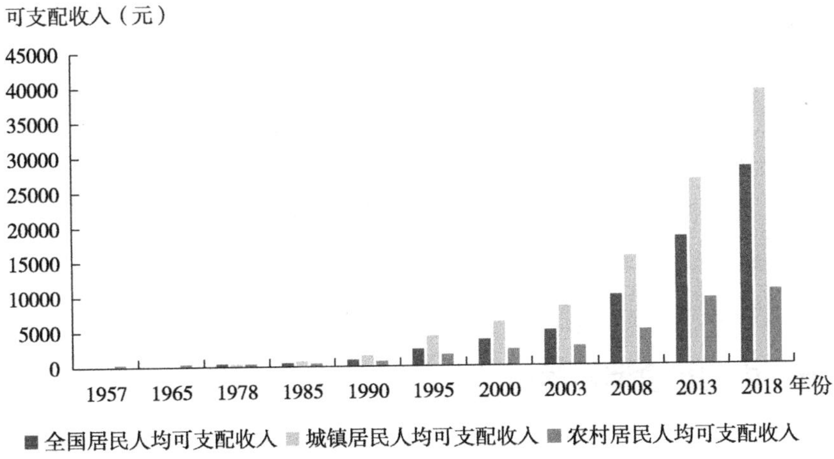

图15-4　1957—2018年中国人均可支配收入情况

资料来源：根据《中国统计年鉴》整理。

根据经验，收入水平与食物消费关系的演进分为三个阶段：第一阶段，在收入处于相对低水平时，为解决温饱问题，食物消费以粮食为主；第二阶段，当收入跨越了第一阶段后，畜产品消费增长；第三阶段，当恩格尔系数在30%左右时，畜产品消费稳定、停滞或减少。随着经济的发展，中国城乡居民恩格尔系数逐年下降，2019年中国城镇居民恩格尔系数为27.6%，农村居民恩格尔系数为30.0%（见图15-5）。根据测算，自改革开放以来，收入增长对我国粮食消费总量增长的贡献率为50%，另外的50%源于人口增长。

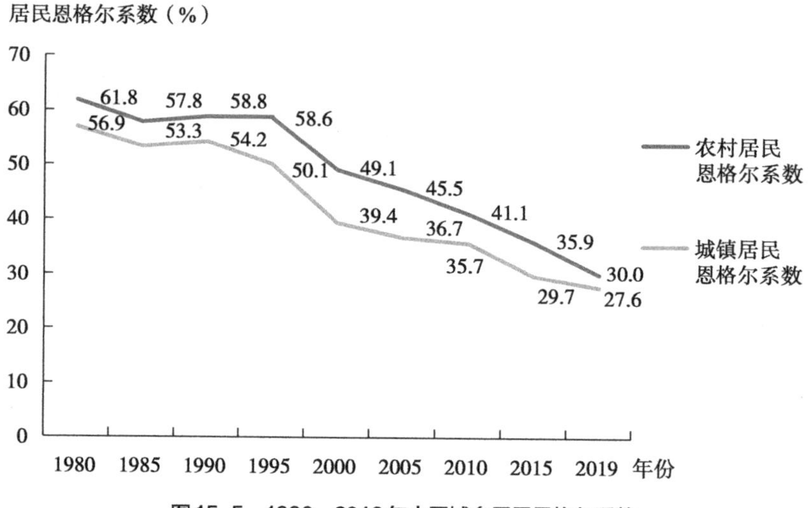

图15-5　1980—2019年中国城乡居民恩格尔系数

资料来源：根据《中国统计年鉴》整理。

五、中国粮食消费展望

到21世纪中叶，中国的粮食产需仍将维持紧平衡态势，国家粮食安全这根弦一刻也不能放松。人口数量仍然是影响粮食消费的主要因素，城镇化水平的提高也会对粮食消费结构产生影响。城镇人口增加、生活水平提高带动肉蛋奶等产品的消费增加，居民人均口粮消费量将继续呈下降态势。在农村人均粮食消费量和人口下降的带动下，农村居民口粮消费量将小幅下降。城乡居民的饮食结构将逐渐向多元、营养、健康等方面发展，肉蛋类产品的需求将进一步扩大。届时，口粮消费平稳趋降，饲料粮消费、工业用粮快速增长，种子用粮稳中趋减；稻谷、小麦消费需求将呈下降趋势，玉米、大豆消费需求则快速增长。

展望未来，中国有条件、有能力、有信心依靠自身力量筑牢国家粮食安全防线。在科技进步、粮食单产提高、粮食浪费减少、非粮食作物利用等方面，我国还有较大潜力可供挖掘。此外，未来粮食储备可以保障粮食市场供应稳定，粮食仓储物流体系可以防止区域性、阶段性粮食供给紧张，市场机制也能够解决粮食品种结构矛盾等问题。

粮食消费水平随着人口数量、收入水平、粮食产量和进口量等因素变化。按照发达国家吃好的标准，人均年粮食消费量应达800千克。据此计算，当人口达到14.5亿时，我国每年将消费粮食11.6亿吨。考虑到我国的粮食生产能力和进口水平，在人口达到高峰期时，我国的人均粮食消费量应在650千克左右，全国粮食消费总量将为9.7亿吨，其中进口1亿吨。

第四篇

中国粮食安全：现状与问题

中国70年改写了民族农业史：彻底告别了持续数千年受饥饿困扰的历史，彻底告别了持续数千年农民“交皇粮”的历史，基本告别了数千年“二牛抬杠”的历史，即将彻底告别存在“绝对贫困人口”的历史。

粮食安全现状：吃饱没问题，吃好需进口，低水平、高难度、紧平衡、弱安全。

粮食安全问题：隐性自给率低、粮食战风险大、耕地面积下降、政策杠杆变弱、技术亟待突破、种粮规模小效益低、青年农民不愿种粮、政府储粮压力大、粮食消费浪费多。

粮食安全潜力：从光、热、水、灌、土、肥、技、经、社九个生产要素测算，在现有技术进步条件下，我国粮食具有8.5亿吨以上的潜力，比1990年预测的6.4亿吨潜力增长32.8%。

第十六章

粮食生产效率与代价

粮食生产需要大量的土地、人力、物力、财力投入。随着粮食单位面积产量的提高，粮食生产投入呈刚性增长，生产成本居高不下，生产技术亟待突破。随着粮食单产的提高，粮食生产成本上升的速度远远快于单产增长的速度，粮食生产成本持续增加，种粮效益不断下降。中国主要粮食作物的生产成本已经明显高于国际市场价格，比如进口大豆比生产大豆更合算。因此，长期以来我国一直有专家主张进口粮食，遇到进口粮食困难时再自己生产。但这种建议忽视了几个重要的问题：一是粮食大量进口，种粮农民就业、创收靠什么？二是国际市场是否有足够的粮食？三是粮食供应链断裂，买不到粮食怎么办？

目前，中国粮食生产面临“四不断”构成的尖锐矛盾，即粮食需求量不断增加、生态压力不断增大、生产成本不断提高、粮食进口量不断增加。未来粮食生产需要在产量增加、生态改善、效益提高、适度进口方面寻求新的平衡，寻求投入和代价最低的技术与粮食生产模式。本章从粮食总产每增长1亿吨、单产每公顷增长1000千克所需要的各种农业生产要素投入与效益分析，探讨良种、农机、灌溉、化肥、农药等生产要素的投入量与粮食增产的关系，以及中国粮食生产付出的环境资源代价，寻找提高粮食效益的途径。

一、粮食总产每增长1亿吨的投入与代价

中华人民共和国成立70多年来，粮食总产由1.1亿吨增加到6.6亿吨，上升了5.5个1亿吨的台阶。除粮食播种面积基本稳定外，良种、农机、灌溉、化肥、农药等生产要素的投入量大幅度增加，粮食生产成本明显增加。

（一）粮食播种面积仅增1.2个百分点

1949—2018年，中国粮食总产增长5倍，共迈上5.5个1亿吨的台阶。粮食播种面积从10995.9万公顷增加到11703.8万公顷，仅增长6.4%，粮食总产每迈上1个1亿吨台阶，粮食播种面积平均增长1.2个百分点，这表明粮食产量增长主要依靠单产提高。

由于不同时期农业政策与自然条件的变化，粮食总产每迈上1个1亿吨台阶，播种面积也不断变化，有增有减，但总体稳定（见表16–1）。1949年中国粮食总产为1.1亿吨，1966年粮食总产迈上了2亿吨台阶，在此期间粮食播种面积仅增长10.03%；1978年粮食总产迈上3亿吨台阶，同期粮食播种面积却下降0.33%；1989年粮食总产迈上4亿吨台阶，粮食播种面积却下降6.95%。2007年粮食总产稳定迈上5亿吨台阶，但粮食播种面积与1989年比，却下降了5.53%，净下降620.6万公顷，播种面积下降是粮食总产稳定迈上5亿吨台阶耗时长达18年的主要原因。2012年粮食总产迈上6亿吨台阶，同期粮食播种面积增长7.90%；2015年粮食总产迈上6.6亿吨台阶，之后连续5年保持6.6亿吨的水平，而粮食播种面积由2015年的11896.3万公顷下降到2019年的11606.7万公顷，下降了2.43%。

表16-1　粮食总产每增长1亿吨时的播种面积变化

粮食总产（亿吨）	年份	播种面积（万公顷）	增长率（%）
1.1	1949	10995.9	—
2.1	1966	12098.8	10.03
3.0	1978	12058.7	−0.33
4.1	1989	11220.5	−6.95
5.0	2007	10599.9	−5.53
6.1	2012	11436.8	7.90
6.6	2015	11896.3	4.02

资料来源：根据国家统计局数据整理。

在粮食播种面积基本稳定的同时，我们要看到耕地的质量呈下降趋势，主要原因是工业化、城镇化大量占用质量较好的耕地，而增补的耕地的质量往往不如被征用的耕地。东南沿海省区是一年两熟、三熟耕作制度区，减少一亩耕地等于减少了2～3亩的播种面积。因此，在稳定粮食播种面积的同时，国家还需要注意粮食耕地质量下降的深层次问题。此外，农业内部结构调整，大量土地被用于种植经济作物或林木、花卉等，大量挤占了粮食耕地。随着粮食安全的警钟再次敲响，我国需要采取更加严格的措施来保障粮食播种面积。随着“保粮食安全”政策的落实，粮食播种面积将会逐步回升。

（二）粮食总产增加1亿吨约需12.7年

中国粮食播种面积基本稳定，增产主要依靠科技进步，而技术的研发、推广、普及都需要大量时间。1949—2018年，中国粮食总产由1.1亿吨增加到6.6亿吨，共迈上了5.5个1亿吨的台阶，跨越1个亿吨台阶平均需要12.7年，用时最长为18年，最短为5年。

粮食总产跨越每个亿吨台阶所用的时间，随着农业政策与自然条件的变化而变化。粮食总产从1949年的1.1亿吨上升到1966年的2.1亿吨，用时17年，当时农业生产条件差，加之粮食增加1亿吨实际上是增长了90.9%，所以需要较长时间。每增长10个百分点仅用1.87年时间，说明中华人民共和国成立初期的粮食增产速度是很快的。1966—1978年，粮食总产从2.1亿吨上升到3.0亿吨，增长了42.9%，用时12年，每增长10个百分点用时2.80年；1978—1989年，粮食总产从3.0亿吨上升到4.1亿吨，增长了36.7%，用时11年，每增长10个百分点用时3.00年；1989—2007年，粮食总产从4.1亿吨上升到5.0亿吨，增长了22.0%，用时18年，每增长10个百分点用时8.18年，这是粮食增长速度最慢的时期之一，主要原因是这一时期中国工业化、城镇化速度快，农业发展相对放缓；2007—2012年，粮食总产从5.0亿吨上升到6.1亿吨，增长了22.0%，用时5年，每增长10个百分点用时2.27年（见表16–2）。

表16–2 粮食总产每增长1亿吨平均所需代价

年份	粮食总产（亿吨）	用时（年）	良种面积增长（%）	灌溉面积增长（%）	农机总动力增长（%）	化肥施用量增长（%）	农药使用量增长（%）
1949	1.1	—	—	—	—	—	—
1966	2.1	17	23.7	53.0	74.2	99.7	—
1978	3.0	12	24.8	47.2	582.0	50.1	—
1989	4.1	11	4.2	−0.1	212.0	166.6	—
2007	5.0	18	16.7	25.8	597.7	116.7	112.1
2012	6.1	5	9.3	11.5	36.3	14.3	11.3
2018	6.6	6	13.6	8.3	24.6	−3.2	−16.8

资料来源：历年《中国统计年鉴》《中国农村统计年鉴》，其中灌溉面积、农机总动力数据从1952年开始，农药数据从1991年开始。

粮食总产增长所用时间的长短，主要受政策与技术水平变化的影响。粮食补贴、价格政策好且粮食生产效益高时，每增产1亿吨粮食所需要的时间就短，反之亦然。粮食生产技术进步快时，粮食生产所需要的时间就短，特别是杂交育种技术、高产栽培技术以及化肥、灌溉、农业机械等技术，保障了在粮食播种面积基本稳定时，粮食总产有明显增加。

（三）良种率由49.2%上升到98.0%

一粒种子能够改变世界，培育优良农作物品种是世界各国最主要的农业增产技术。推广优良品种与“良种良法”结合一直是中国精耕细作最重要的经验，也是粮食增产最主要的措施之一。自1949年以来，中国一直十分重视水稻、小麦、玉米、大豆等农作物优良品种的培育工作，良种培育技术已由以“提纯复壮”为主的第一代育种技术转向以杂交育种为主的第二代育种技术，主要农作物品种5年左右更换一代，每更换一次通常增产8%~10%，基因编辑等第三代育种技术正在迅速崛起。

不同时期良种率（良种面积占农作物面积的比重）呈现刚性增长趋势。根据农业农村部公布的数据，中国良种率1949年仅为49.2%，1956年达到51.7%，1971年达到63.9%，1980年达到70.6%，1990年达到78.9%，2000年达到94.0%，自2008年起稳定在96.0%以上，2016年进一步上升到98.0%。良种率的刚性增长，奠定了粮食增产的基础（见图16-1）。

从粮食总产每迈上1个1亿吨台阶与良种率变化分析，粮食总产迈上了5.5个台阶，良种率提高了约50个百分点。1966年粮食总产迈上2亿吨台阶，良种率由1949年的49.2%上升到55.3%，17年时间良种率仅仅上升6.1个百分点，年均增长0.36个百分点，增长很缓慢；1978年粮食总产迈上3亿吨台阶，良种率由1966年的55.3%上升到69.3%，并逐步稳定在70.0%以上，12年时间良种率增长了14个百分点，年均增长1.2个百分点；

1989年粮食总产达到4亿吨台阶，良种率则稳定在77.6%以上，11年时间良种率增长了8.3个百分点，年均增长0.75个百分点；2007年粮食总产迈上5亿吨台阶，良种率则稳定在95.8%以上，18年时间良种率增长18.2个百分点，年均增长1.0个百分点；2012年粮食总产迈上6亿吨台阶，良种率则上升并稳定在97%以上，增长空间已经很小。

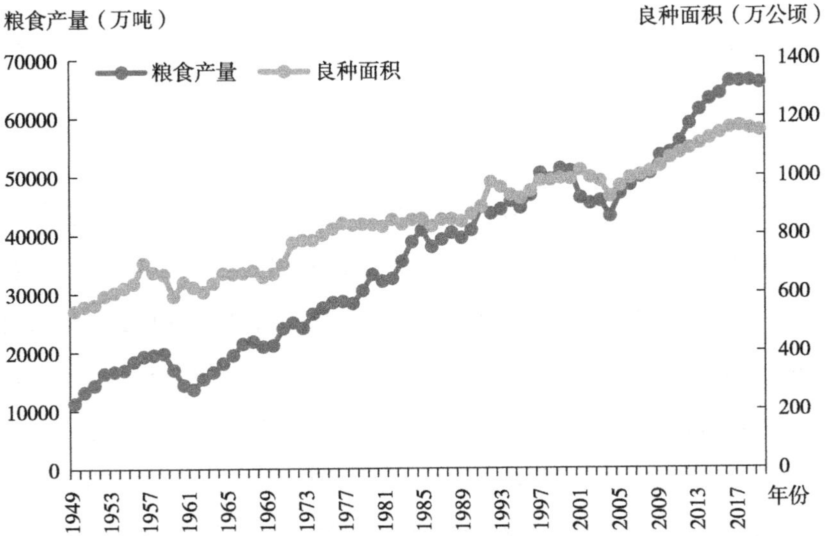

注：本章图表数据均源于《中国统计年鉴》，特别注明的除外。

图16–1　全国粮食产量与良种面积变化

综上分析，随着良种率刚性增长，粮食总产提高。2018年良种率超过98%，但这并不代表良种增产的潜力变小，良种仍然有不断改进的潜力。科学家会不断培育出更加优质、高产、高效的良种，不断提高粮食产量。当然，粮食产量不可能无限制地提高，在一定的土地和气候条件下，粮食产量是有理论上限的。我们将在第二十二章专门讨论粮食潜力问题。

（四）有效灌溉面积增加878.4万公顷

“水利是农业的命脉”，中国政府一直把增加灌溉面积作为实现“旱涝保收”的根本措施。1949—2018年，粮食总产共迈上了5.5个1亿吨的台阶，有效灌溉面积由1952年（无1949年的数据）的1995.9万公顷增加到2018年的6827.1万公顷，增长了2.42倍。有效灌溉面积净增4831.2万公顷，粮食总产每迈上1个1亿吨台阶，有效灌溉面积平均增长878.4万公顷，这大幅度减少了旱灾对粮食生产的影响，奠定了粮食不断增产的基础。

从粮食总产每迈上1个1亿吨台阶与有效灌溉面积增长情况分析，粮食总产迈上了5.5个1亿吨台阶，除其中一个台阶外，其余4.5个台阶都伴随着有效灌溉面积的增长（见图16-2）。1966年粮食总产稳定达到2亿吨，跨越第1个1亿吨台阶，有效灌溉面积由1952年的1995.9万公顷增加到1966年的3054.5万公顷（缺1965年统计数据），增长了53.0%，有效灌溉面积净增1058.6万公顷；1978年粮食总产迈上3亿吨台阶，跨越第2个1亿吨台阶，有效灌溉面积增加到4496.5万公顷，增长了47.2%，有效灌溉面积净增1442.0万公顷；1989年粮食总产稳定达到4亿吨，跨越第3个1亿吨台阶，由于这一时期对水利灌溉重视不够，有效灌溉面积比1978年减少了5.3万公顷，为4491.2万公顷；2007年粮食总产稳定达到5亿吨，跨越第4个1亿吨台阶，有效灌溉面积达到5651.8万公顷，增长了25.8%，有效灌溉面积净增1160.6万公顷；2012年粮食总产迈上6亿吨台阶，跨越第5个1亿吨台阶，有效灌溉面积达到6303.6万公顷，增长了11.5%，有效灌溉面积净增651.8万公顷；2018年有效灌溉面积增加到6827.1万公顷，达到历史最高水平。当然，随着水利投入的不断增加，中国有效灌溉面积还会持续增加，这大幅度减少了自然灾害对粮食生产的影响。

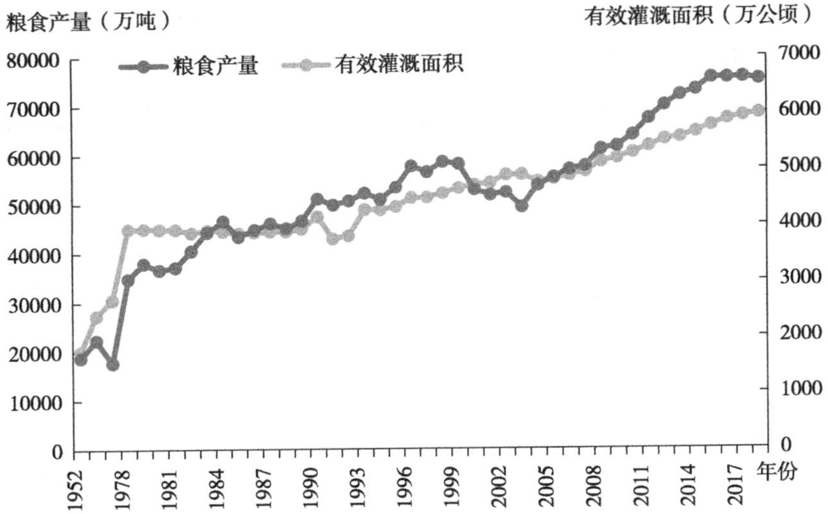

图16-2 全国粮食产量与有效灌溉面积变化

（五）农业机械化率从不足1%上升到95%

“农业的根本出路在于机械化”，中国政府先后提出“1980年基本实现农业机械化”“1990年实现农业机械化”的目标，高度重视农业机械化，大幅度提高农业机械化水平。1952年、1957年中国农机总动力分别为18万千瓦、121万千瓦，农业机械化率不足1%。2018年中国农机总动力达到10.04亿千瓦，比1957年增长了约828.75倍。目前，我国主要粮食作物基本上实现了机械化生产，主要农区的主要农作物机播率、机收率均达到95%以上，基本告别了“二牛抬杠”的历史。

从粮食总产每迈上1个1亿吨台阶与农业机械化率增长情况分析，粮食总产跨越的5.5个1亿吨台阶，都伴随着农机总动力和农业机械化水平的提升（见图16-3）。从农机总动力的增长来看，1949—1966年第1个1亿吨台阶期间，农机总动力增长了74.2%；1966—1978年第2个1亿吨台阶期间，农机总动力增长了582.0%；1978—1989年第3个1亿吨台阶期间，农机总动力增长了212.0%；1989—2007年第4个1亿吨台阶期间，农机总动力增长了597.7%；2007—2012年第5个1亿吨台阶期间，农机总动力增长了36.3%；2012—2018年第5.5个1亿吨台阶期间，农机总动力增长了24.6%。

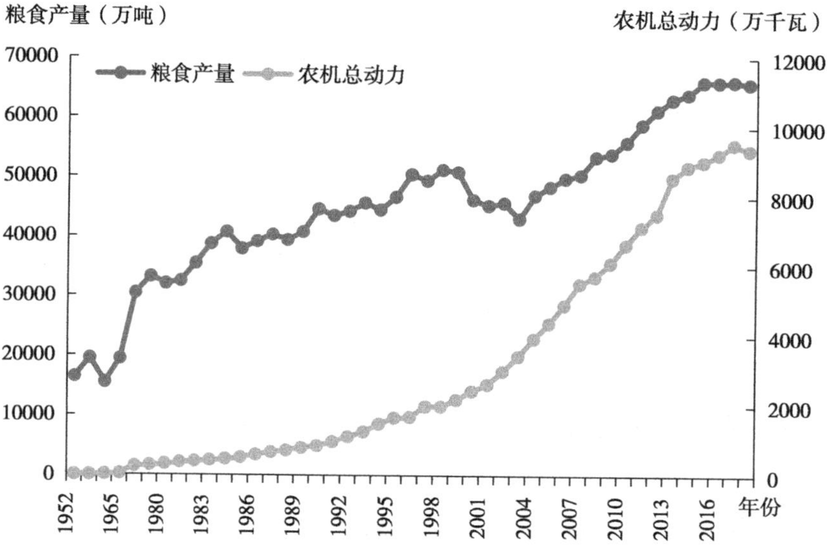

图16-3　全国粮食产量与农机总动力变化

分阶段来看，粮食产量的增长都伴随着农机总动力的增长。前3个1亿吨台阶期间，农业机械化水平的提升主要依靠农机总动力的增长，主要体现为翻耕、整地等农用拖拉机数量的增长和动力水平的提升；后1.5个1亿吨台阶期间，由于农机动力已经基本满足需求，农机总动力增速明显降低，但农业机械配套的水平大幅提升，基本实现了主要农作物机播、机收。

（六）化肥施用量增加974万吨

“庄稼一枝花，全靠肥当家”“有收无收在于水，收多收少在于肥”，化肥产能的增加和施用量的增长，是中国保证粮食产量长期增长的重要措施。1949—2018年，粮食总产增长了5倍，化肥施用量增长了18.16倍。

从粮食总产每迈上1个1亿吨台阶与化肥施用量增长情况分析，粮食总产跨越的5.5个1亿吨台阶，都伴随着化肥施用量的大幅增长（见图16–4）。1949—1966年第1个1亿吨台阶期间，化肥施用量增长了99.7%；1966—1978年第2个1亿吨台阶期间，化肥施用量增长了50.1%；1978—1989年第3个1亿吨台阶期间，化肥施用量增长了166.6%；1989—2007年第4个1亿吨台阶期间，化肥施用量增长了116.7%；2007—2012年第5个1亿吨台阶期间，化肥施用量增长了14.3%。由于化肥施用量的饱和，2015年国家提出了“农药化肥减量增效”的政策，2012—2018年第5.5个1亿吨台阶期间，化肥施用量降低了3.2%。

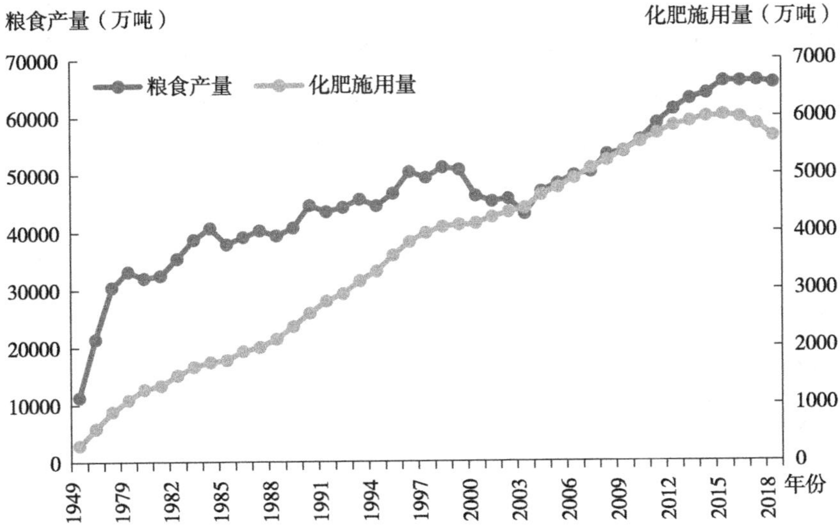

图16–4 全国粮食产量与化肥施用量变化

从增产效果来看，1949—2018年，粮食总产增加了5.5亿吨，化肥施用量增加了5358万吨，每增产1亿吨粮食，化肥施用量增加974万吨，相当于每增产5千克粮食就增加化肥施用量约0.5千克。

（七）每增300千克粮食农药增1千克

在粮食播种面积增长、化肥施用量大幅增加、灌溉条件逐步改善的情况下，农作物病虫害的发生次数也呈快速增加趋势，农作物受灾面积逐年增长。但受灾面积的增长并没有大幅影响粮食产量的提高，这主要归功于除草剂等农药的使用，在高密度、高肥水、高重茬等条件下，它防止了病虫害大规模、高等级的发生。

从现有的资料来看，1949年以来，中国农药工业基本从零开始。1991年我国才开始有农药统计数据，当年农药使用量为76.53万吨，到2018年为150.36万吨，其中使用量最高的年份2013年达到181.00万吨。第4个、第5个1亿吨台阶期间，农药使用量分别增长112.1%和11.3%。受“农药化肥减量增效”政策影响，2012—2018年第5.5个1亿吨台阶期间，农药使用量降低了16.8%。1991—2018年，粮食总产增加了2.23亿吨，农药使用量增加了73.83万吨，相当于每增产300千克粮食就增加农药使用量约1千克（见图16-5）。

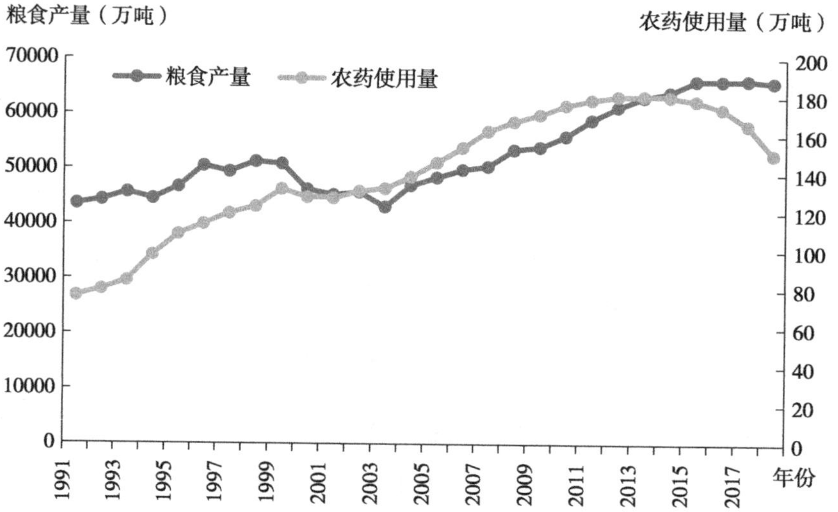

图16-5 全国粮食产量与农药使用量变化

二、单产每增1000千克/公顷的投入与代价

中国粮食产量增长的主要动力是单产的提高。根据国家统计局的数据，1949—2018年，粮食单产共跨上4.5个1000千克/公顷的台阶。粮食单产的提高需要农机、化肥、农药等生产要素投入量的同步增长，而生产要素投入量的增长速度往往快于粮食单产增长的速度，因而出现了增产不增效、农民生产积极性下降的问题。

从粮食单产增长所需的时间与生产要素分析，单产每上一个台阶平均需要15.3年，灌溉面积增长54%，农机总动力增长202%，农药使用量增长62%，化肥施用量增长94%。

（一）单产每公顷增1000千克需要15.3年

1949—2018年，中国粮食单产由1029.33千克/公顷增加到5621.17千克/公顷，共迈上了4.5个1000千克/公顷的台阶。从增产所需要的时间来看，粮食单产每增加1000千克/公顷，平均需要15.3年。

其中，1949—1970年，单产从1029.33千克/公顷上升到2011.91千克/公顷，用时21年；1970—1982年，单产从2011.91千克/公顷上升到3124.38千克/公顷，用时12年；1982—1992年，单产从3124.38千克/公顷上升到4003.79千克/公顷，用时10年；1992—2010年，单产从4003.79千克/公顷上升到5005.69千克/公顷，用时18年；2010—2018年，单产从5005.69千克/公顷上升到5621.17千克/公顷，用时8年（见表16-3）。

表16-3　粮食单产增加1000千克/公顷所需投入

年份	单产（千克/公顷）	用时（年）	灌溉面积增长（%）	农机总动力增长（%）	每公顷农药使用量增长（%）	每公顷化肥施用量增长（%）
1949	1029.33	—	—	—	—	—
1970	2011.91	21	—	1689.00	—	9.70
1982	3124.38	12	—	667.00	—	353.11
1992	4003.79	10	−1.52	82.42	—	98.74
2010	5005.69	18	38.72	206.12	120	87.90
2018	5621.17	8	13.13	8.18	−14	−3.00

资料来源：历年《中国统计年鉴》《中国农村统计年鉴》。

（二）化肥施用量增加100千克/公顷

1949—2018年，中国粮食单产从1029.33千克/公顷增加到5621.17千克/公顷，增加了4591.84千克/公顷。同期，单位面积化肥施用量从27千克/公顷增加到483千克/公顷，增加了456千克/公顷。这相当于单产每增加1000千克/公顷，化肥施用量就增加约100千克/公顷。

分阶段来看，化肥施用量随着粮食单产增长而呈现先增长、后降低的抛物线趋势（见图16-6）。其中，1949—1970年第1个单产1000千克/公顷台阶期间，单位面积化肥施用量增长9.70%；1970—1982年第2个单产1000千克/公顷台阶期间，单位面积化肥施用量增长353.11%；1982—1992年第3个单产1000千克/公顷台阶期间，单位面积化肥施用量增长98.74%；1992—2010年第4个单产1000千克/公顷台阶期间，单位面积化肥施用量增长87.90%；2010—2018年第4.5个单产1000千克/公顷台阶期间，单位面积化肥施用量降低3.00%。

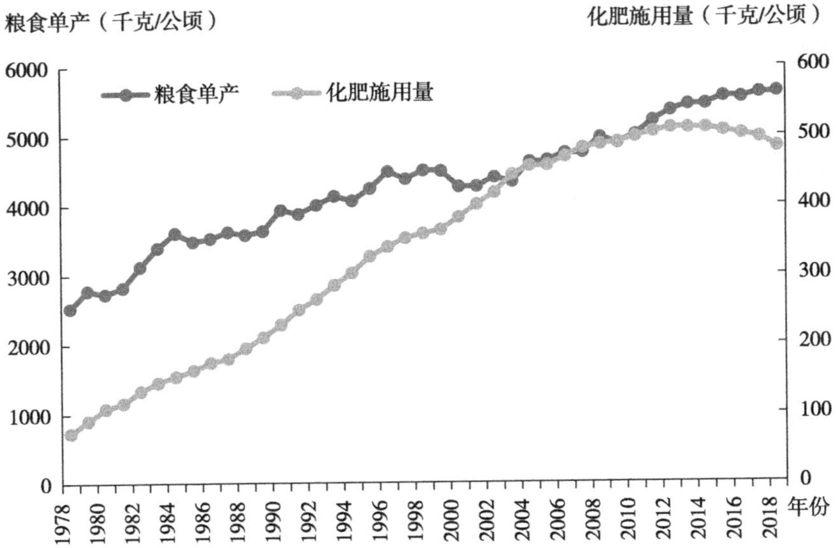

图16–6 全国粮食单产与化肥施用量变化

（三）农药使用量增加8.1千克/公顷

从现有的数据和资料来看，2013年以前的粮食单产增长都伴随着农药使用量的增长（见图16–7）。从有完整统计数据的第4个、第4.5个粮食单产1000千克/公顷台阶农药使用量来看，1992—2010年每公顷农药使用量增长120%，2010—2018年每公顷农药使用量降低14%。在没采取“农药化肥减量增效”政策以前的第4个增产阶段（1992—2010年），粮食单产增加了1001.9千克/公顷，每公顷农药使用量增加了8.1千克。

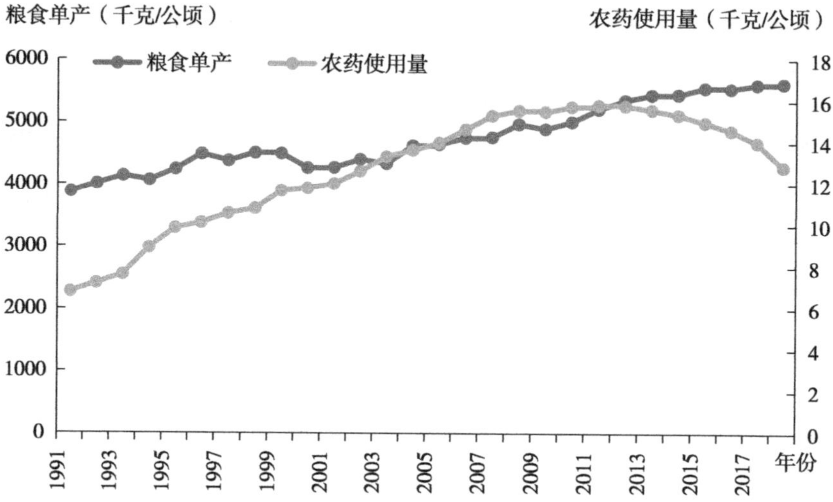

图16-7　全国粮食单产与农药使用量变化

（四）有效灌溉面积平均增长53.78%

灌溉条件改善和有效灌溉面积增加，是粮食单产增长的主要因素之一。1952—2018年，农田有效灌溉面积增长了2.42倍，粮食单产跨越了4.5个1000千克/公顷的台阶。粮食单产每增加1000千克/公顷，有效灌溉面积平均增长53.78%。

分阶段来看，由于1970年的数据缺失，1952—1982年粮食单产跃升了两个1000千克/公顷的台阶，有效灌溉面积累计增长了121.34%；1982—1992年粮食单产跃升第3个1000千克/公顷的台阶，有效灌溉面积减少了1.52%；1992—2010年粮食单产跃升第4个1000千克/公顷的台阶，有效灌溉面积增长了38.72%；2010—2018年粮食单产跃升第4.5个1000千克/公顷的台阶，有效灌溉面积增长了13.13%（见图16-8）。

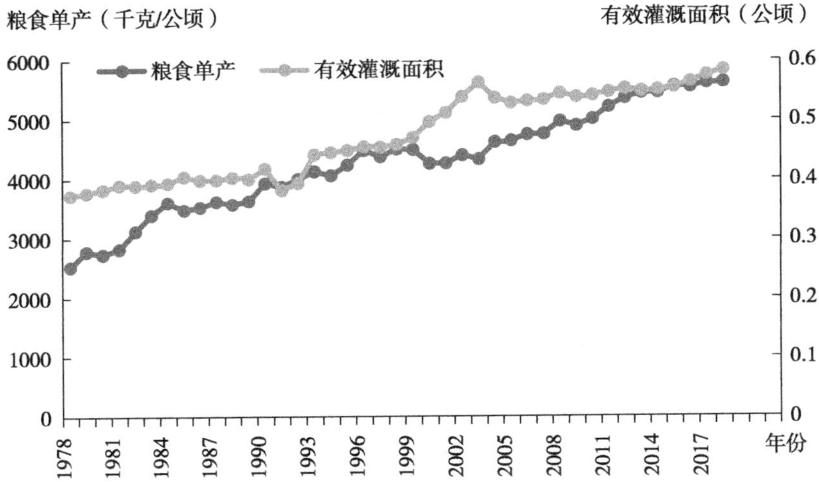

图16-8 全国粮食单产与有效灌溉面积变化

（五）农机总动力增长2.02倍

1952年全国农机总动力仅为18万千瓦，2018年增加到10.04亿千瓦，增长了5576.78倍。由于第1个、第2个单产1000千克/公顷台阶的农业机械起点低，农机总动力增长与单产增长的关系不好确定。从第3个1000千克/公顷台阶开始，单产增加了2496.79千克/公顷，农机总动力增加了8.38亿千瓦，增长了5.05倍。这相当于粮食单产每增加1000千克/公顷，农机总动力增加3.36亿千瓦，或者农机总动力增长2.02倍。

分阶段来看，1982—1992年，粮食单产跃升第3个1000千克/公顷的台阶，农机总动力增长了82.42%；1992—2010年，粮食单产跃升第4个1000千克/公顷的台阶，农机总动力增长了206.12%；2010—2018年，粮食单产跃升第4.5个1000千克/公顷的台阶，农机总动力增长了8.18%。

第十七章

不同省（市、区）的粮食安全

我国实行粮食安全省长负责制，只有各省（市、区）的粮食安全，国家粮食安全才能得到保障。保障省（市、区）粮食安全，首先需要明确哪些省（市、区）有余粮、能调出多少，哪些省（市、区）缺粮、缺多少、从哪里调粮，国家层面需要进行“粮食安全区划”，针对不同省（市、区）存在的问题，分别采取不同的对策。有的省（市、区）缺乏粮食，但购买力强，进口或调入粮食可弥补粮食缺口，但在粮食供应链断裂时就会出现粮食安全问题。有的省（市、区）既缺乏足够的粮食，又缺乏足够的财力，最容易出现粮食安全问题。还有的省（市、区）粮食产量高、余粮多，但粮食生产效益不高、农民种粮积极性难以调动，持续保持粮食调出存在困难。针对不同省（市、区）面临的粮食安全问题和难题采取不同对策，是保障国家粮食安全的关键与基础，而开展“粮食安全区划”并寻找不同省（市、区）粮食安全的优势与短板，则是保障国家粮食安全的前提。本章将从粮食数量、质量、生态、经济、技术、社会六个方面计算粮食安全指数，构建粮食安全指标体系，开展粮食安全区划研究。

一、粮食安全指数概念、指标体系与算法

国内外许多机构与学者都在研究粮食安全指数，但目前粮食安全指数还没有形成世界公认的概念，缺乏统一的指标体系与计算方法。

（一）粮食安全六维指数与指标体系

针对当前世界粮食安全现状与变化趋势，特别是新冠肺炎疫情对全球粮食供应链造成的影响，为了更加全面、系统、动态地评估和预测一个国家或地区的粮食安全现状与趋势，我们提出“粮食安全六维指数”（6 factors index of grain and food security）及其指标体系、计算方法。

粮食安全六维指数是指一个国家或地区的任何人群在任何时候都保障粮食数量安全、质量安全、经济安全、生态安全、技术安全和社会安全的能力，是粮食生产能力、供应能力、消费能力、贸易能力和风险抵抗能力等因素的综合体现。我们遴选了6个一级指标、48个二级指标来测算粮食安全六维指数（见表17–1）。

表17–1　粮食安全六维指数指标体系

一级指标	二级指标	指标单位	测算办法	来源
1.0数量安全	1.1 粮食总产量	万吨		国家统计局
	1.2 口粮自给率	%	总产量 / 总消费量	
	1.3 粮食自给率	%	储备量 /（总消费量 /12）	
	1.4 肉类自给率	%	总产量 / 总消费量	
	1.5 食用油自给率	%	总产量 / 总消费量	
	1.6 人均粮食产量	千克 / 人	总产量 / 总人口	
	1.7 人均肉类产量	千克 / 人	总产量 / 总人口	

（续表）

一级指标	二级指标	指标单位	测算办法	来源
1.0数量安全	1.8 人均蛋类产量	千克/人	总产量/总人口	
	1.9 人均奶类产量	千克/人	总产量/总人口	
	1.10 人均水产品产量	千克/人	总产量/总人口	
	1.11 人均果蔬产量	千克/人	（水果+蔬菜总产量）/总人口	
2.0 质量安全	2.1 人均粮食消费当量	千克/人·年		国家统计局
	2.2 人均粮食消费量	千克/人·年		国家统计局
	2.3 人均肉类消费量	千克/人·年		国家统计局
	2.4 人均蛋类消费量	千克/人·年		国家统计局
	2.5 人均奶类消费量	千克/人·年		国家统计局
	2.6 人均水产品消费量	千克/人·年		国家统计局
	2.7 人均果蔬消费量	千克/人·年		国家统计局
	2.8 能量	千卡/人·天	折算	
	2.9 蛋白	克/人·天	折算	
	2.10 脂肪	克/人·天	折算	
	2.11 动物蛋白占比	%	折算	
	2.12 人均食品工业产值	元/人	食品工业增加值/总人口	
3.0生态安全	3.1 人均耕地	公顷/人		世界银行、联合国粮农组织、国家统计局
	3.2 复种潜力		复种指数理论值－实际复种指数	
	3.3 人均水资源	立方米/人		世界银行、联合国粮农组织、国家统计局

（续表）

一级指标	二级指标	指标单位	测算办法	来源
3.0生态安全	3.4 工业污水处理率	%		世界银行、联合国粮农组织、国家统计局
	3.5 人均化肥	千克/人		国家统计局
	3.6 人均农药	千克/人		国家统计局
	3.7 农作物受灾率	%	农作物受灾面积/总播种面积	
4.0技术安全	4.1 良种化率	%		国家统计局
	4.2 机械化率	%	（机播+机收）/2	
	4.3 灌溉面积占比	%	灌溉面积/耕地面积	国家统计局
	4.4 亩化肥用量	千克（吨）/亩		
	4.5 亩农药用量	千克/亩		
	4.6 地膜面积	万亩		
	4.7 农业学术论文	篇		
	4.8 农业专利授权	件		
5.0经济安全	5.1 GDP	亿元		国家统计局
	5.2 人均可支配收入	元/年		国家统计局
	5.3 粮食价格指数	%		世界银行、联合国粮农组织、国家统计局
	5.4 恩格尔系数			世界银行、联合国粮农组织、国家统计局
	5.5 收入粮食价格比		可支配收入/1.5	国家统计局

（续表）

一级指标	二级指标	指标单位	测算办法	来源
6.0社会安全	6.1 粮食调入（出）能力	万吨	进口量/消费量	国家统计局、农业农村部
	6.2 人均粮食调入（出）量	千克/人		联合国粮农组织、国家统计局、农业农村部
	6.3 人均粮食调入（出）金额	元/人		联合国粮农组织、国家统计局、农业农村部
	6.4 人均肉类调入（出）量	千克/人		联合国粮农组织、国家统计局、农业农村部
	6.5 人均肉类调入（出）金额	元/人		世界贸易组织、国家统计局、农业农村部

（二）粮食安全六维指数计算方法

为了科学评估上述48个指标对粮食安全的作用与影响，我们采取《差距经济学》中提出的DEA-CP（基于数据包络分析与妥协规划的评价）模型计算不同省（市、区）的粮食安全指数。

DEA-CP模型分为两个阶段。第一阶段是自我评价模型，即利用DEA模型，使得每一被评价单元在满足一定约束条件的情况下，选择对自己最有利的权重体系，从而得到对自己最有利的评价。经过此阶段，每个被评价单元都得到了对自己最有利的得分。这一阶段各个被评价单元的权重体系是完全不一样的，我们认为这对六维指数来说是不合理的，故又引入模型的第二阶段。

第二阶段是妥协规划，其意义在于每个被评价单元在满足共同的约束条件下，令总体的失望度（第一阶段理想评分与第二阶段实际评分差值的平方和）最小为目标函数，从而得到对所有被评价单元都公平且统一的权重体系，最后得出各被评价单元的综合评分，即相对效益（最大值为1）。具体如下：

$$\max Z_{j0}=\sum_{r=1}^{p}u_r y_{rj0}$$

$$s.t.\begin{cases}\sum_{r=1}^{p}u_r y_{rj}\leqslant 0, j=1,2,\cdots,n\\ u_r-u_{r+1}\geqslant\varepsilon, r=1,\cdots,t-1\\ u_r\geqslant\varepsilon\end{cases}$$

第一阶段

$$Minimize D_p(Z(u))=\left[\sum_{i=1}^{n}\left(Z_j^n-\sum_{r=1}^{t}u_r y_n\right)^p\right]^{\frac{1}{p}}$$

$$subject to\ u\in U$$

$$U=\left\{(u_1,\cdots,u_t)\mid\sum_{r=1}^{t}u_r y_{rj}\leqslant 1, j=1,2,\cdots,n, u_r-u_{r+1}\geqslant\varepsilon, r=1,\cdots,t-1, u_r\geqslant\varepsilon\right\}$$

第二阶段

根据DEA-CP模型，运用国家统计局、各省（市、区）统计局，以及联合国粮农组织、世界银行公布的最新数据，我们测算了各省（市、区）的粮食数量、质量、生态、技术、经济、社会六类指标，并据此计算各省（市、区）粮食安全六维指数，在此基础上进行“中国粮食安全区划”。

二、各省（市、区）粮食安全六维指数

各省（市、区）的自然、技术、经济与社会条件不同，其粮食安全现状与面临的问题也明显不同，我们从数量、质量、生态、技术、经济和社会六个方面，计算了粮食安全六维指数。

（一）数量安全

粮食数量安全是指一个国家或地区的粮食数量能够保障任何人在任何时候都能“吃饱”，能够保障“生存”的需求。通俗地讲，粮食数量安全就是保障“吃饱没有问题”，而什么叫“吃饱”？各国、各地甚至不同

个体都有不同的指标或体会。联合国粮农组织认为每年人均消费粮食400千克是“吃饱”的安全线。

我们用粮食总产量、口粮自给率、粮食自给率、肉类自给率、食用油自给率，以及人均粮食、肉类、蛋类、奶类、水产品、果蔬产量共11个指标测算粮食数量安全指数，结果见表17–2。

按照粮食数量安全指数，我们可将31个省（市、区）分为粮食数量高安全区、中高安全区、中等安全区和弱安全区（见图17–1）。

表17–2　各省（市、区）粮食安全指数与分区

分区	省（市、区）	排序	综合	数量安全	质量安全	生态安全	技术安全	经济安全	社会安全
高安全区	蒙	1	100.0	100.0	97.7	100.0	82.9	39.6	100.0
	鲁	2	94.6	100.0	80.6	100.0	100.0	25.4	77.2
	黑	3	89.2	100.0	72.2	96.0	87.2	28.7	92.4
	苏	4	82.3	62.3	83.0	80.9	100.0	55.3	44.6
	吉	5	78.0	96.3	63.4	65.8	89.9	35.8	92.4
	豫	6	77.5	89.6	54.5	84.8	100.0	18.3	75.5
中高安全区	新	7	72.2	70.2	72.3	70.6	100.0	21.7	62.9
	皖	8	72.1	65.3	83.6	63.7	97.5	23.7	67.8
	冀	9	71.4	70.5	71.7	66.1	95.9	36.4	59.7
	闽	10	69.2	73.2	90.3	48.8	93.6	35.4	53.6
	沪	11	69.1	4.5	100.0	100.0	79.8	60.4	16.9
	藏	12	67.5	52.2	85.0	100.0	72.6	2.7	72.1
	渝	13	67.2	54.0	100.0	90.8	64.1	28.1	54.0
	桂	14	67.2	78.2	61.6	82.6	79.3	21.4	69.9
	辽	15	67.1	86.5	84.3	35.9	86.9	36.7	75.6
	湘	16	66.3	69.5	74.4	66.2	80.2	31.6	68.5

（续表）

分区	省（市、区）	排序	综合	数量安全	质量安全	生态安全	技术安全	经济安全	社会安全
中等安全区	津	17	66.0	19.1	100.0	63.5	98.6	44.9	30.2
	川	18	63.9	61.8	100.0	66.7	68.2	20.4	68.1
	京	19	62.6	1.8	80.3	44.0	100.0	100.0	18.9
	鄂	20	60.9	82.9	58.4	57.6	82.2	28.0	66.3
	赣	21	59.6	64.1	74.0	62.3	75.8	26.6	64.3
	琼	22	58.6	90.9	59.2	49.8	82.3	18.1	72.7
	粤	23	55.3	37.1	81.5	60.7	87.9	37.4	22.1
	浙	24	54.0	33.9	87.7	46.0	83.5	57.5	19.3
弱安全区	宁	25	49.2	77.0	30.3	60.4	81.2	27.9	51.4
	晋	26	46.5	32.5	56.1	56.4	82.4	41.3	33.1
	陕	27	45.4	42.3	44.6	54.2	88.3	33.8	34.9
	云	28	44.2	68.9	38.7	68.1	63.4	7.9	73.9
	甘	29	39.9	48.1	60.4	48.2	70.7	21.0	43.3
	青	30	35.3	41.8	39.9	50.0	68.0	23.9	57.1
	贵	31	33.5	59.7	29.6	67.0	53.6	16.2	53.9

粮食数量高安全区的指数大于85，包括内蒙古、山东、黑龙江、吉林、海南、河南、辽宁7个省（区），其共同特征是粮食生产自然条件优越，人均农业资源占有量大，而且政府十分重视粮食生产，人均粮食产量和肉类产量高，粮食调出量高，对国家粮食安全贡献大，11项数量安全指标中有3～5项指标具有明显优势。

粮食数量中高安全区的指数为65～85，包括湖北、广西、宁夏、福建、河北、新疆、湖南、云南、安徽9个省（区），其共同特征是粮食生产条件较好，人均粮食产量和肉类产量都比较高，11项数量安全指标中

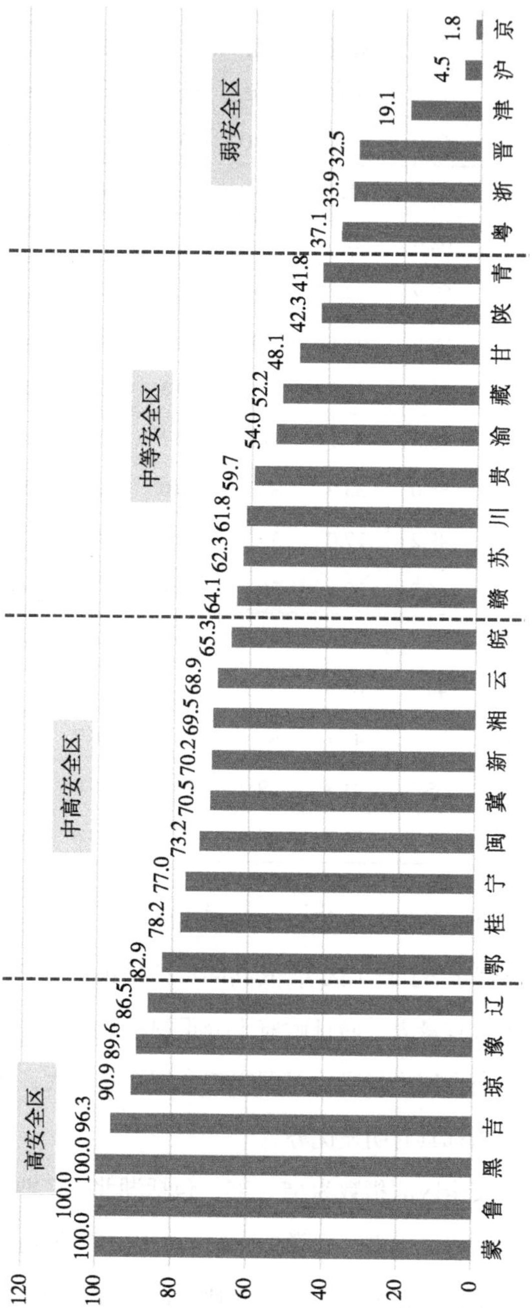

图17-1 粮食数量安全分布图

有2～3项指标具有一定优势。

粮食数量中等安全区的指数为40～65，包括江西、江苏、四川、贵州、重庆、西藏、甘肃、陕西、青海9个省（市、区），其共同特征是粮食生产条件一般，人均粮食产量和肉类产量中等，11项数量安全指标中有1～2项指标具有一定优势。

粮食数量弱安全区的指数小于40，包括广东、浙江、山西、天津、上海、北京6个省（市），其共同特征是人均耕地等资源少，人均粮食产量和肉类产量低，除山西外，其余5个省（市）为经济发达地区，粮食生产比较效益低，粮食播种面积下降幅度大。根据国家统计局的数据，与1978年相比，2019年广东省农作物播种面积由737万公顷下降到428万公顷，下降了42%；粮食作物播种面积由583万公顷下降到215万公顷，下降了63%。这是广东省粮食数量安全成为弱安全区的主要原因。当然，耕地面积下降，极大地推动了广东工业化、城镇化建设。

（二）质量安全

粮食质量安全是指一个国家或地区的粮食质量合格、结构合理，能够保障任何人在任何时候都能“吃好”，能够保障“健康”的营养需求。1996年，联合国粮农组织提出“只有当所有人在任何时候都能在物质上和经济上获得足够、安全、富有营养的食物来满足其积极和健康的膳食需要及食物喜好时，才实现了食物安全”，这实际上提出了粮食质量安全与食物偏好的问题。粮食质量安全的基本要素是质量合格、结构合理。目前，粮食质量安全问题仍然是一个全球性问题，包括许多发达国家在内，各国都存在粮食质量安全问题。发达国家有许多人因营养不平衡或食物摄入过量，患上了肥胖、高血压等“富贵疾病”，发展中国家的许多公民则面临着营养配方不合理的问题，甚至没有获取营养配方的意识或能力。

我们用人均粮食消费当量（将各类食物消费折算成粮食），人均粮食、肉类、蛋类、奶类、水产品、果蔬消费量，以及能量、蛋白、脂肪、动物蛋白占比、人均食品工业产值12个指标测算粮食质量安全指数，结果见表17–2。

按照粮食质量安全指数，我们可将31个省（市、区）分为粮食质量高安全区、中高安全区、中等安全区和弱安全区（见图17–2）。

粮食质量高安全区的指数大于90，包括上海、重庆、天津、四川、内蒙古和福建6个省（市、区），其共同特征是食物消费质量高、营养均衡，影响粮食质量安全的12个指标比较均衡，没有明显短板。三大直辖市消费水平高，四川、内蒙古食肉量高，福建消费鱼类较多。

粮食质量中高安全区的指数为80～90，包括浙江、西藏、辽宁、安徽、江苏、广东、山东和北京8个省（市、区），其共同特征是经济条件相对较好或粮食数量充足、食肉量较高，影响粮食质量安全的12个指标短板不明显。北京市未进入粮食质量高安全区的主要原因是人均肉类消费量仅为25.9千克，明显低于其他省（市、区）。

粮食质量中等安全区的指数为60～80，包括湖南、江西、新疆、黑龙江、河北、吉林、广西和甘肃8个省（区），其共同特征是食物消费结构不够合理、质量不够高。

粮食质量弱安全区的指数小于60，包括海南、湖北、山西、河南、陕西、青海、云南、宁夏和贵州9个省（区），除湖北外，其余8个省（区）经济条件差，食物营养结构不够合理。

（三）生态安全

粮食生态安全是指一个国家或地区的生态与资源环境能够承载粮食生产与消费的压力，能够在保障人们吃饱、吃好的同时保障生态环境的

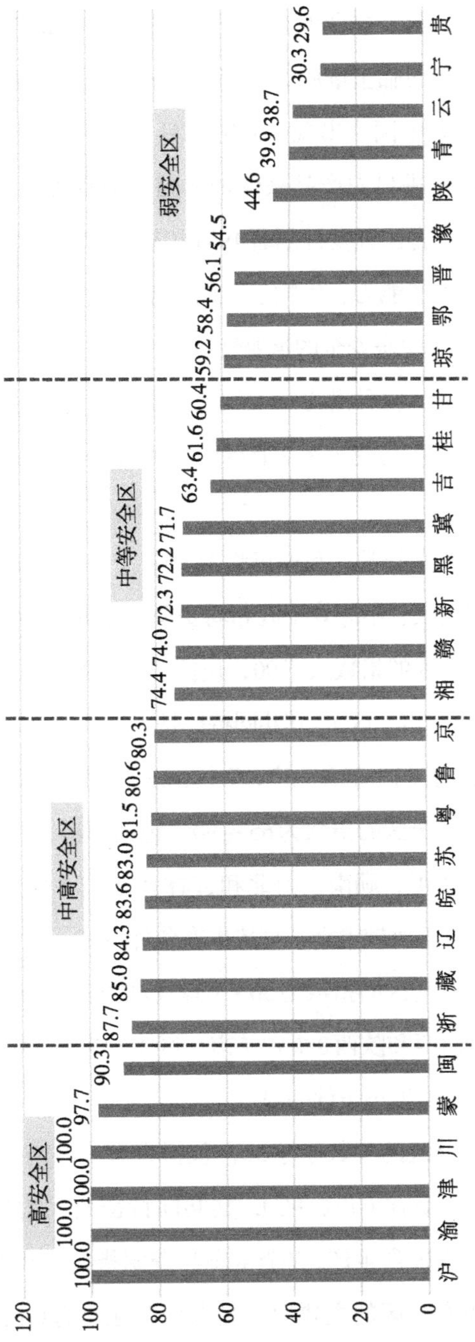

图17-2 粮食质量安全分布图

稳定或逐步改善。目前，粮食生态安全问题是一个全球性问题，不少国家或地区的粮食生产面临土壤肥力下降、水土流失、土地沙化及环境污染等问题。一些发展中国家出现“越穷越垦、越垦越穷”的恶性循环，一些发达国家则通过进口农产品来保护本国土地资源，改善生态环境。联合国粮农组织和联合国开发计划署1991年提出“可持续食物安全旨在不损害自然资源的生产能力、生物系统的完整性或环境质量的情况下达到此目标”，这强调了生态安全的重要性。

我们用人均耕地、复种潜力、人均水资源、工业污水处理率、人均化肥、人均农药和农作物受灾率7个指标测算粮食生态安全指数，结果见表17–2。

按照粮食生态安全指数，我们可将31个省（市、区）分为粮食生态高安全区、中高安全区、中等安全区和弱安全区（见图17–3）。

粮食生态高安全区的指数大于90，包括上海、西藏、黑龙江、重庆、内蒙古和山东6个省（市、区），其共同特征是人均耕地等农业资源丰富或自然生态条件优良，有利于粮食生产，7个生态与资源指标没有明显短板。

粮食生态中高安全区的指数为65 ~ 90，包括河南、广西、江苏、新疆、云南、贵州、四川、湖南、河北和吉林10个省（区），其共同特征是人均耕地等农业资源比较丰富，自然生态条件较好，有利于粮食生产。

粮食生态中等安全区的指数为50 ~ 65，包括安徽、天津、江西、广东、宁夏、湖北、山西和陕西8个省（市、区），其共同特征是人均耕地等农业资源中等，自然生态条件一般。

粮食生态弱安全区的指数小于50，包括青海、海南、福建、甘肃、浙江、北京和辽宁7个省（市、区），其共同特征是人均耕地少或自然生态条件差，不利于粮食生产，7个生态与资源指标短板明显。北京市被列入粮食生态弱安全区的主要原因是人均耕地只有0.1公顷、水资源

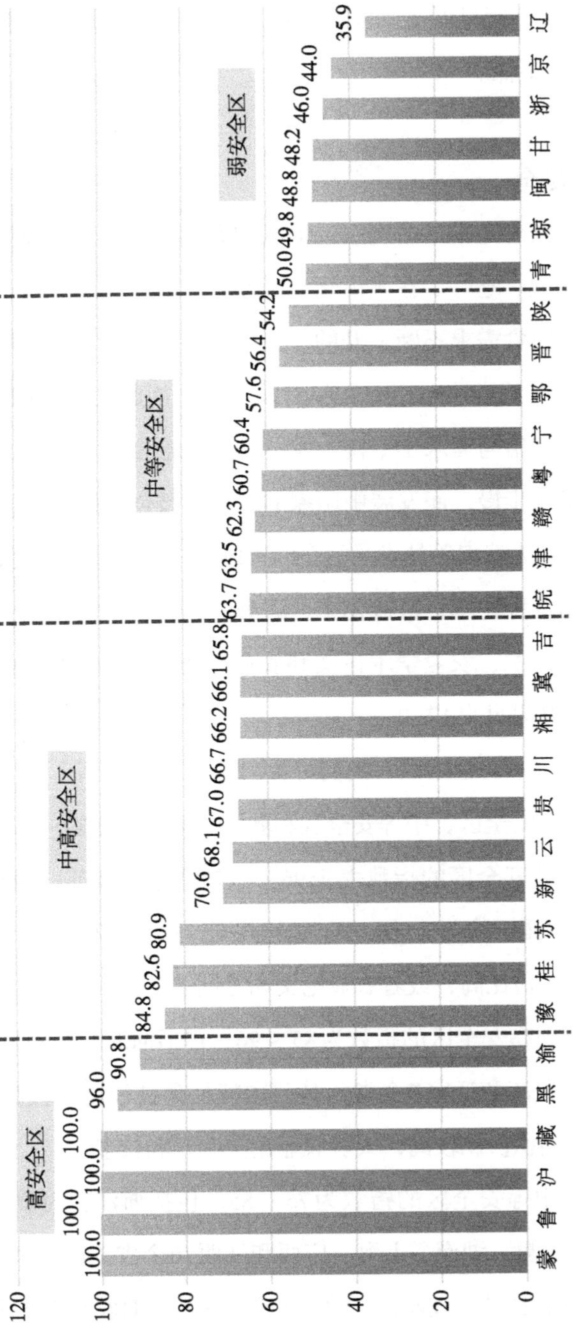

图17-3　粮食生态安全分布图

只有164立方米，明显低于其他省（市、区），耕地的粮食复种指数仅为48.6%，为全国最低。

（四）技术安全

粮食技术安全是指一个国家或地区的农业技术能够保障任何人在任何时候都能吃饱、吃好。在城市化和工业化导致耕地不断减少、人口不断增长、人均粮食需求不断上升的“三不断”条件下，保证粮食安全的根本出路在于科技进步。当前，粮食技术安全面临的主要问题有两个：一是农业技术供给与需求不平衡，发达国家对粮食技术进步的需求不迫切，粮食技术进步慢，而发展中国家的农业科技创新能力弱；二是转基因、生长激素和人造肉等技术受社会因素影响，推广应用范围有限。

我们采用良种化率、机械化率、灌溉面积占比、亩化肥用量、亩农药用量、地膜面积、农业学术论文和农业专利授权8个指标测算粮食技术安全指数，结果见表17–2。

按照粮食技术安全指数，我们可将31个省（市、区）分为粮食技术高安全区、中高安全区、中等安全区和弱安全区（见图17–4）。

粮食技术高安全区的指数大于96，包括北京、江苏、山东、河南、新疆、天津和安徽7个省（市、区），其共同特征是良种化率高、机械化率高、灌溉面积占比高，或者农业论文和专利多。

粮食技术中高安全区的指数为85～96，包括河北、福建、吉林、陕西、广东、黑龙江和辽宁7个省，其共同特征是良种化率较高、机械化率较高、灌溉面积占比较高，或者农业论文和专利较多。

粮食技术中等安全区的指数为75～85，包括浙江、内蒙古、山西、海南、湖北、宁夏、湖南、上海、广西和江西10个省（市、区），有的省（市、区）农业科技基础较弱，有的省（市、区）则对农业科技重视不够。

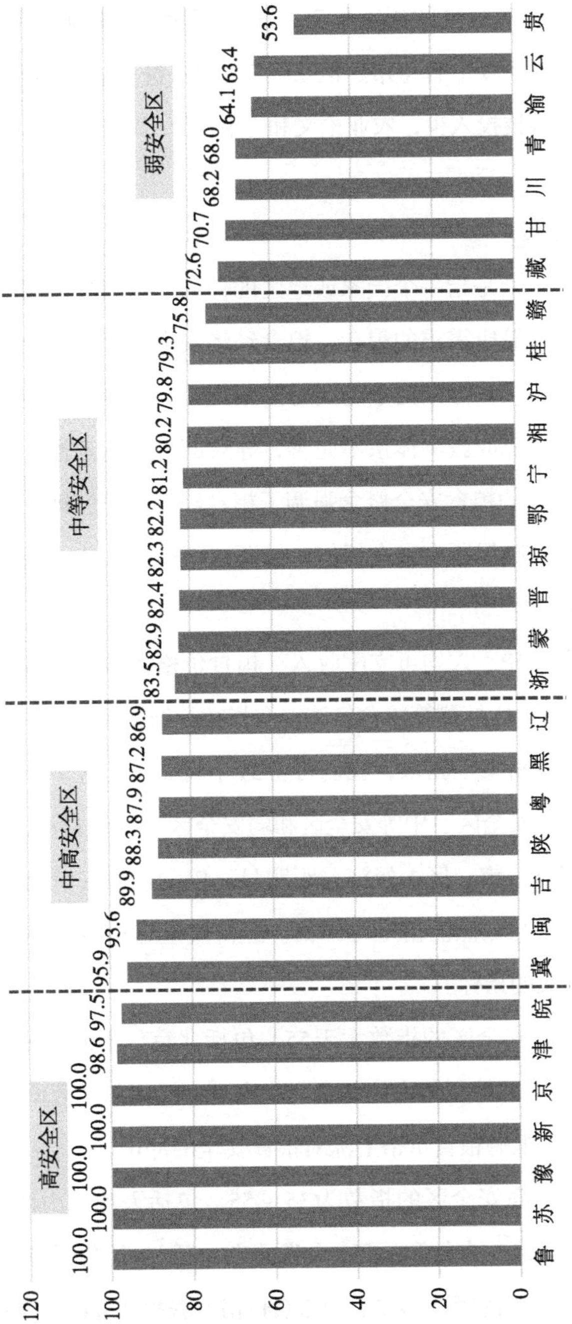

图17-4 粮食技术安全分布图

粮食技术弱安全区的指数小于75，包括西藏、甘肃、四川、青海、重庆、云南和贵州7个省（市、区），其共同特征是农业科技基础薄弱，创新能力弱，科技投入少，农业论文和专利少。

（五）经济安全

粮食经济安全是指一个国家或地区的任何人在任何时候都能“买得起”保障生存与健康需求的粮食。粮食经济安全问题实际上是由经济与社会问题导致的。一方面由于购买力差距大，一部分人买不起粮食；另一方面是社会保障或救济体系不完善，导致部分人吃不饱。联合国粮农组织1983年修改的粮食安全概念强调了粮食经济安全，即“粮食安全的最终目标应该是确保所有人在任何时候既能买得到又能买得起他们所需要的基本食品”。

我们采用GDP、人均可支配收入、粮食价格指数、恩格尔系数和收入粮食价格比5个指标测算粮食经济安全指数，结果见表17-2。

按照粮食经济安全指数，我们可将31个省（市、区）分为粮食经济高安全区、中高安全区、中等安全区和弱安全区（见图17-5）。

由于不同省（市、区）经济差距明显，粮食经济安全指数差距也十分明显，最高值与最低值相差约36倍。经济安全是6类指标中各省（市、区）间差距最大的指标。

粮食经济高安全区的指数大于55，包括北京、上海、浙江和江苏4个省（市），其共同特征是人均可支配收入高、恩格尔系数低、收入粮食价格比高，能够抵御粮食价格上涨对粮食安全的冲击。

粮食经济中高安全区的指数为35～55，包括天津、山西、内蒙古、广东、辽宁、河北、吉林和福建8个省（市、区），其共同特征是人均可支配收入较高、恩格尔系数较低，对粮食价格上涨的冲击有一定抵御能力。

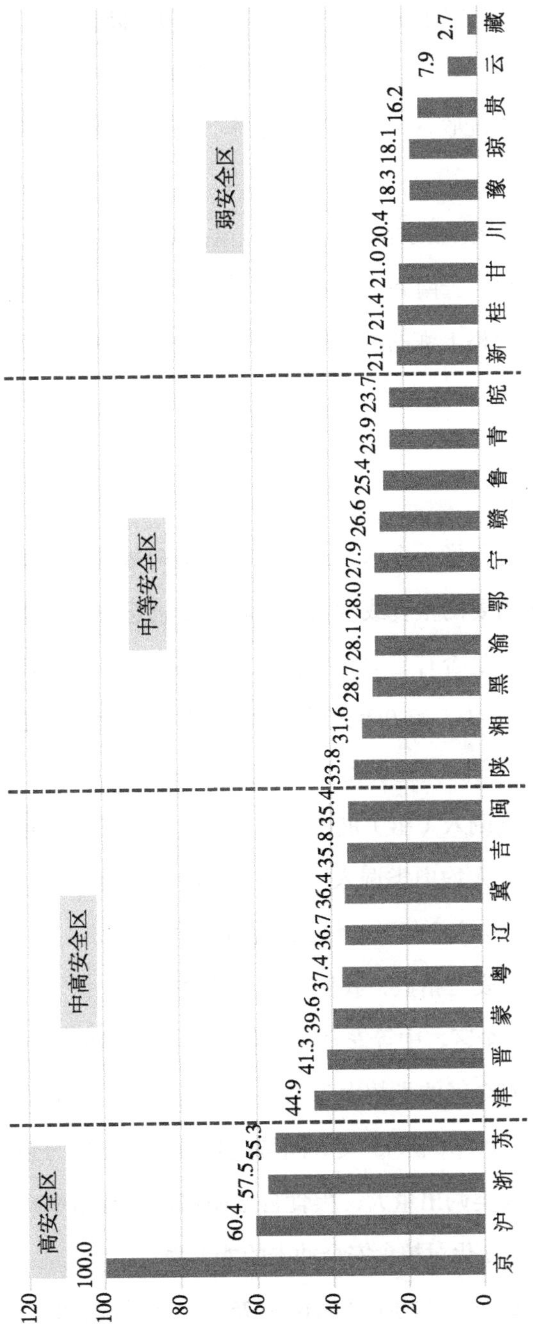

图17-5 粮食经济安全分布图

粮食经济中等安全区的指数为22～35，包括陕西、湖南、黑龙江、重庆、湖北、宁夏、江西、山东、青海和安徽10个省（市、区），其共同特征是人均可支配收入居全国中等水平，应对粮食价格上涨冲击的能力一般。

粮食经济弱安全区的指数小于22，包括新疆、广西、甘肃、四川、河南、海南、贵州、云南和西藏9个省（区），其共同特征是人均可支配收入低，对粮食价格上涨的冲击缺乏抵御能力，粮食涨价可能会导致一部分人买不起粮食。

（六）社会安全

粮食社会安全是指一个国家或地区在任何时候都能够买得到保障人们吃饱、吃好所需要的粮食或食物。影响粮食社会安全的主要因素有三个：一是国际市场是否有足够的粮食，二是粮食出口国的出口政策，三是粮食进口国的购买力。2020年新冠肺炎疫情使一些粮食出口国出台限制粮食出口的政策，粮食供应链断裂可能会引发新一轮粮食危机或粮食战争。

我们采用粮食调入（出）能力、人均粮食调入（出）量、人均粮食调入（出）金额、人均肉类调入（出）量和人均肉类调入（出）金额5个指标测算粮食社会安全指数，结果见表17-2。

按照粮食社会安全指数，我们可将31个省（市、区）分为粮食社会高安全区、中高安全区、中等安全区和弱安全区（见图17-6）。

粮食社会高安全区的指数大于75，包括内蒙古、黑龙江、吉林、山东、辽宁与河南6个省（区），其共同特征是粮食调出能力强、人均粮食调出量大、人均肉类调出量大，粮食自给率和肉类自给率高，应对社会不稳定与国际环境变化对粮食安全冲击的能力强。

粮食社会中高安全区的指数为65～75，包括云南、海南、西藏、广

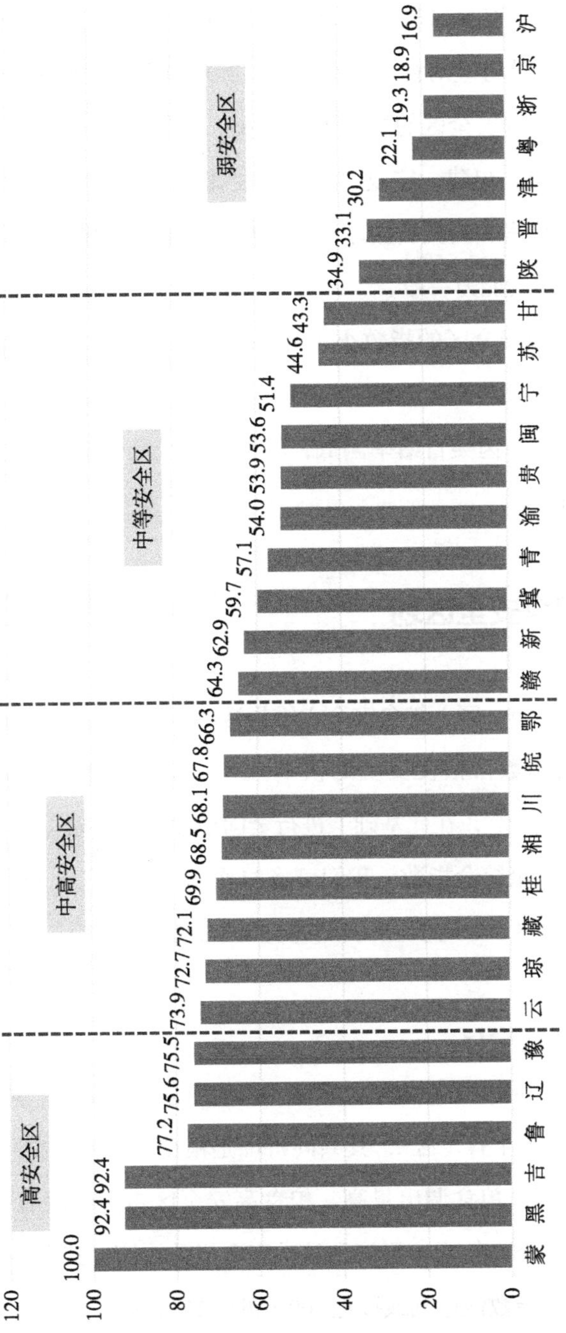

图17-6 粮食社会安全分布图

西、湖南、四川、安徽和湖北8个省（区），其共同特征是粮食自给率和肉类自给率较高，能够应对社会不稳定与国际环境变化对粮食安全的冲击。

粮食社会中等安全区的指数为45～65，包括江西、新疆、河北、青海、重庆、贵州、福建、宁夏、江苏和甘肃10个省（市、区），其共同特征是粮食自给率和肉类自给率中等，应对社会不稳定与国际环境变化对粮食安全冲击的能力一般。

粮食社会弱安全区的指数小于45，包括陕西、山西、天津、广东、浙江、北京和上海7个省（市），其共同特征是人均粮食和肉类调入量大，粮食自给率和肉类自给率偏低，粮食安全受社会不稳定与国际环境变化的冲击明显。

三、中国粮食安全区划

根据各省（市、区）粮食安全六维指数的计算结果，我们用DEA-CP模型计算六类指数占粮食安全的权重，进一步计算各省（市、区）的“粮食安全综合指数”，在此基础上进行全国粮食安全区划（见表17–2）。

按照粮食安全综合指数，我们可将31个省（市、区）分为粮食高安全区、中高安全区、中等安全区和弱安全区（见图17–7）。

（一）粮食高安全区

粮食高安全区的安全指数大于75，包括内蒙古、山东、黑龙江、江苏、吉林与河南6个省（区），其共同特征是粮食产量、肉类产量高，人均粮食占有量高，粮食调出量高。粮食高安全区雷达图没有明显短板，数量、质量、生态、技术、经济和社会安全指数均衡，其中2～3个指数具有明显优势，指数值达到或接近100（见图17–8）。

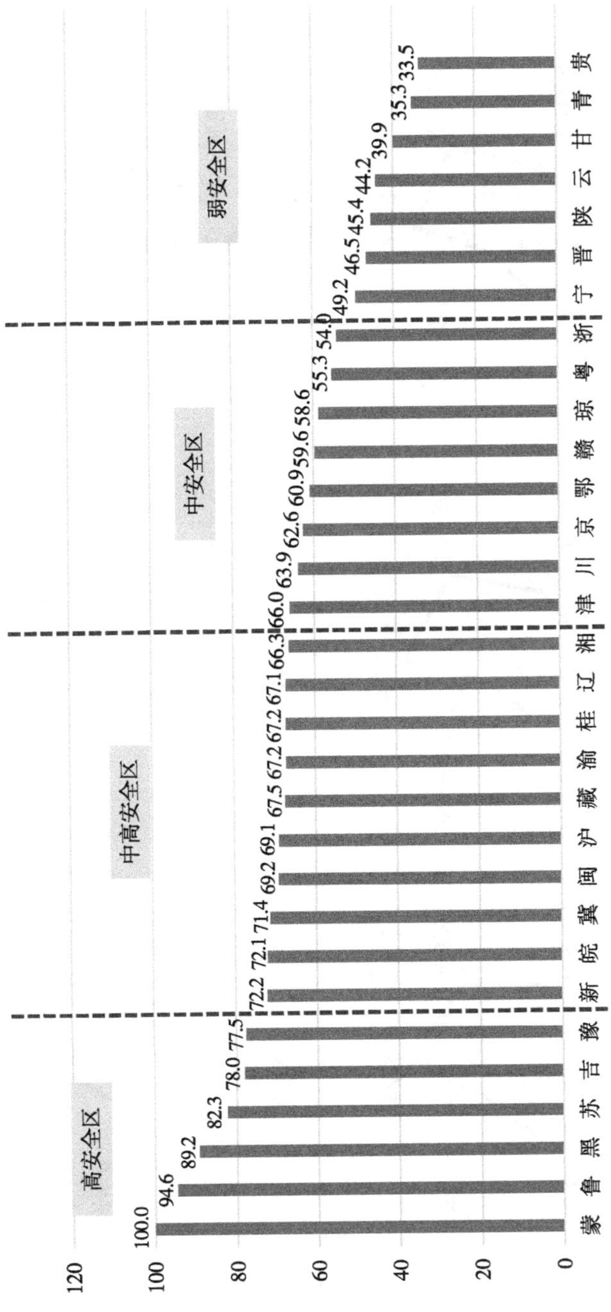

图 17–7 中国粮食安全分布图

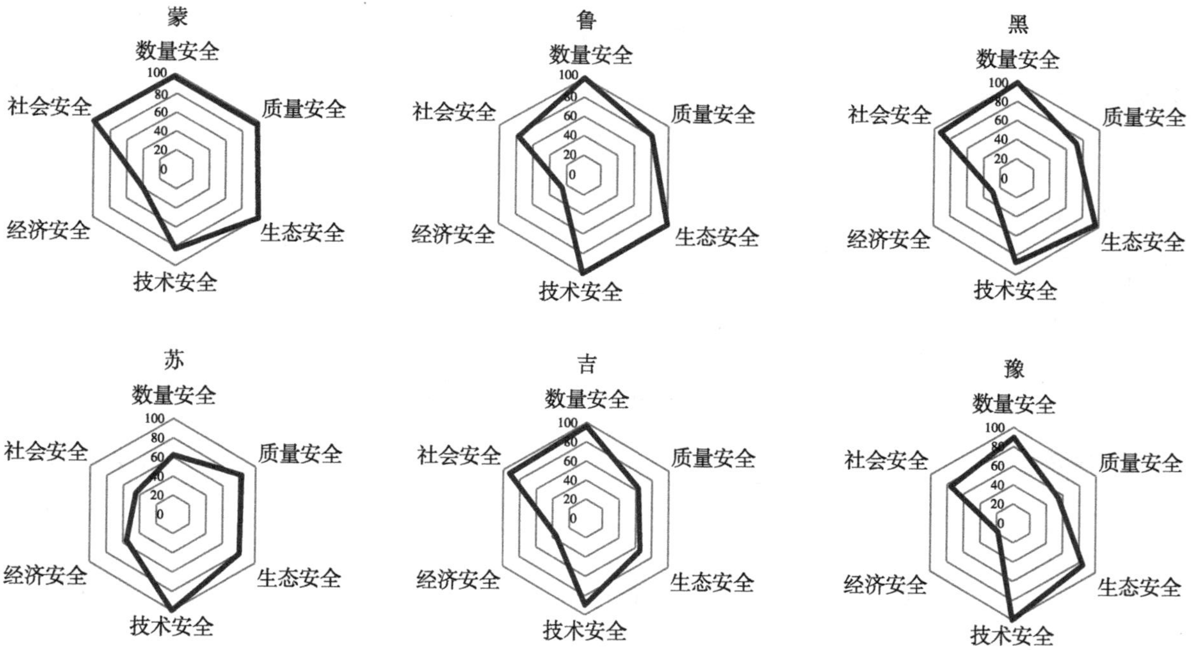

图 17-8　粮食高安全区雷达图

2018年，内蒙古、黑龙江、山东、吉林4个省（区）的人均粮食占有量分别达到1403.6千克、1985.4千克、530.5千克和1340.3千克，分别是全国人均粮食占有量474千克的2.96倍、4.19倍、1.12倍和2.83倍。山东省人均粮食占有量并不高，但其技术、生态安全指数偏高，所以进入了粮食高安全区。山东省要想保住粮食高安全区的地位，就必须进一步提高粮食产量和人均粮食占有量。随着人均粮食消费量的增加，山东省会出现无法调出粮食的问题，这需要引起高度重视。

（二）粮食中高安全区

粮食中高安全区的安全指数为66～75，包括新疆、安徽、河北、福建、上海、西藏、重庆、广西、辽宁和湖南10个省（市、区），其共同特征是粮食数量、质量、生态、技术、经济、社会安全指数相对均衡，其中1～2个指数具有明显优势，指数值达到或接近100（见图17-9）。除上海市外，粮食中高安全区内的省（市、区）都是我国主要粮食生产区，人均粮食占有量在500千克以上。粮食中高安全区有短板，但短板容易补齐。上海市进入粮食中高安全区的原因是其质量、生态安全指数均为100，技术安全指数接近80。上海市要想保住粮食中高安全区的地位，就必须补上粮食数量安全的短板，努力提高人均粮食占有量，同时建立相对稳定的粮食进口或调入渠道。

（三）粮食中等安全区

粮食中等安全区的安全指数为50～66，包括天津、四川、北京、湖北、江西、海南、广东和浙江8个省（市），其共同特征是光、温、水等自然条件优越，但人均耕地少，人均粮食占有量少（见图17-10）。湖北、广东、江西等省曾是南粮北调的主要粮食产区，但改革开放后，由

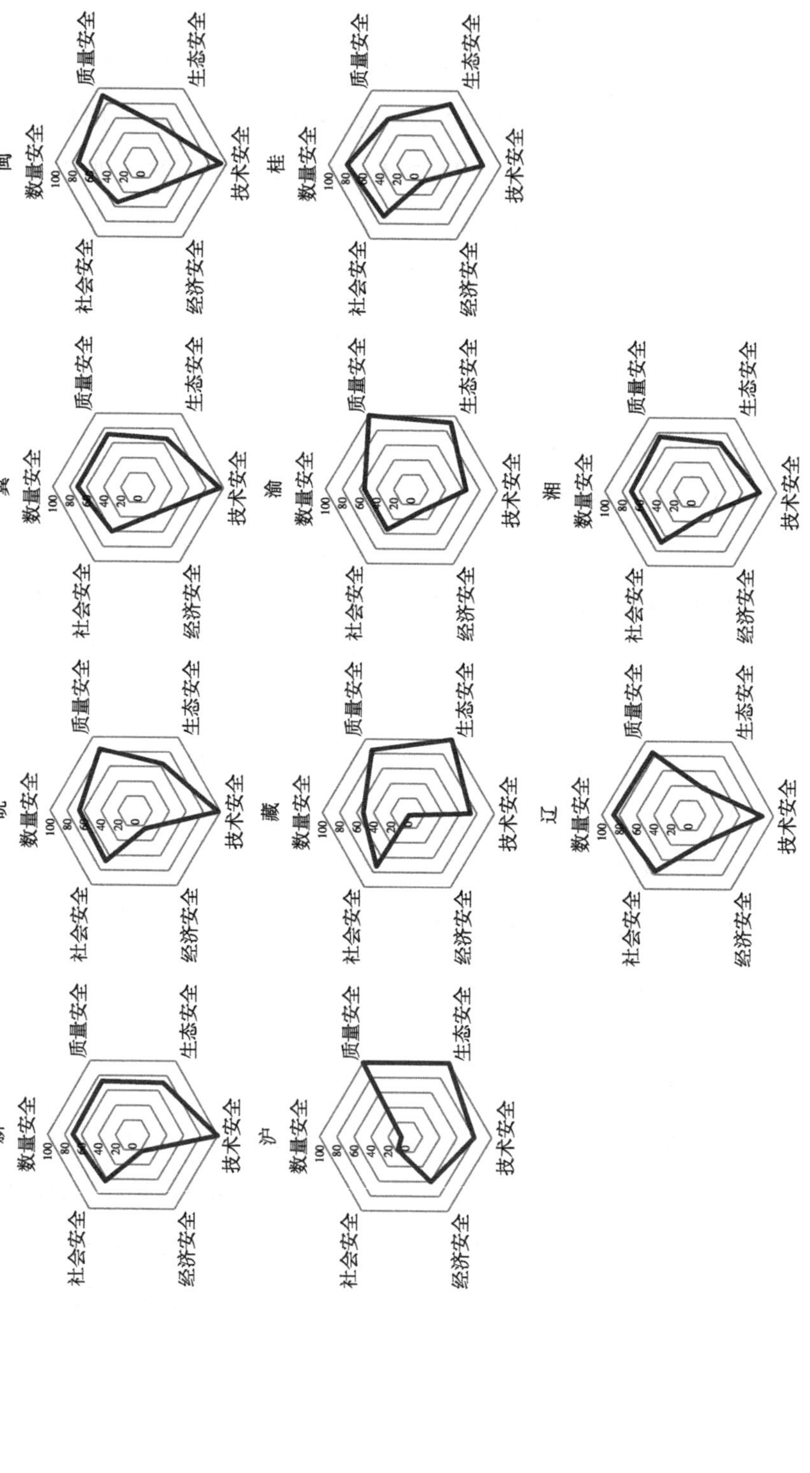

图17-9 粮食中高安全区雷达图

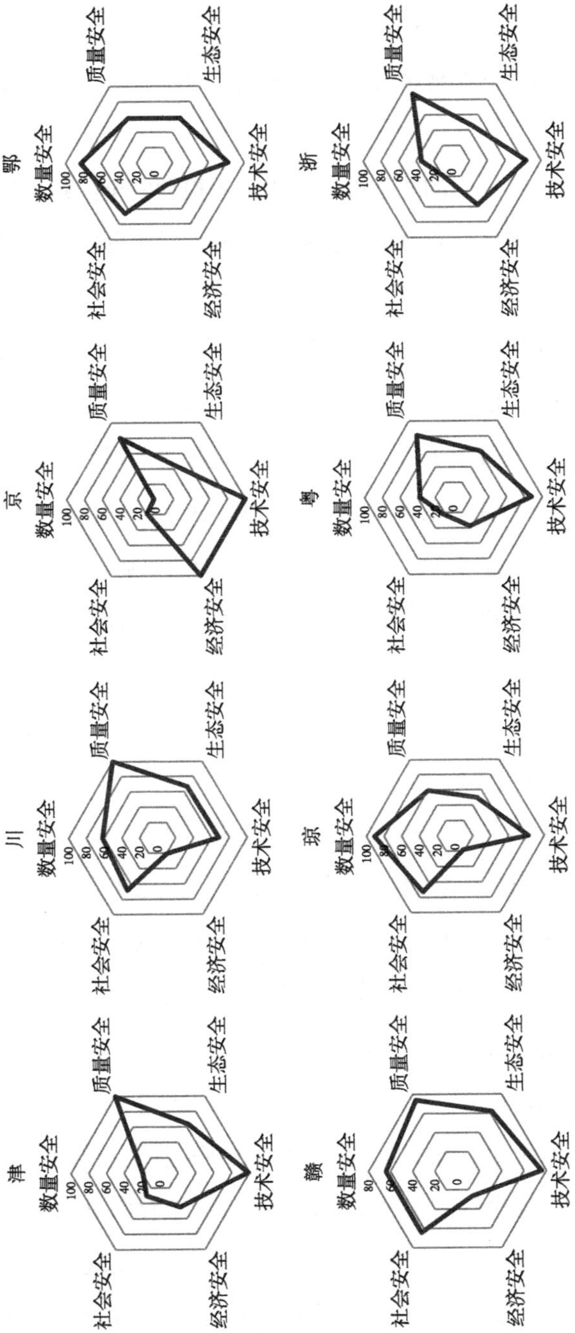

图17-10 粮食中等安全区雷达图

于农业比较效益低，当地粮食产量占全国粮食产量的比重明显降低。此外，广东、海南等三熟地区已退为二熟区，复种指数下降明显，粮食安全地位下滑。

粮食中等安全区中的北京市、天津市的粮食安全问题比较突出，需要采取切实的措施来应对海外粮食供应链断裂对粮食安全的威胁。北京市的粮食技术安全、经济安全指数均为100，但人均粮食、肉类占有量分别为15.8千克和8.11千克，粮食数量安全指数低，所以被列入粮食中等安全区。天津市粮食质量安全、技术安全指数高，但人均粮食、肉类占有量分别为134.5千克和21.7千克，同样是粮食数量安全指数低。北京市、天津市提高粮食安全指数的措施主要包括：一是减少非农业用地，二是建立稳定的粮食调入、进口渠道，三是加强农业技术的输出与转让，与黑龙江、吉林和湖南等产粮大省开展技术与产业合作，共建共享粮食生产基地。

（四）粮食弱安全区

粮食弱安全区的安全指数小于50，包括宁夏、山西、陕西、云南、甘肃、青海和贵州7个省（区），除山西省外，其余省（区）均处于我国西北、西南地区（见图17–11）。粮食弱安全区中的省（区）的共同特征是“四缺”：缺资源、缺技术、缺粮、缺钱。西北地区干旱少雨，粮食生产的自然条件差；西南地区人均耕地少，人均可支配收入低，除宁夏外，人均粮食占有量均低于400千克的安全线。这些省（区）保障粮食安全需要从外部调入粮食，加之购买能力弱，出现粮食危机的可能性极大。

保障粮食弱安全区的粮食安全是国家保障粮食安全的重中之重，因为一旦出现海外粮食供应链断裂、粮价上升，首先出现粮食安全问题的就是粮食弱安全区的省（区）。粮食弱安全区的根本出路在于科技进步，

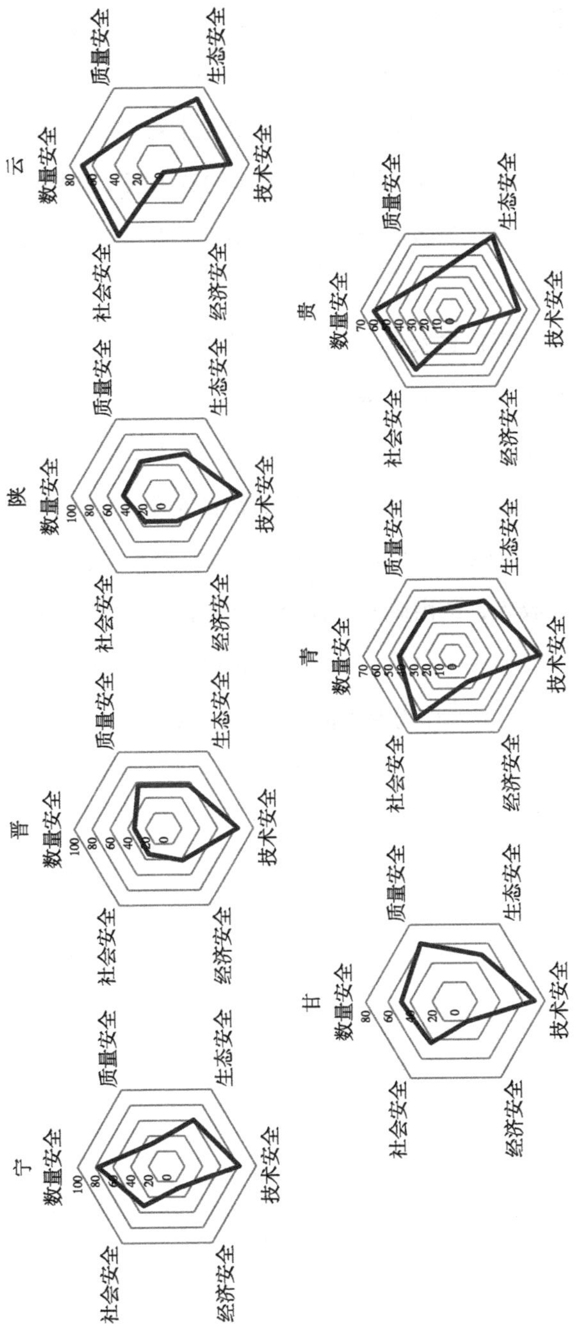

图17-11 粮食弱安全区雷达图

国家要加大对粮食弱安全区农业，特别是粮食安全相关技术研发与引进的支持，通过政策引导农业技术先进的省（市、区）对口支援粮食弱安全区，在增加粮食产量的同时，大幅度提高农业综合效益和人们的购买能力。贵州、甘肃和宁夏等人均耕地资源少的省（区），要重点利用特殊气候资源，发展特色、高效农业和有机农业，走出一条特色、高质量农业发展的新路子。

总之，保障国家粮食安全，首先要保障重点省（市、区）的粮食安全，即保障直辖市等大城市和粮食弱安全区的粮食安全，重点措施有：一是逐步建立健全共建、共享、长期、稳定的粮食供应基地，应对粮食供应链断裂的危机；二是保障重点人群的粮食安全（重点人群主要是指一旦粮食、食品涨价就缺乏购买能力的低收入人群），其根本出路在于通过扩大就业增加收入，或由政府、社会共同救济；三是保障重点粮食品种的安全，确保口粮完全自给，不再出现饥饿反弹，同时要实施大豆替代工程，把解决大豆问题作为保障粮食安全的突破口。

第十八章

主要作物的安全指数

1949年以来，特别是改革开放以来，中国粮食生产取得了辉煌成就，粮食总产增长了486%，中国是世界上粮食产量增长最快的国家。但由于人口的增长和消费水平的提升，中国粮食进口量逐年增加，近几年中国粮食进口量逐渐接近1亿吨水平，大豆等粮食品种对外依存度持续攀升，中国已经成为全球最大的粮食进口国。

一、粮食进口近1亿吨，人均进口约66千克

“立足国内、适度进口”是中国粮食安全保障的基本方针。随着粮食供需形势的变化，我国在粮食自给率政策上进行了细微的调整。[①]1995年以前，国家提倡自力更生解决人民粮食需求；1996—2012年，中国政府提出了确保粮食自给率达95%以上的目标；2013年，中国政府确立了谷物基本自给、口粮绝对安全的粮食安全新目标。

---

① 辛翔飞，王济民. 我国粮食自给水平目标设定：研究综述与政策启示［J］. 自然资源学报，2019，34（11）：2257-2269.

从稻谷、小麦、玉米、大豆四种主要粮食作物的进出口量和消费量来看，粮食进口量呈“V”字形，自给率呈倒“V”字形，拐点出现在1998年。1998年，四种粮食总净进口量为119.10万吨，人均进口量仅0.96千克；1998年之后，粮食进口量高速增长，进口总量平均每两年增加1000万吨；2017年，四种粮食进口量突破1亿吨大关，达到1.02亿吨；2018年，中国共进口粮食9256万吨，相当于人均进口粮食66.44千克。

从主要粮食作物来看，稻谷长期保持完全自给，小麦的自给率和初期相比有所提升，达到95%以上，玉米自给率稳定在98%以上。粮食进口量大幅增加、自给率高速降低的主要原因是大豆的大量进口。

二、口粮综合自给率稳定在98%以上

稻谷和小麦是重要的口粮作物，占口粮的比重超过91%。除少数地区外，在居民饮食消费习惯中，大米和面粉往往又是可以互相替代的品种。因此，在消费方面，稻谷和小麦可以互相调剂余缺，在自给率方面也可以累加计算。

按照稻谷和小麦进出口等量冲抵的算法，2018年口粮综合自给率为99.35%；1985—2018年，口粮综合自给率平均为98.01%。其中，口粮自给率在98.00%以上的有20年，占比为58.82%；口粮综合自给率在99.00%以上的有14年，占比为41.18%。

三、稻谷完全自给，进口与出口并存

稻谷是中国居民口粮的主要品种，稻谷占口粮的比重为57.54%，稻谷的自给水平在很大程度上决定了口粮的自给水平。由于杂交水稻技

术的推广应用，中国的稻作水平世界领先，在双季稻播种面积大幅减少、水稻播种面积出现下滑的情况下，稻谷产量持续增长，从1985年的16857万吨增加到2018年的21213万吨，增长了25.84%。

在主要粮食作物中，稻谷是唯一持续保持净出口的品种，1998年出口量最高达到了375万吨；1985—2018年平均每年出口113万吨，自给率平均为100.61%（见图18-1）。

四、小麦自给率在95%以上，进口量下降

作为中国第二大粮食作物，小麦占口粮的比重为33.70%，也是居民口粮的重要组成部分。由于播种面积相对稳定和单产提升，1985—2018年，小麦产量由8581万吨增加到13144万吨，增长了53.18%。

由于小麦生产能力的持续提升，小麦自给率也长期保持增长趋势。在小麦自给率最低的1988年，小麦净进口量达到1455万吨，自给率为85.45%。在小麦自给率最高的2008年，小麦净进口量仅4.3万吨，自给率达到了99.96%。

从小麦进口量变化来看，1996年之前，小麦进口量保持在1000万吨左右；1997—2011年，除个别年份外，小麦进口量保持在100万吨左右；2012年以后，小麦进口量保持在350万吨左右。从小麦自给率来看，除个别年份外，1996年之前的自给率在90%左右，1997—2011年的自给率基本保持在99%左右，2012年以后的自给率维持在98%左右（见图18-2）。

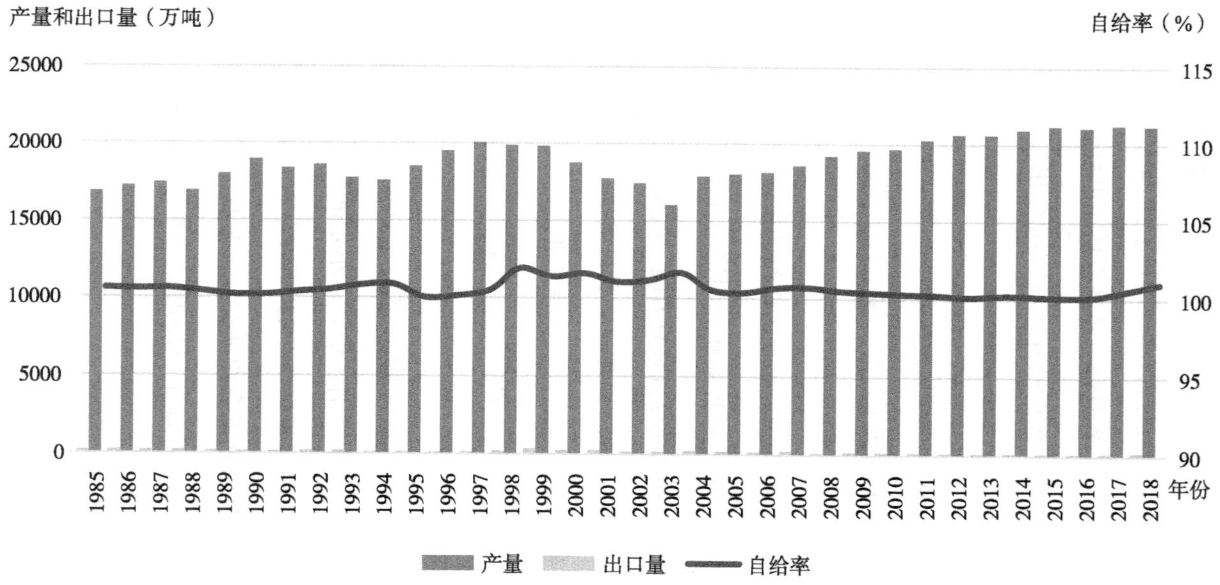

图18-1　1985—2018年稻谷产量、出口量和自给率

注：本章数据除特别说明外，均根据《中国统计年鉴》整理而得。

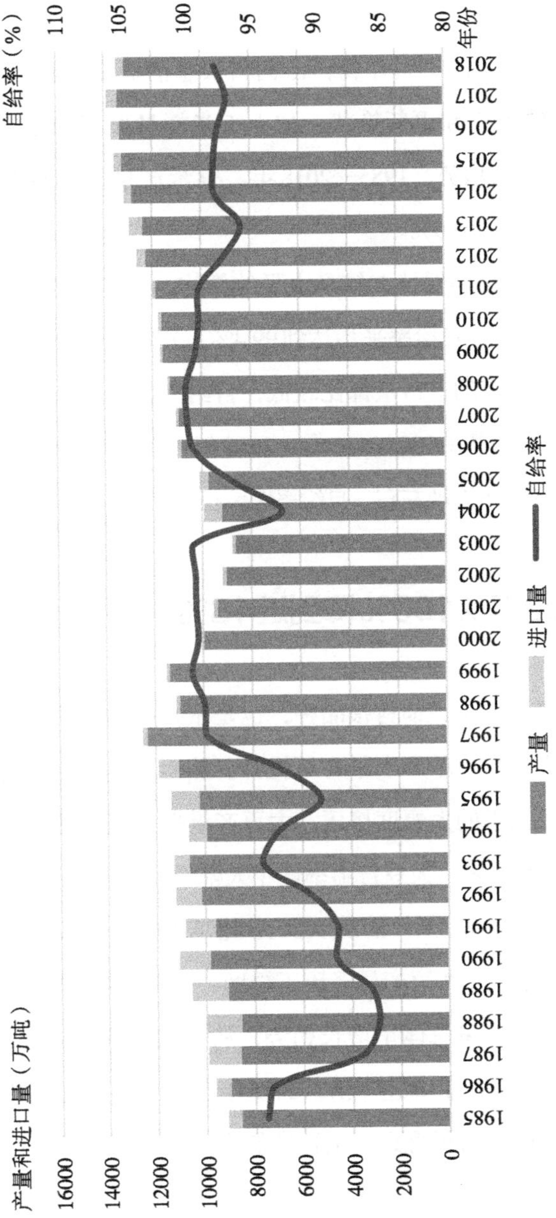

图 18-2 1985—2018年小麦产量、进口量和自给率

五、玉米自给率近年稳定在98%以上

玉米是中国最大的饲料作物，占饲料粮总消费量的80.0%以上。由于玉米杂交种的推广和更新换代，加上玉米播种面积的迅速扩大，玉米产量呈高速增长趋势。1985—2018年，玉米产量从6383万吨增加到25717万吨，增长了302.9%。

玉米是自给率长期保持在较高水平的作物。1985—2018年，玉米年均进口量为111万吨，自给率平均达到99.4%。分阶段来看，2011年以前，除个别年份外，玉米的进口量都比较低，自给率长期保持在99.0%以上，大部分年份的自给率在100.0%左右；2012年以后，玉米进口量有所增加，但基本保持在350万吨左右，自给率保持在98.5%左右（见图18–3）。

六、大豆自给率从100%降到近18%

大豆是重要的口粮、饲料粮品种，也是重要的油料品种。随着系列高产品种的出现，大豆单产水平有所提升。然而，由于经济效益不高以及种植面积受到玉米的大幅度挤压，大豆产量提升幅度难以满足高速增长的食用油和饲料需求，大豆自给率逐年大幅降低。

1985—2018年，大豆产量从1050万吨增加到1920万吨，增长了82.86%。分阶段来看，大豆产量经历了缓增、急降、恢复增长三个阶段。2002年以前，大豆产量总体呈增长趋势，从1050万吨增加到2241万吨；2003—2015年，大豆产量高速下滑，2015年产量降到1516万吨；2016年以后，由于大豆播种面积得到一定程度的恢复，大豆产量呈现恢复增长的态势（见图18–4）。

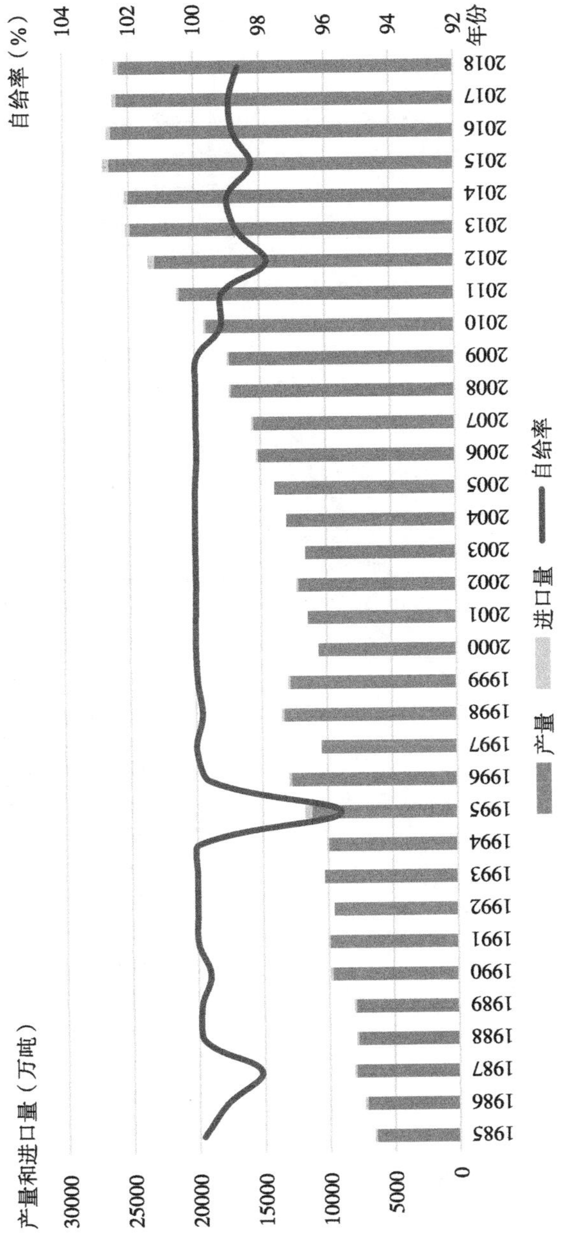

图18-3 1985—2018年玉米产量、进口量和自给率

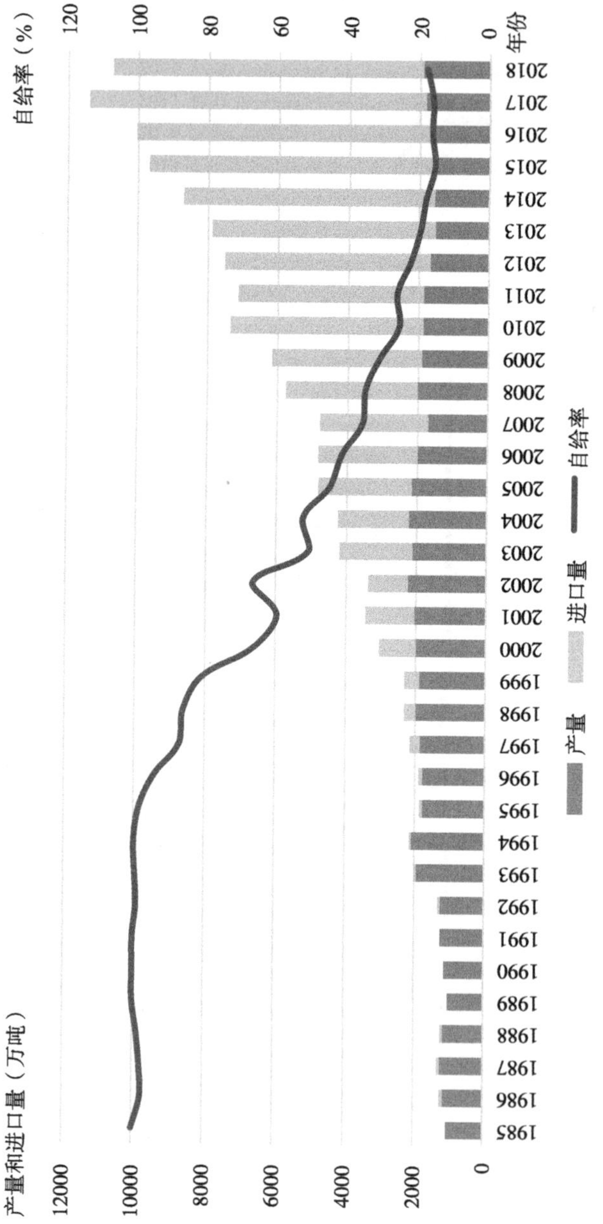

图18-4　1985—2018年大豆产量、进口量和自给率

从自给率变化来看，以1995年为界限，大豆自给率大概可以分成两个阶段。1995年以前，大豆进口量都在30万吨以内，自给率长期保持在98%左右，部分年份达到100%。自1996年开始，大豆自给率直线下滑，1996—2018年的23年时间，大豆进口量增长了302.6倍，大豆自给率下降80.5个百分点。其中，2015年的大豆自给率最低，仅为15.6%，同时大豆进口量达到8169万吨，是产量的5.4倍。

此外，食用植物油进口量持续高速增长：1985年食用植物油进口量为4万吨，2018年食用植物油进口量为629万吨，2012年食用植物油进口量达到最高的845万吨。2018年，中国食用植物油消费量约为1374万吨，进口量达到629万吨，自给率仅为54%。按照2018年进口大豆油55万吨、菜籽油130万吨、棕榈油357万吨，以及大豆和菜籽出油率为17%和35%的平均水平，相当于大豆和菜籽进口量分别增加了324万吨和371万吨，大豆的实际进口量接近1亿吨。

第十九章

粮食安全的现状与问题

中国是世界第一人口大国、农业大国、粮食生产大国、粮食进口大国、粮食消费大国。14亿人口告别了饥饿的长期困扰，中国粮食生产取得了举世瞩目的成就。在粮食产量实现12年连增的同时，中国的粮食进口量也是9年连增，而大豆自给率只有15%，油料自给率不足30%。随着人民收入不断提高、粮食消费不断增加、耕地面积不断减少的矛盾日趋尖锐，以及国际形势日趋复杂多变，中国粮食安全潜在风险依然存在。15年前，我们在《中国粮食安全研究》一书中对中国粮食安全的总体判断仍然符合当前实际：中国粮食安全问题可忧，不可怕。

2019年，中国人均粮食占有量已达474千克，即使国际粮食供应链出现断裂，中国也不会出现吃不饱的问题，但吃好却成为难题——粮价上涨、物价上升会引发一系列社会问题，我们不得不防患未然。

一、粮食安全的总体判断

虽然中国“吃饱”问题已解决，但吃好、吃安全、吃科学依然是难题。粮食安全问题的核心已由口粮安全转变为饲料粮安全，本质是肉类安全、食物安全。我们对当前及今后一个时期中国粮食安全的基本判断是：“低水平、高难度、紧平衡、弱安全”，吃饱没问题、吃好需进口，平时没问题、战时有危险。

（一）吃饱没问题

中国人均粮食占有量已超过联合国规定的粮食安全线。改革开放40多年来，中国粮食总产上升趋势明显，从1978年的30477.0万吨上升到2018年的65789.2万吨，增长了115.9%。中国人均粮食占有量也呈现明显上升趋势，从1978年的325.8千克上升到2018年的472.4千克，增长了45.0%（见图19-1），超过联合国规定的人均400千克的粮食安全线的18.1%。1998年，中国政府宣布农业进入新阶段，粮食数量不足的问题基本解决，质量不高的问题成为主要矛盾。联合国粮农组织测算，2002年中国居民人均每日食物热值、蛋白质和脂肪含量已超过世界平均水平。[①]2019年国务院新闻办公室发布的《中国的粮食安全》显示：“2018年，油料、猪牛羊肉、水产品、牛奶、蔬菜和水果的人均占有量分别为24.7千克、46.8千克、46.4千克、22.1千克、505.1千克和184.4千克。”[②]由此可见，吃饱问题已经解决。

居民人均可支配收入和居民家庭恩格尔系数升降显著。近年来，居民人均可支配收入持续提升，2018年全国居民人均可支配收入达28228.0元，城镇居民人均可支配收入达39250.8元，农村居民人均可支配收入达14617.0元。居民家庭恩格尔系数持续降低，2018年全国居民家庭恩格尔系数为28.4%，城镇居民家庭和农村居民家庭恩格尔系数分别下降至

---

① 国家发展和改革委员会《国家粮食安全中长期规划纲要（2008—2020年）》，2018年11月。

② 国务院新闻办公室《中国的粮食安全》，2019年10月。

27.7%和30.1%（见图19-2）。中国不仅解决了百姓吃饱的问题，而且正从吃饱向吃好转变。

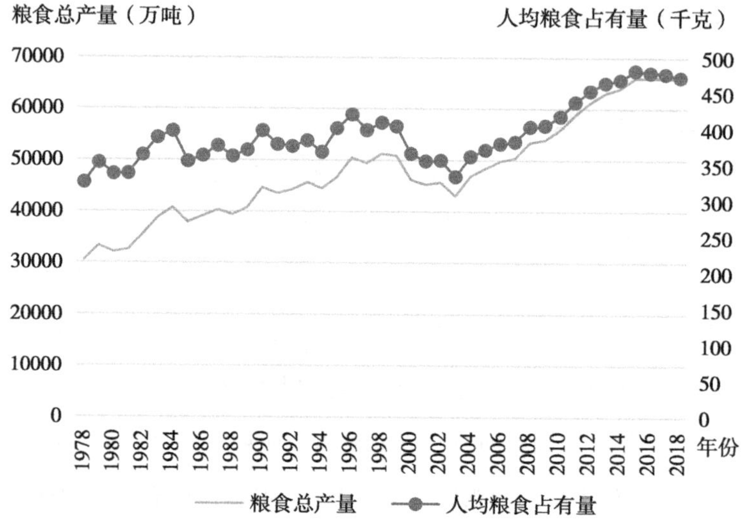

图19-1　1978—2018年我国粮食总产量和人均粮食占有量

资料来源：根据国家统计局统计资料整理。

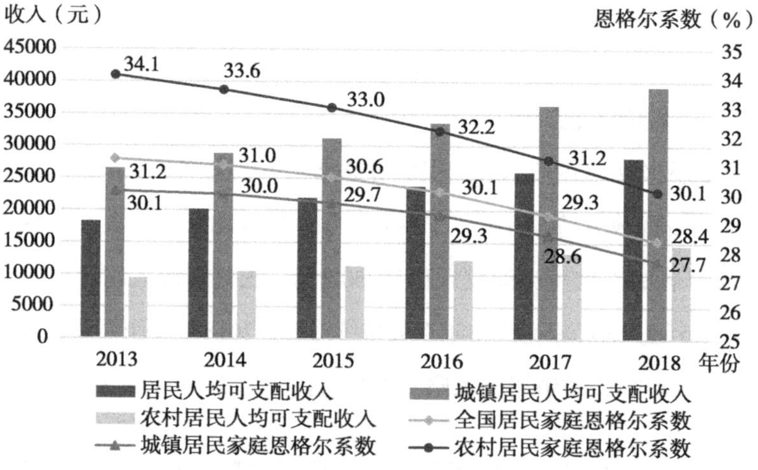

图19-2　全国居民人均可支配收入和居民家庭恩格尔系数

资料来源：根据国家统计局统计资料整理。

（二）吃好需进口

进口食物相当于9亿亩耕地产量。2019年，中国养活了14亿人口，消费了近29亿亩耕地生产的食物，其中进口粮油肉相当于约9亿亩耕地的产量（见表19-1）。因此，吃好需要依靠大量进口，特别是大豆和油料作物。

表19-1　2019年中国进口食物折算耕地面积

类别	进口量（万吨）	单产（千克/公顷）	相当进口谷物量（万吨）	折合耕地（万亩）
大豆	8851.0	1923.0	—	69040.6
其他谷物	1785.0	6272.0	—	4269.3
食用植物油	953.0	—	2859.0	6838.1
猪肉	199.4	—	797.6	1907.7
牛肉	166.0	—	1328.0	3176.3
奶粉	139.5	—	558.0	1334.6
合计				86566.6

资料来源：根据国家统计局统计资料和海关总署进口数据整理。

中国肉类、奶类、水果人均消费量仍然显著低于发达国家。2018年，中国谷物、蔬菜、水产、蛋类人均消费量分别为116.3千克、96.1千克、11.4千克、9.7千克，高于发达国家平均水平；中国肉类、水果人均消费分别为38.5千克和47.4千克，虽高于发展中国家平均水平，但分别比发达国家平均水平低32.5%和25.6%；而中国奶类人均消费量仅为12.2千克，低于发展中国家32.9千克的平均水平，更是比发达国家平均水平低89.8%。

居民日均营养供给水平与发达国家还有较大差距。2018年，中国居民日均摄入总热量、蛋白质、脂肪分别达到2980.0千卡、89.0克、92.0克，虽然均高于发展中国家平均水平，但依然分别比发达国家平均水平低10.5%、11.9%、24.6%（见表19-2），动物性蛋白摄入量尤其不足。

表19-2 2018年中国人均食物消费和营养供给比较

种类		国别		
		中国	发达国家	发展中国家
年均食物（千克）	谷物	116.3	100.2	119.4
	肉类	38.5	57.0	20.0
	水产	11.4	7.5	5.4
	蛋类	9.7	6.8	4.0
	奶类	12.2	119.6	32.9
	蔬菜	96.1	40.9	42.0
	水果	47.4	63.7	40.7
日均营养	总热量（千卡）	2980.0	3331.0	2668.0
	蛋白质（克）	89.0	101.0	68.0
	脂肪（克）	92.0	122.0	68.0

资料来源：根据国家统计局统计资料和联合国粮农组织数据折算整理。

“吃好”的难度依然较大。中国肉、蛋、奶总产量分别由1999年的5949.0万吨、2134.7万吨、806.9万吨增加到2015年的8625.0万吨、2999.2万吨、3870.3万吨，近年来分别维持在8600.0万吨、3100.0万吨和3100.0万吨左右。从中国目前的饲料粮潜力与生态环境承载能力来分析，畜产品产量持续提高的难度明显加大，通过提高动物性蛋白摄入量来达到“吃好”的标准依然是一个较大的难题。

（三）低水平、高难度、紧平衡、弱安全

1990年，我们在《中国农业：问题·潜力·道路·效益》一书中对粮食安全的基本判断是9个字——“低水平、高难度、不安全”，主要理由：一是人均粮食占有量361千克（1989年），没有达到400千克安全线；二是人口数量增长，耕地面积下降，农业成本上升，粮食增产难度加大；三是随着生活水平的提高，人均消费粮食将大幅度增加。30年前，我们提出“人均400千克是20世纪80年代的温饱指标，到21世纪则是一个不安全的指标”[①]，现在回头看来这是正确的。

2005年，我们在《中国粮食安全研究》一书中对粮食安全的总体判断是“基本上解决了粮食数量不足的问题，但在人口高峰期之前，粮食安全问题将始终存在”，主要理由是：随着人民生活水平的不断改善，人均粮食消费将不断提高，而随着城镇化的加快，我国耕地面积不断下降，“三不断”构成尖锐的矛盾，需要新的政策与技术化解矛盾。

30年之后，我们对中国粮食安全的基本判断为：低水平、高难度、紧平衡、弱安全。“低水平”是指人均粮食占有量为474千克，刚刚超过400千克安全线。“有难度”主要是指粮食增产难度加大，粮食生产成本居高不下。为了保证粮食增产，大量使用化肥、农药，大量投入种粮补贴，以及通过提价、补贴等调动农民种粮积极性的措施都接近天花板。“紧平衡”“弱安全”是指粮食供需仍然处于紧平衡状态，进口食物相当于9亿亩耕地产量，没有进口就难以保持粮食供求平衡。也就是说，要吃好，中国必须依赖大量进口。此外，中国粮食价格比国际市场高出35%～50%[②]，粮食生产长期在高成本、高价格、低效益状态下运行，存在

① 王宏广. 中国农业：问题·潜力·道路·效益［M］. 北京：中国农业出版社，1993.

② 陈锡文，2016年10月26日在清华大学“新浪·长安讲坛”上发表的《关于农业供给侧结构性改革》演讲。

不安全因素，特别是在国际粮食供应链面临短期甚至长期断裂的情况下，粮食可能由“弱安全”变为不安全，中国人面临只能吃饱、不能吃好的风险。

粮食持续增产的难度较大。纵观近20年来中国粮食生产历程，粮食总产在突破6.5亿吨后，连续几年保持在高位水平。受自然资源、生产效益等多种因素制约，粮食总产持续上升的难度较大。近20年来，粮食单产持续上升的趋势明显，但在2012年超过5300千克/公顷的高位后，上升趋势明显放缓；受品种、地力等因素制约，粮食单产短期内大幅度提高的难度同样较大（见图19-3）。

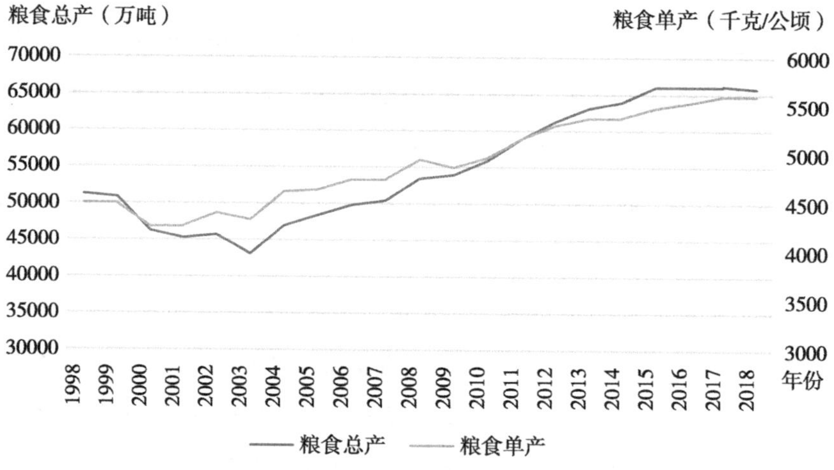

图19-3 1998—2018年我国粮食总产和单产

资料来源：根据国家统计局统计资料整理。

“低水平、高难度、紧平衡、弱安全”将是中国粮食安全的新常态。在今后一段时期内，随着中国人口数量的不断增长和人民生活水平的日益提高，以及饲料、工业用粮的持续增加，中国粮食需求量将会进一步增加，供需矛盾将更加明显，粮食将会长期保持弱安全状态。

二、粮食安全面临九大难题

《国家粮食安全中长期规划纲要（2008—2020年）》明确指出，中国粮食安全面临消费需求刚性增长、耕地数量逐年减少、水资源短缺矛盾凸现、供需区域性矛盾突出、品种结构性矛盾加剧、种粮比较效益偏低、全球粮食供求偏紧七大挑战。研究表明，中国粮食安全仍然面临隐性自给率低、粮食战风险大、耕地面积下降、种粮规模小效益低、政策杠杆变弱、技术潜力变小、无人种粮、储粮压力大、吃得不科学九大难题。

（一）粮食进口量较大，隐性自给率仅为70%

中国口粮自给率达98%以上，谷物基本自给，但这并不能够全面反映粮食安全问题，甚至在一定程度上掩盖了粮食安全面临的深层次矛盾。其原因是：在中国吃饱问题解决以后，粮食安全问题已经转化为饲料粮安全问题以及肉类产量与价格问题。中国14亿人口消费了29亿亩耕地的食物，虽然口粮自给率接近99%，但需要进口粮油肉相当于约9亿亩耕地的食物，粮食隐性自给率只有70%，大豆和油料自给率分别仅为15%和30%。

近年来，中国坚持“谷物基本自给，口粮绝对安全”的粮食安全战略，粮食总产连续多年稳定在6.5亿吨以上水平。但近20年来，中国粮食、谷物和口粮自给率均呈下降趋势。粮食自给率由1998年的100.4%下降至2018年的85.5%；谷物和口粮自给率虽下降没有粮食自给率明显，但也分别从1998年的101.1%和100.7%下降至2018年的97.1%和98.9%（见图19–4）。2018年，中国进口包括大豆等油料和饲料在内的粮食总量为11555万吨，其中谷物及谷物粉进口量为2047万吨、大豆进口量为

8803万吨、食用植物油进口量为629万吨、糖料进口量为119万吨、食糖进口量为280万吨、肉类进口量为413万吨、禽类进口量为51万吨、奶类进口量为265万吨、饲料用鱼粉进口量为146万吨，[①]相当于进口了约9亿亩耕地的粮食产量。

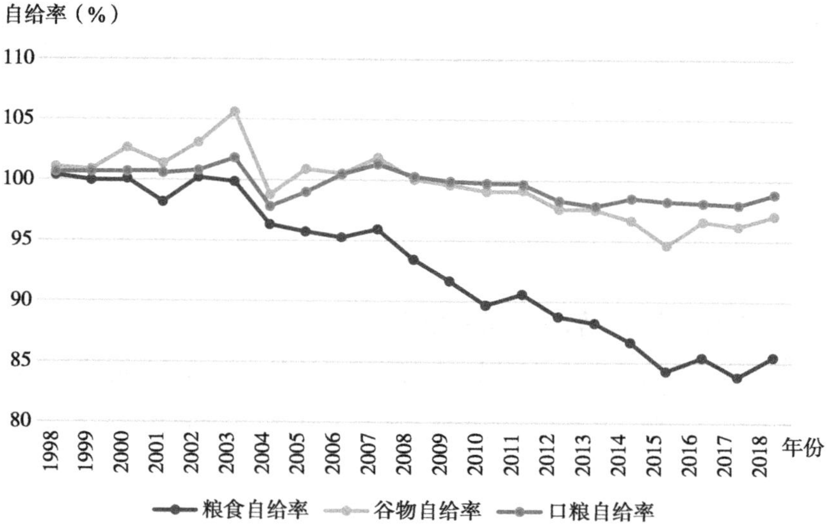

图19-4　1998—2018年我国粮食、谷物、口粮自给率

资料来源：根据国家统计局统计资料和海关总署进口数据整理。

口粮自给率近99%，绝不等于粮食安全。14亿人口消费了29亿耕地的食物，粮食隐性自给率由2014年的75.5%下降到2019年的70.0%。中国粮食安全存在较为严重的深层次问题，亟待进行重新认识和引起足够重视。

① 国务院新闻办公室《中国的粮食安全》，2019年10月。

（二）主要缺乏饲料粮，大豆对外依存度为85%

中国口粮自给率长期保持98%以上，粮食进口主要是饲料粮、工业用粮，大豆自给率仅为15%。当前，新冠肺炎疫情导致10多个国家限制粮食出口，世界粮食供应链出现断裂，中美关系复杂多变，美国又是主要大豆出口国，而中国作为粮食进口大国，粮食安全风险陡然增加。

大豆对外依存度高达85%。从统计数据来看，1996年以前，中国大豆年进口量处于30万吨以下；自1996年以来，中国大豆年进口数量开始大幅增长，2000年首次超过1000万吨。近年来，中国大豆进口数量一路飙升，2018年达8803万吨；中国大豆总产量保持低水平状态相对稳定，进口依存度持续上升，2015年达到87%，自2012年以来一直保持在80%以上的高位（见图19-5）。

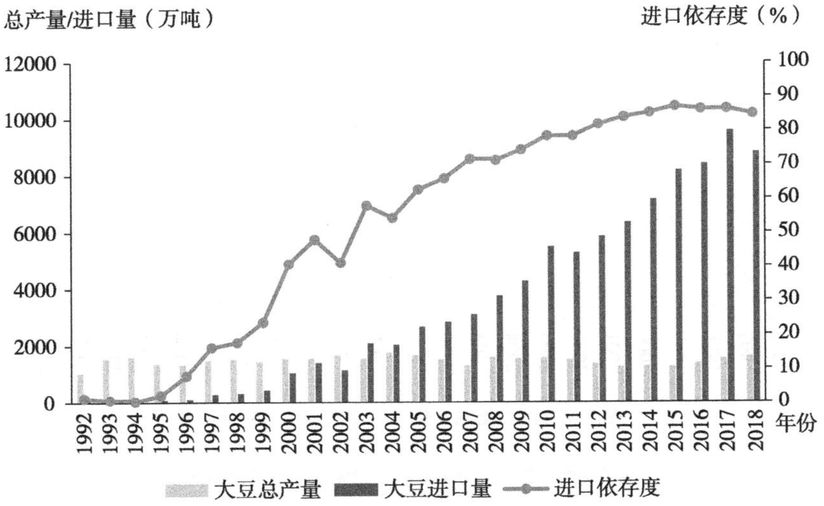

图19-5 1992年—2018年我国大豆总产量和进口量

资料来源：根据国家统计局统计资料和海关总署进口数据整理。

中国从巴西和美国进口大豆占比曾高达94%。2018年，中国从巴西进口大豆6610万吨，占大豆进口总量的75.1%；中国从美国进口大豆1664万吨，占大豆进口总量的18.9%。①大豆进口对单一国家的高度依赖和国际粮食供应链的不稳定性，无疑增加了中国粮食安全的潜在风险。

大豆进口的高依存度关乎油脂供应和下游畜禽产业供应链供给安全。中国进口大豆几乎都用于压榨加工，从加工豆油和饲料用豆粕占全国食用植物油和饲料总量来看，该占比分别由1996年的2.0%和1.6%上升到2018年的29.5%和30.9%，其间虽有波动，但上升趋势较为显著（见图19-6）。由此不难看出，进口大豆加工后的豆油和豆粕，已经成为近年来中国食用植物油和畜禽饲料的重要组成部分。这给中国粮食安全带来了较大风险，在客观上要求我们时刻防御世界范围内的粮食战争。

图19-6　1996—2018年进口大豆加工产品占比

资料来源：根据国家统计局、农业农村部统计资料整理。

① 智研咨询《2019—2025年中国大豆油行业市场专项调研及投资前景分析报告》，2019年4月。

（三）保护耕地压力大，城镇化需要大量土地

国家统计局的数据显示，2019年年末全国总人口为140005万人，比上年年末增加467万人，其中城镇常住人口为84843万人，常住人口城镇化率为60.6%，比上年年末提高1.02个百分点；户籍人口城镇化率为44.38%，比上年年末提高1.01个百分点。按发达国家城市化率80%计算，中国城镇化在未来20年仍然需要保持每年1个百分点的速度增长，还将有2.5亿～2.8亿人口进城，需要占用大量土地。

从中华人民共和国成立以来中国耕地面积变化情况来看，1949年耕地面积为14.69亿亩，1957年达历史最高值16.77亿亩，到1995年降为14.24亿亩。1996年，根据第一次土地调查结果，耕地面积调整为19.51亿亩，随后逐年下降，2006年降至18.26亿亩，2012年仍为18.26亿亩。2013年12月，根据第二次土地调查结果，耕地面积调整为20.27亿亩。虽然两次土地调查都对耕地面积进行了调整，但各个阶段耕地面积逐年下降的趋势依然明显。从近年的情况来看，全国耕地面积由2013年的20.27亿亩下降为2017年的20.23亿亩，年均下降80多万亩，保持耕地面积的压力不断加大。

（四）种粮规模小、效益低，粮食复种指数下降

第三次农业普查数据显示，小农户数量占农业经营主体的98%以上，占农业从业人员的90%；小农户经营耕地面积占总耕地面积的70%；在2.3亿农户中，2.1亿农户经营耕地面积在10亩以下。2018年流转的承包地面积仅占家庭承包经营面积的37%，户均经营规模仅为7.8亩。[①]中国当前土地流转率不高、社会化服务组织不健全、规模化经营度低、标准化专业化水

① 2019年3月1日，中央农村工作领导小组办公室副主任、农业农村部副部长韩俊在国务院新闻办关于《关于促进小农户和现代农业发展有机衔接的意见》新闻发布会上的介绍。

平低的现实，导致种粮比较效益低，较大程度地影响了农民种粮积极性。

粮食生产净利润和成本利润率持续降低。近年来，中国粮食生产净利润和成本利润率分别由2011年的250.8元和31.7%下降到2018年的−85.6元和−7.8%。要扭转目前粮食生产的这种被动局面，中国亟须推动以规模化、专业化、机械化、标准化为主要内容的新一轮农业改革，不断降低粮食生产成本，全面提高粮食生产效益，以调动农业生产者产粮的积极性。

种粮比较效益低导致大量耕地撂荒，粮食复种指数下降。近年来，种粮比较效益持续降低，农民种粮与打工收入比由2005年的1∶5下降至2018年的1∶10以上。农民不愿种粮，耕地弃耕撂荒现象较为普遍，耕作难度较大的山地、丘陵地区耕地弃耕撂荒现象尤为严重。专家测算，2017年全国累计耕地撂荒面积高达1.37亿亩，撂荒率达6.75%，且还在逐年增加。[①]这使得中国近15年来复种指数不断下降，复种指数已由最高年份2006年的128.9%下降到2018年的123.0%，下降了5.9个百分点（见图19−7）。

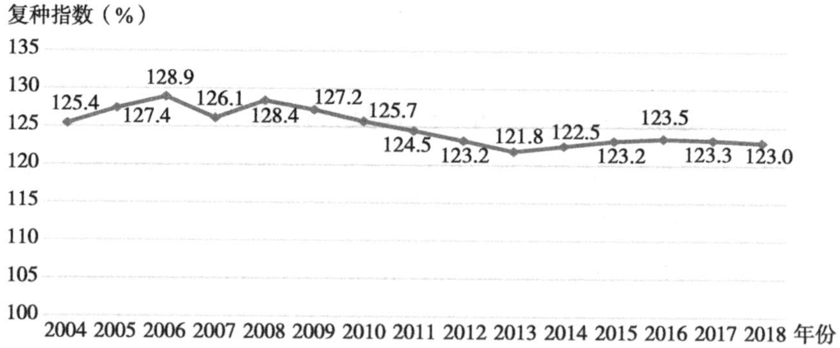

图19−7　2004—2018年我国复种指数

资料来源：根据国家统计局统计资料整理。

① 李广泳，等. 我国耕地撂荒机理及盘活对策研究［EB/OL］.［2020−06−11］. https://doi.org/10.19676/j.cnki.1672-6995.000482.

（五）国际竞争力弱，粮价比美国高70%以上

我国粮食生产成本27年增长了6.1倍，成本“地板”不断上升；粮价40年增长了8～12倍，已遇上“天花板”。国内粮价显著高于国际粮价，粮食生产国际竞争力弱。依靠补贴与提高农产品收购价的政策效应已不够明显，粮食生产政策杠杆变弱。

粮食生产成本持续升高。化肥施用量由1978年的884.0万吨增加到2018年的5653.4万吨，40年增长了5.4倍；农药使用量由1991年的76.5万吨增加到2018年的150.4万吨，27年增长了近1倍（见图19−8）。农业投入品的持续增加，导致粮食生产成本不断增加，由1991年的153.9元/亩增加到2018年的1093.8元/亩，增长了6.1倍，粮食生产成本的“地板”不断上升（见图19−8）。

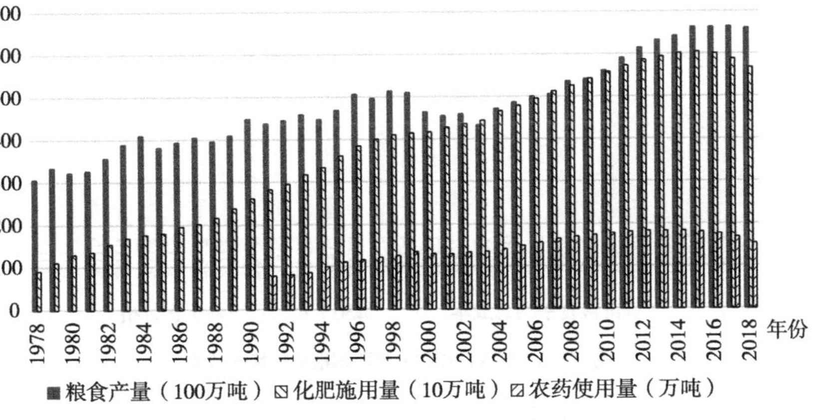

图19−8　1978—2018年中国粮食产量、化肥施用量和农药使用量

资料来源：国家统计局。

粮食价格不断上升，已明显高于国际市场，国际竞争力大大降低。近年来，中国粮食价格不断上升，由1991年26.1元/50千克增加到2018年109.7元/50千克，增长了3.2倍（见图19−9）；稻谷、小麦、玉米、大

豆等主要粮食作物平均出售价格40年分别增长了10.88倍、7.13倍、8.44倍和8.05倍（见表19-3），这使得中国粮食价格长期高于国际市场30%以上，粮食产业的国际竞争力已大大降低。而与全世界最重要的粮食生产国和出口国美国相比，2016年，中国的小麦、水稻、玉米、大豆四类粮食作物价格分别高于美国169.3%、144.5%、100.2%和67.1%，主要粮食作物平均价格高出美国120.3%，高出率比2011年提高81.9%（见表19-4），粮食价格失去竞争力。

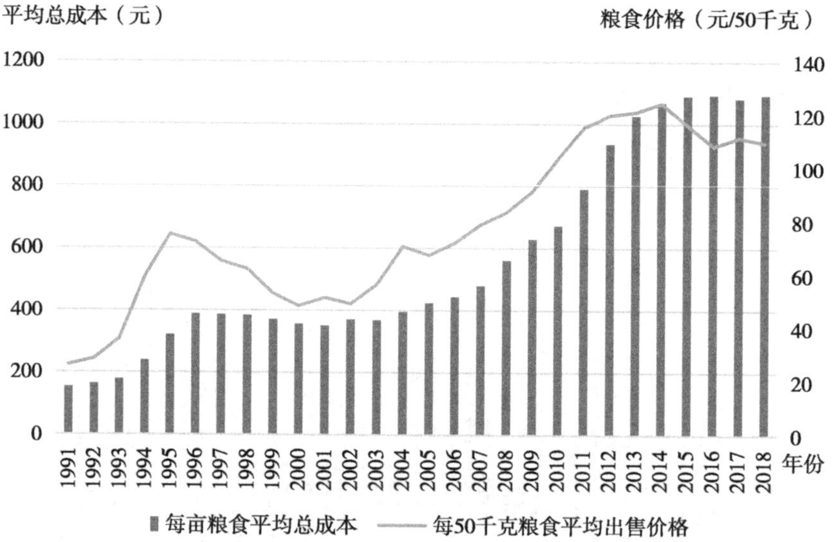

图19-9　1991—2018年我国粮食价格与成本

资料来源：根据国家统计局、农业农村部统计资料整理。

表19-3　中国1978—2018年主要粮食作物平均出售价格（元/50千克）

种类	1978年	1985年	1990年	1996年	2004年	2008年	2013年	2018年
稻谷	10.89	17.50	29.13	80.62	79.82	95.11	136.52	129.42
小麦	13.79	21.37	30.43	80.99	74.47	82.76	117.81	112.18

（续表）

种类	1978年	1985年	1990年	1996年	2004年	2008年	2013年	2018年
玉米	9.30	15.53	21.92	57.23	58.06	72.48	108.81	87.80
大豆	20.24	35.74	58.57	148.24	141.02	184.26	234.36	183.09

资料来源：根据国家统计局、国家发改委统计资料整理。

表19-4　2011—2016年中美两国主要粮食作物价格（美元/吨）

种类	国别	2011年	2012年	2013年	2014年	2015年	2016年
小麦	中国	321.5	323.3	355.1	377.0	391.4	385.1
	美国	266.0	286.0	252.0	220.0	180.0	143.0
水稻	中国	403.9	456.4	492.3	457.9	459.4	559.9
	美国	320.0	333.0	359.0	295.0	269.0	229.0
玉米	中国	321.8	383.5	489.1	441.9	432.4	264.3
	美国	245.0	271.0	176.0	146.0	142.0	132.0
大豆	中国	803.4	841.5	677.9	869.7	808.2	581.5
	美国	459.0	529.0	478.0	371.0	329.0	348.0

资料来源：根据联合国粮农组织数据资料整理。

粮食生产成本利润率不断降低。从2003年以来中国小麦、水稻、玉米平均成本类型变化情况来看，每亩生产成本和土地成本的增幅分别为11.1%和20.6%，对总成本增加的贡献率分别达76.9%和23.1%。而生产成本中的人工成本增幅为14.1%，明显高于其他生产成本（见图19-10）。粮食生产成本利润率不断降低，影响了地方政府抓粮和农民种粮的积极性。

（六）技术潜力变小，粮食增产难度明显加大

粮食增产科技保障措施的潜力空间越来越小。从中华人民共和国成立以来保障粮食生产的科技措施来看，随着育种技术的不断更新，粮食作物的良种化水平显著提升。加之不同发展阶段水利、化肥、机械化的不断应用，粮食总产和单产都显著上升。近年来，我国又先后实施了粮食丰产科技、配方施肥、渤海粮仓科技示范工程等，为粮食生产提供了较好的技术保障。虽然密集的技术措施有效保障了粮食生产，但农业技术进步难度越来越大，增长潜力空间越来越小。

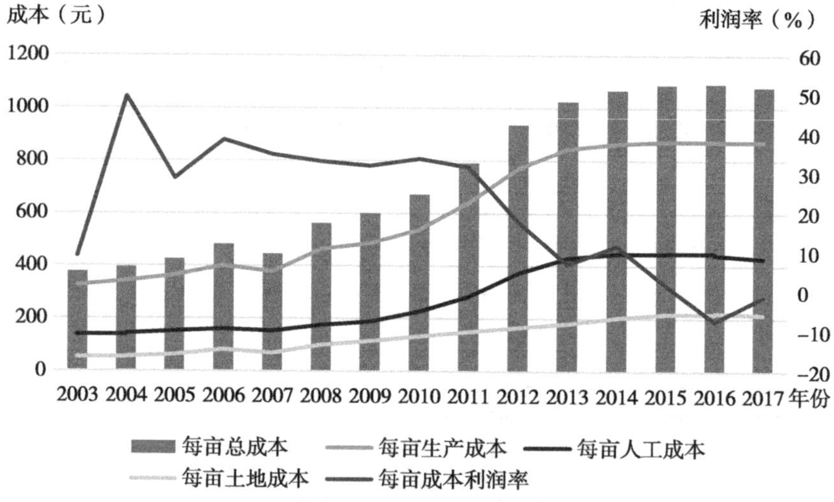

图19-10　2003—2017年小麦水稻玉米平均成本

资料来源：根据国家统计局、农业农村部统计资料整理。

持续提升粮食单产的难度较大。中国粮食作物单产由1950年的1155千克/公顷提高到2018年的5621千克/公顷，增长了387%。主要作物单产已接近相同农业生态区的上限。中国存在地域广阔、气候差异大、自然灾害频繁、土壤肥力下降等因素，提高粮食单产长期依靠大量使用化

肥、农药。在化肥、农药使用量已经偏高的情况下，小的技术改进已不足以使粮食生产迈上新台阶。中国没有农业技术的重大突破，进一步提高粮食单产的潜力有限。近年来，粮食单产增长率呈现持续下降趋势，已由2004年的6.6%下降到2018年的0.2%。粮食单产水平已接近当前技术水平的临界点，需要育种、化肥高效利用等技术的重大突破。

（七）年轻农民不愿种粮，需要培养未来农民

由于农业劳动强度大、工资低，缺少城市“五险一金”保障，加之农村教育、卫生、饮水、文化、体育、娱乐等生活设施严重滞后，年轻人纷纷涌向城镇就业，50岁以下粮农已不多见，未来谁种粮已经成为一个亟待认真解决的问题。

中国农业劳动力正在加速老化。从第三次全国农业普查数据来看，2016年年末全国超过55岁的农业劳动力占比为33.6%，比1996年第一次全国农业普查中占比增长21.3%；而35岁以下农业劳动力规模却从1996年末的53.4%缩小到19.2%。有学者预测，到2020年，中国农业劳动力的平均年龄将为55～56岁。[①]解决未来谁来种粮的问题日趋紧迫。

（八）城乡居民均不愿储粮，国家储粮压力大

农民基本不储备粮食，粮食储备任务几乎都由国家来承担。全国标准粮食仓房仓容22年增长7倍，粮食储备压力增大，且存在一定程度的潜在市场风险。

历史上，中国农民通常具有储备一年到一年半粮食的习惯。但近年

① 黄季焜，等. 未来谁来种地：基于我国农户劳动力就业代际差异视角［J］. 农业技术经济，2015（1）：4-10.

来，随着粮食合同定购制度的取消和粮食收购政策的放开，特别是随着市场粮油食品种类的不断丰富，农民已经基本不再储备粮食，粮食储备的任务几乎都由国家粮食储备系统来承担。《中国的粮食安全》白皮书数据显示，2018年全国标准粮食仓房仓容已达6.7亿吨，比1996年增长7倍，按年储备6.7亿吨粮食计算，中国每年至少需要13400亿元的粮食储备资金，这使得国家粮食储备压力巨大。而且，没有了农户储粮这个粮食安全的"减压阀"，一旦出现社会危机，国家就会在一定程度上存在"抢粮"与哄抬粮价的系统性市场风险。

（九）营养科学普及不够，肥胖人口达2.5亿

吃饭也是一门学问，许多人吃得不科学，甚至不会吃。有的人吃得偏多，营养过剩，有的人为了减肥，吃得偏少，营养不良；有的人偏食，营养单一、不均衡；有的人吃得不规律，营养供给不连续。中国超重和肥胖人群比例40年增长了3.7倍，肥胖率已达10.5%，全国因营养过剩导致的超重肥胖人群高达2.5亿。这不仅较大程度地造成了食物的浪费，而且由肥胖引发的一系列疾病影响了国民整体健康水平。

世界卫生组织统计，中国超重和肥胖人群（体重指数BMI≥25千克/平方米）的比例由1978年的9.9%上升至2018年的36.7%，40年增长了2.7倍，肥胖率（体重指数BMI≥30千克/平方米）达10.5%。目前，全国因营养过剩导致的肥胖人口已达2.5亿人，且近年来保持了较大幅度的上升趋势。中国居民处在由吃饱向吃好的过渡时期，摆脱了营养不良困境后，如何保持膳食平衡、克服营养过剩、做到科学饮食，亟须食物消费理念和消费文化的革新。

第五篇

中国粮食安全：战略与对策

粮食安全战略：口粮自给、适度进口，平时吃好、战时吃饱；开展第四次农业体制改革，推进第二次绿色革命，持续推进农业工业化、农村城镇化、农民知识化；促进粮食生产“规模化、标准化、高效化、生态化”，加速农业大国向农业强国的根本性转变。

粮食安全对策：“八”管齐下，实施两大工程；要粮于技、藏粮于地、生粮于海、产粮于山、生粮于改、储粮于友、节粮于用、稳粮于共同体，实施8亿吨粮食安全工程、大豆进口替代工程。

粮食安全措施：粮食品种更换两代，复种指数提高5个百分点，扩大高标准农田建设，耐盐碱水稻、藜麦种植取得重大突破。

第二十章
粮食生产与需求预测

粮食生产与需求预测是一个比较困难的事，因为计划总是赶不上变化。但在正常情况下，粮食的生产与消费是有规律可循的。粮食生产总是随着技术、农民积极性的变化而变化，而农民积极性又随着政策的变化而变化。当政府重视、投入增加时，粮食增长就快，反之亦然。粮食消费随着人们生活水平的改善而不断提高，但参照国际经验，当人均粮食消费达到700千克时，粮食消费增长速度会下降。2019年，我国人均粮食消费达474千克，人均粮食消费还有200多千克的上升空间，在人口高峰期前，粮食安全的弦始终不能松。

本章在对国内外人口、经济、城镇化水平发展形势进行分析，对我国粮食生产能力进行评估，对粮食消费需求进行测算的基础上，对我国2030—2050年的粮食生产与消费需求进行了分析预测。结果表明，随着科技的进步，我国2030年、2040年粮食产能有望达到7.5亿～9亿吨，粮食消费量可能达到8亿～10亿吨，需要进口粮食1亿吨左右。

一、人口高峰在14.4亿人左右

关于中国人口的预测，有多种不同的方案，但多数研究结果表明，中国人口数量将在2030年左右达到高峰。

（一）2030年人口将达到14.4亿人左右

2019年6月，联合国发布的《2019年世界人口展望》显示，全球人口预计在未来的30年再增加20亿人，从2019年的77亿人增加至2050年的97亿人。由于长期的低生育率，2019—2050年，约有55个国家和地区的人口数量会减少1%，其中26个国家的人口数量会减少10%，中国的人口数量会减少2.2%，约3100万人。

国家统计局公布的数据显示，中国2018年的人口总数为13.95亿人。按照联合国《2019年世界人口展望》的中水平预测方案，中国的总和生育率设定为2015—2020年1.63、2020—2025年1.66、2025—2030年1.69、2030—2035年1.71、2035—2040年1.72、2040—2045年1.74、2045—2050年1.75，中国人口将在2031年达到峰值14.35亿人，从2032年开始进入持续的负增长，2050年降至13.74亿人（见图20-1）。

中国社会科学院发布的《人口与劳动绿皮书：中国人口与劳动问题报告No.20》预测，中国人口2030年将会达到峰值14.41亿人，2050年减少到13.64亿人。世界银行预测，中国2030年人口高峰达到14.38亿人，2040年和2050年人口分别降至14.24亿人和13.77亿人。中国社会科学院人口与劳动经济研究所蔡舫预测，中国2045年左右达到人口峰值14.90亿人。农业农村部市场预警专家委员会发布的《中国农业展望报告（2020—2029）》预测，低生育和出生人口规模的减少将促使人口增长继续放缓，2029年中国人口预计14.36亿人。综合多种预测结果，中国人口到2030年将达到14.4亿左右，2050年达到13.7亿左右。

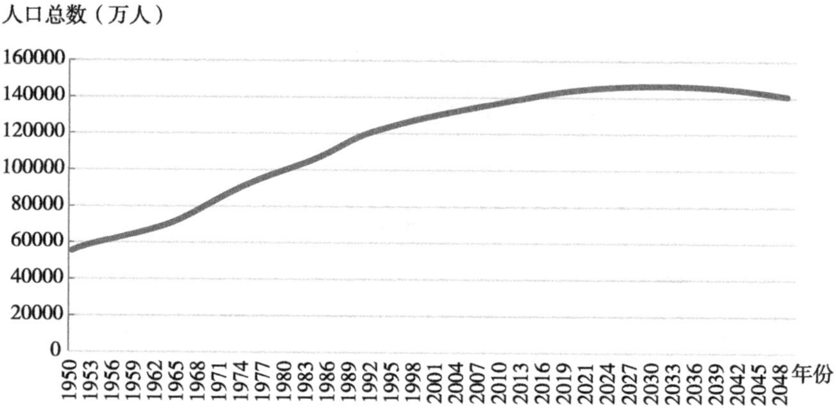

图20-1　1950—2050年中国人口总数

资料来源：联合国《2019年世界人口展望》。

（二）城镇化率有望达到70%以上

城镇化是国家现代化的重要标志。1978年，中国启动人口城镇化进程，从2000年开始加速，到2017年城镇化水平提高了40个百分点。《国家新型城镇化规划（2014—2020年）》预计，2020年中国常住人口城镇化率将达到60%左右。

2019年年末，中国城镇常住人口为84843万，占总人口的60.60%，常住人口城镇化率首次超过60%，但仍远低于发达国家80%的平均水平。2010—2019年，中国城镇化速度保持在年均1.78%左右。从发达国家发展经验来看，当城镇化率超过60%以后，城镇化速度会出现一定程度的放缓。

中国社会科学院发布的《人口与劳动绿皮书：中国人口与劳动问题报告No.19》预测，按照中国2000—2017年的发展速度，2018年的人口城镇化水平可以达到60%，标志着中国的人口城镇化进程已进入中期发展阶段的后半期。联合国2018年预测，中国城镇化中期发展阶段将在2030年结束，人口城镇化水平将达到70%；人口城镇化自2031年开始进入后期发展阶段，于2050年达到80%。中国社会科学院城市发展与环境研究所魏后凯（2016年）预测，2020—2030年、2030—2040年、2040—2050年中国城镇化速度分别为1.27%、0.98%和0.79%，城镇化速度呈现逐步降低趋势。综合多种预测方案，中国城镇化率在2030年、2040年、2050年将分别达到68%、75%和80%左右。也就是说，中国城镇人口在2030年和2050年分别达到9.82亿人和11.21亿人（见图20-2）。

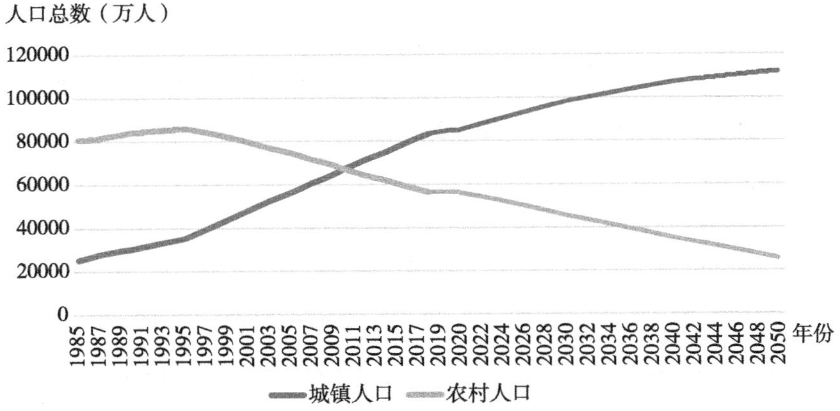

图20-2 1985—2050年中国城镇和农村人口数

（三）GDP总量达到160万亿元左右和350万亿元左右

2018年，中国GDP增幅为6.57%、GDP总量达到83万亿元（按2015年价格水平，下同）。关于经济增速的研究和预测有很多，结论也有一些差别，但总体来看，在之后的30年，中国经济增速放缓甚至接近全球经济增幅，基本成为共识。

世界银行预测，未来中国经济增速将逐步下行，大约每10年下行1

个百分点，到2050年前后，中国经济增速大致在略高于4%的区间，GDP总量突破100万亿美元。中国社会科学院人口与劳动经济研究所蔡昉等（2018年）研究认为，中国改革开放40年经济增速保持年均9.5%的增长，人口红利起到了很大的作用。随着人口红利的消失，中国2050年的经济增速会跌到3%的世界水平。清华大学经管学院白重恩（2018年）研究认为，预计中国潜在经济增长率在2021—2025年降至5.57%，在2026—2030年降至4.82%，在2031—2035年降至3.94%……在2046—2050年降至2.98%的水平。

我们在《填平第二经济大国陷阱：中美经济差距与趋势》中预测，按照高、中、低三个方案，2025年中国的GDP分别达到135.6万亿元、133.7万亿元、130.6万亿元，2035年中国的GDP分别达到220.3万亿元、217.7万亿元、212.6万亿元（见表20-1）。

表20-1　2025—2035年中国经济增长潜力预测

指标	2025年			2035年		
GDP增长率（%）	6.3	6.0	5.5	5.0	4.5	4.0
GDP总量（万亿元）	135.6	133.7	130.6	220.3	217.7	212.6
人均GDP（万元）	9.8	9.6	9.4	16.0	15.7	15.3

资料来源：《填平第二经济大国陷阱：中美经济差距与趋势》。

本研究综合多方预测结果，根据《2019年世界人口展望》的中水平方案预测，中国2030年GDP增幅为5%、GDP总量达到162万亿元，2050年GDP增幅降低到3%、GDP总量达到351万亿元。

按照2018年1美元兑6.6174元人民币的平均汇率①，中国2018年GDP

① 《中华人民共和国2018年国民经济和社会发展统计公报》，2019年。

总量为12.6万亿美元，人均9021美元；2030年GDP总量达到24.5万亿美元，人均1.71万美元；2050年GDP总量达到53.17万亿美元，人均3.87万美元。

二、粮食总产有望达到9.59亿吨

随着粮食消费需求的持续增长，以及农业生产条件的改善、农业生产技术水平的提升，未来中国的粮食生产能力将进一步提升，2030年和2050年粮食生产能力有望分别达到7.68亿吨和9.59亿吨。

（一）粮食产量预测的基本假设

耕地面积保持基本稳定，到2050年，复种指数提高到130%左右。我们预计，国家将继续实行严格的耕地保护制度和基本农田建设，耕地面积继续保持在20亿亩以上，耕地质量平均提升1个等级。南方双季稻地区单改双取得一定成效，二熟区复种指数得到一定程度恢复。到2030年，复种指数有望提高5%左右；到2050年，复种指数有望再提高2%，复种指数提高到130%左右。

粮食作物种植面积稳中有增。我们预计，未来国家生产政策引导和农民种植意向会根据消费需求进行长期性调整，需求量较大的玉米、大豆的播种面积会进一步增长。

主要粮食作物单产水平保持增长，到2030年有望提高15%，到2050年有望再提高10%左右，但平均增幅有所降低。我们预计，未来主要粮食作物品种更新、作物抗逆性、高产性进一步提升，每10年将更换一次品种，每次更换单产提高7%左右；但变革性技术应用的可能性不高，主要作物单产水平将继续保持增长，增幅有所降低。

（二）粮食总产有望达到9.59亿吨

根据以上对中国粮食生产的总体判断，以及改革开放以来的粮食生产实际情况，按照高、中、低三种方案，我们对稻谷、小麦、玉米、大豆四种粮食2030—2050年的产量进行了预测。

在农业和粮食政策改革取得较大突破、农业科技发展水平取得较大进步的情况下，高水平方案实现的可能性较大；在农业和粮食生产继续处于优先发展地位，农业科技水平继续保持较高水平的情况下，中水平方案实现的可能性较大；在农业和粮食优先发展地位略有动摇，或农业科技发展部分受阻的情况下，低水平方案实现的可能性较大。

在高水平方案下，2030年、2040年、2050年四种粮食总产将分别达到7.68亿吨、8.58亿吨和9.59亿吨，年均增速为1.38%。在中水平方案下，2030年、2040年、2050年四种粮食总产将分别达到7.50亿吨、8.26亿吨和9.09亿吨，年均增速为1.21%。在低水平方案下，2030年、2040年、2050年四种粮食总产将分别达到7.03亿吨、7.81亿吨和8.69亿吨，年均增速为1.03%。

预测结果表明，在高水平方案下，稻谷、小麦、玉米、大豆的总产年均增速分别为1.27%、1.23%、1.50%和1.90%；在中水平方案下，稻谷、小麦、玉米、大豆的总产年均增速分别为1.14%、1.05%、1.30%和1.76%；在低水平方案下，稻谷、小麦、玉米、大豆的总产年均增速分别为0.97%、0.95%、1.16%和1.50%。

表20-2为2020—2050年中国主要粮食产量预测情况。

（三）四种主要粮食产量预测

根据中水平方案预测，2030年、2040年、2050年和2018年相比，四种粮食总产增幅分别为21.04%、33.29%和46.78%，年均增幅为1.21%。

2018—2050年中国主要粮食产量如图20-3所示。

表20-2 2020—2050年中国主要粮食产量预测（单位：万吨）

方案	年份	稻谷	小麦	玉米	豆类	合计
高水平	2020	21921.36	13558.89	26938.33	1780.40	64198.98
	2030	26202.66	15504.64	32837.67	2256.92	76801.89
	2040	28801.06	17382.83	36997.93	2645.17	85826.99
	2050	31657.15	19488.54	41685.27	3100.21	95931.17
中水平	2020	21792.35	13545.51	26832.79	1773.45	63944.10
	2030	25290.91	15413.10	32073.30	2204.59	74981.90
	2040	27716.40	16857.83	35428.88	2558.52	82561.63
	2050	30374.51	18437.98	39135.52	2969.26	90917.27
低水平	2020	21565.36	13452.07	26496.46	1749.24	63263.13
	2030	23750.91	14786.06	29735.56	2030.06	70302.59
	2040	26157.96	16252.33	33370.63	2355.97	78136.89
	2050	28808.95	17864.01	37450.06	2734.20	86857.22

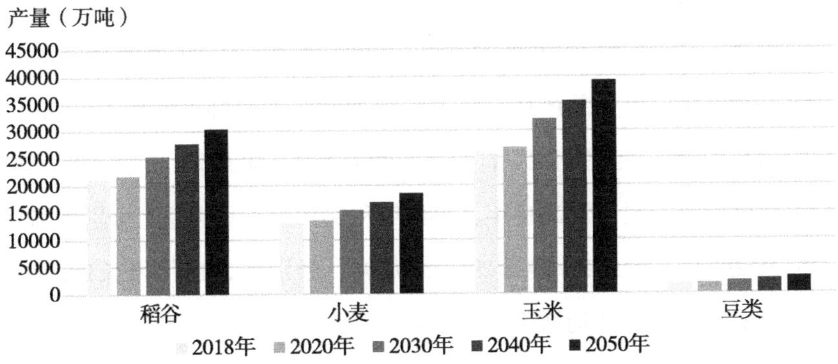

图20-3 2018—2050年中国主要粮食产量

稻谷：产量预计达到2.53亿～3.04亿吨，年均增速为1.14%。1991—2018年，稻谷总产从17933万吨增加到21153万吨，增长了17.96%，年均增长0.61%。中水平方案预计，2030年、2040年和2050年，稻谷总产分别增加到25290.91万吨、27716.40万吨和30374.51万吨，分别比2018年增长19.56%、31.03%和43.59%，年均增速为1.14%。

小麦：产量预计达到1.54亿～1.84亿吨，年均增速为1.05%。1991—2018年，小麦总产从9126万吨增加到13200万吨，增长了44.64%，年均增长1.38%。预计到2030年、2040年和2050年，小麦总产分别增加到15413.10万吨、16857.83万吨和18437.98万吨，分别比2018年增长16.77%、27.71%和39.68%，年均增速为1.05%。

玉米：产量预计达到3.21亿～3.91亿吨，年均增速为1.30%。1991—2018年，玉米总产从8622万吨增加到25892万吨，增长了300.30%，年均增长4.16%。考虑到玉米增产主要是挤占大豆的播种面积，未来大豆的播种面积将会大幅度恢复，玉米增产幅度可能会大幅降低。预计到2030年、2040年和2050年，玉米总产分别增加到32073.30万吨、35428.88万吨和39135.52万吨，分别比2018年增长23.87%、36.83%和51.15%，年均增速为1.30%。

豆类：产量预计达到2205万～2969万吨，年均增速为1.76%。1991—2018年，豆类总产从1163万吨增加到1698万吨，增长了46.00%，年均增长0.14%。考虑到大豆自给率的严重下滑，未来大豆的播种面积将会大幅度恢复。预计到2030年、2040年和2050年，豆类总产分别增加到2204.59万吨、2558.52万吨和2969.26万吨，分别比2018年增长29.84%、50.69%和74.88%，年均增速为1.76%。

三、粮食消费量将达到10亿吨

研究表明，当居民人均年收入在1万美元以下时，民众对食物消费的弹性较大，收入越高，肉、蛋、奶、水产等动物蛋白消费水平越高。当居民收入超出1万美元时，民众进入相对富足的阶段，食物消费模式和结构趋于稳定，肉、蛋、奶、水产等动物蛋白消费总量弹性降低。台湾与大陆食物消费结构相似，在2000年人均年收入达到1万美元后，其口粮消费量逐步稳定在90千克左右，肉类和水产消费量在110千克左右。美国、日本及欧洲也有类似的规律，但由于饮食习惯不同，食物消费略有不同——美国的肉类消费较多，日本、韩国等水产消费较多。①

（一）人均粮食消费量持续增加，有望达到750千克

2018年，中国居民人均粮食消费量为530.79千克。随着收入水平的提升和生活条件的改善，居民动物性食品的消费需求将出现较大幅度的增加。随着城镇化进程的加快，大量的农村居民成为城镇居民，其生活水平和生活习惯也逐步接近城镇居民水平，动物性食品消费量也将进一步增加。按照中等水平预测，预计到2030年和2050年，中国人均粮食消费量将分别达到561.46千克和748.64千克，粮食消费总量将分别达到8.06亿吨和10.29亿吨。

（二）口粮消费将继续降低，2050年将下降38%左右

城乡居民家庭口粮消费呈现逐年降低的趋势，在外消费比重呈逐年

① 毛学峰，刘靖，朱信凯. 国际食物消费启示与中国食物缺口分析：基于历史数据［J］. 经济理论与经济管理，2014（08）：103-112.

2018年，城乡居民饲料粮消费总量分别为15042.42万吨和8243.69万吨。预计到2030年，城乡居民饲料粮消费总量分别增加到24156.83万吨和9691.33万吨，分别比2018年增长60.59%和17.56%。到2050年，城乡居民饲料粮消费总量分别增加到47831.89万吨和10634.62万吨，分别比2018年增长217.98%和29.00%。

按照养殖业结构和饲料配比，在饲料粮消费中，稻谷、小麦、玉米的比重分别为7.04%、5.35%和80.09%，其他粮食占7.52%。2018年，稻谷、小麦、玉米的饲料用粮分别为1640万吨、1246万吨和18650万吨。预计到2030年，稻谷、小麦、玉米的饲料用粮分别增加到2383.87万吨、1811.16万吨和27109.22万吨。2050年，稻谷、小麦、玉米的饲料用粮分别增加到4117.69万吨、3128.44万吨和46826.22万吨。

（四）种子用粮消费将小幅增长，2050年有望达到1285.48万吨

《农业生产成本收益资料汇编》及国家粮油信息中心的计算结果表明，近20年来，稻谷、小麦、玉米、大豆的种子用粮与粮食总产量的比重相对稳定，分别为1.02%、3.45%、0.73%和3.70%。

2018年，稻谷、小麦、玉米、大豆的种子用粮分别为216.63万吨、455.45万吨、188.65万吨和62.85万吨。预计到2030年，稻谷、小麦、玉米、大豆的种子用粮分别增加到243.23万吨、510.17万吨、216.66万吨和75.15万吨，分别比2018年增长12.28%、12.01%、14.84%和19.57%；2050年，稻谷、小麦、玉米、大豆的种子用粮将分别增加到295.03万吨、616.37万吨、272.86万吨和101.21万吨，分别比2018年增长36.19%、35.33%、44.64%和61.03%。

四、粮食进口量仍将在1亿吨左右

进口粮食数量直接关系到“饭碗能不能端在自己手中”，近5年我国粮食进口一直在1亿吨左右。随着中央“保粮食安全”政策的落实与科技进步，以及人民生活的改善，中国粮食生产与消费将同步增长，粮食进口量有望继续控制在1亿吨左右。随着海外粮食基地的增加，进口量应适当增加，人均粮食进口量应该控制在90千克左右，比2018年增长16%左右，这既不会引发世界粮食市场的波动，也不会引起国内消费者的担忧。我们在1995年曾经判断“中国粮食安全问题可忧，不可怕”，未来20年粮食安全的态势应该也是如此。我们不必过于担忧，也千万不能麻痹大意。

（一）口粮完全自给，粮食总量缺口1亿吨左右

以中等水平来预测粮食生产和消费的结果如表20-3所示。

表20-3 2018—2050年主要粮食供需总量情况（单位：万吨）

		2018年	2020年	2030年	2040年	2050年
稻谷	产量	21153.00	21792.35	25290.91	27716.40	30374.51
	消费量	20632.89	20233.03	17801.49	15827.11	14475.46
小麦	产量	13200.08	13545.51	15413.10	16857.83	18437.98
	消费量	12654.34	12454.21	11219.61	10283.29	9748.52
玉米	产量	25892.28	26832.79	32073.30	35428.88	39135.52
	消费量	28476.11	30292.59	40415.68	52949.93	68474.38
豆类	产量	1697.92	1773.45	2204.59	2558.52	2969.26
	消费量	10437.43	10159.60	8500.05	7003.97	5740.09
合计	产量	61943.28	63944.10	74981.90	82561.62	90917.27
	消费量	74065.55	75121.44	80571.94	89509.80	102889.57

由于口粮消费的持续降低，主要作为口粮消费的稻谷和小麦在2018年基本达到供需平衡。由于口粮消费需求的进一步减少以及产量的逐年增长，之后我国将实现口粮的完全自给，稻谷和小麦将呈现净出口态势。

由于饲料粮消费的快速增长，主要作为饲料粮消费的玉米的需求量增长较快，2030年、2040年和2050年供需缺口预计将分别达到8342万吨、1.75亿吨和2.93亿吨。

由于国内植物油消费增幅的降低，以及国内大豆生产能力的恢复和提升，国内大豆的供给能力将持续提升，2030年、2040年和2050年大豆进口预计将降低到6395万吨、4445万吨和2771万吨左右。

稻谷和小麦在很大程度上可以作为玉米的替代品用于饲料粮消费，未来稻谷和小麦的过剩供应将有效弥补玉米进口量的大幅增长。我们预计，粮食综合供需缺口于2030年达到5590万吨，2040年达到6948万吨，2050年达到11972万吨。

（二）粮食自给率逐步提升，人均缺粮约90千克

根据预测结果，主要粮食人均供需情况如表20-4所示。

表20-4　2018—2050年主要粮食人均供需情况（单位：千克）

品种	供需	2018年	2020年	2030年	2040年	2050年
稻谷	产量	151.59	154.50	176.24	195.18	221.01
	消费量	147.87	143.44	124.05	111.45	105.33
小麦	产量	94.60	96.03	107.40	118.71	134.16
	消费量	90.69	88.29	78.18	72.41	70.93
玉米	产量	185.56	190.23	223.50	249.49	284.76
	消费量	204.07	214.76	281.63	372.87	498.23

（续表）

品种	供需	2018年	2020年	2030年	2040年	2050年
豆类	产量	12.17	12.57	15.36	18.02	21.60
	消费量	74.80	72.03	59.23	49.32	41.77
合计	产量	443.92	453.33	522.50	581.40	661.53
	消费量	530.79	532.57	561.46	630.33	748.64

2018年，中国粮食总产达到6.19亿吨，人均粮食占有量达到443.92千克；粮食总消费量达到7.41亿吨，人均粮食消费量为530.79千克，人均粮食进口量达到86.87千克。

预计到2030年，中国粮食总产为7.0亿~7.7亿吨，粮食总消费为7.9亿~8.3亿吨。按照中等水平预测结果，人均粮食占有量、消费量分别为522.50千克和561.46千克，粮食供需缺口将达到人均39千克左右。

2040年，中国粮食总产为7.8亿~8.6亿吨，粮食总消费量为8.5亿~9.5亿吨。按照中等水平预测结果，人均粮食占有量、消费量分别为581.40千克和630.33千克，粮食供需缺口将达到人均49千克左右。

2050年，中国粮食总产为8.7亿~9.6亿吨，粮食总消费量为10亿吨左右。按照中等水平预测结果，人均粮食占有量、消费量分别为661.53和748.64千克，粮食供需缺口将达到人均87千克左右，与2018年缺口水平相当。

第二十一章

粮食安全的战略与对策

2020年4月17日，中央政治局明确指出“保粮食能源安全”，这是自从1998年宣布农业进入新阶段22年来，中央再次强调粮食安全问题。2019年，我国人均生产粮食474千克，自2017年以来进口粮油相当于9亿亩耕地的产量，大豆、油料对外依存度分别为85%和70%，保障粮食安全需要新的战略与对策。

一、中国粮食安全的形势与任务

当前，我国粮食安全面临的形势是：保障吃饱没有问题，一旦国际粮食供应链短期断裂或出现重大危机，要吃好就会面临饲料粮紧张等问题，同时可能会引发粮价上涨，低收入人群面临粮食安全问题。与人均粮食占有量在400千克以下时比较，我国粮食安全面临的形势与任务已经发生了根本性变化。

（一）中国粮食安全出现三个实质转变

粮食安全的成绩要讲足。中华人民共和国成立70多年来，我国农业取得了举世瞩目的成就，实现了“四个告别历史”：彻底告别持续数千年受饥饿困扰的历史，彻底告别持续数千年农民“交皇粮”的历史，基本告别持续数千年“二牛抬杠”的历史，即将彻底告别存在“绝对贫困人口”的历史。这不仅是中华民族千年发展史上的里程碑，也必将载入人类发展的史册。14亿人口的大国，街头罕见讨饭的人，这是过去想都不敢想的事情，谁说不是中国奇迹？

粮食安全的问题要讲透。我国粮食安全现状是：“低水平、高难度、紧平衡、弱安全”，吃饱没问题、吃好需进口，平时没问题、战时有危险。粮食安全仍然面临许多难题：进口粮食数量大，粮食需求刚性增长，耕地面积持续下降，提高粮食单产难度加大，粮食价格明显偏高，种粮规模效益低，年轻农民不愿种粮，居民不愿意储粮，粮食安全外部环境恶化等。我国粮食安全的形势出现了三个实质性转变。

一是吃饱问题已转为吃好问题。吃饱问题解决之后，吃好问题成为主要矛盾，吃粮不足已经转化为吃肉不足、肉价不稳的问题。由于人民生活水平提升对粮食的刚性需求，未来我国粮食安全不仅要保障口粮安全，还要保障饲料粮、工业用粮等“大粮食”的安全。吃饱没问题。国务院新闻办公室2019年10月14日发布《中国的粮食安全》白皮书明确指出“谷物供应基本自给”，2019年，我国人均粮食占有量474千克，超过联合国粮农组织提出的人均400千克安全线，口粮自给率98%，吃饱没有问题，吃好需进口。我国粮食自给率为86%，低于国际粮农组织提出的粮食自给率95%的安全线。自2017年以来，进口大豆等农产品相当于9亿亩耕地生产的粮食，粮食隐性自给率仅为70%。我国人均肉类占有量为46千克，仅为发达国家100千克的一半。要想真正达到吃好的标准，我国粮食总量还需要再增长20%～40%。

二是产量安全已转为进口安全。我国粮食产量16年连增不等于粮食安全，因为粮食进口量也在持续增加。粮食供需基本平衡是新的粮食安全的标志。未来我国的粮食安全，不仅要保障粮食产量安全、储备安全，还必须保障粮食进口安全，确保买得到、买得起、运得回。粮食进口安全，才是总体安全。

三是“自然因素安全”已转为“人为因素安全”。我国粮食对外依存度高，受国际环境影响已经不可避免。和平时期的粮食安全不代表“危机时期”的粮食安全，未来的粮食安全不仅要应对“自然因素”的不确定性，还必须具有应对“人为因素”不确定性的实力。在当前新冠肺炎疫情的冲击下，特别是在美国疯狂遏制、粮食出口国家限制粮食出口等情况下，应对“人为因素”对粮食安全的影响，已经成为我国新时期保障粮食安全的重大战略问题。

（二）应对粮食战需底线思维、高线防备

新冠肺炎疫情是自然灾害，而美国疯狂遏制我国的人为性的次生灾害产生的破坏力可能大于自然灾害，我国粮食安全风险陡增。一是大豆对外依存度达85%左右。我国大豆进口量占大豆进出口量60%左右，从美国、巴西进口的大豆占大豆总进口量的84%左右，进口数量偏大，进口国过于集中，市场风险大。二是疫后美国遏制我国发展，破坏两国协议或国际公约。中美贸易摩擦已演变成综合国力鏖战，“粮食战”可能成为美国遏制我国的又一手段，我国粮食安全面临极其复杂的国际环境。“我国保障粮食安全的底线就是竞争对手无底线”，需要底线思维、高线防备，确定新的粮食安全战略与对策。我们写本书的目的是起抛砖引玉的作用，引起更多的有识之士、专家学者对粮食安全有足够的重视，群策群力，探索新时期保障粮食安全的战略与对策。

二、粮食安全的战略目标

2019年10月14日，国务院新闻办公室发布的《中国的粮食安全》白皮书明确指出："党的十八大以来，以习近平同志为核心的党中央把粮食安全作为治国理政的头等大事，提出了'确保谷物基本自给、口粮绝对安全'的新粮食安全观，确立了以我为主、立足国内、确保产能、适度进口、科技支撑的国家粮食安全战略，走出了一条中国特色粮食安全之路。"① 落实新的粮食安全观与粮食安全战略，需要根据新冠肺炎疫情之后世界格局的变化，特别是中美竞争格局的变化，进一步细化粮食安全的总体目标，强化粮食安全战略与措施，确保在任何情况下，我国都能够兜住粮食安全的底线，把饭碗端在自己手中。根据我国新的粮食安全观，我们对落实粮食安全的战略目标与具体指标做了研究与探索。

（一）粮食安全的总体目标

我们研究认为，根据未来社会主义现代化国家建设的总体要求，进一步明确未来粮食安全的战略目标与对策，已成为当务之急。我国粮食安全的总体目标是：确保"谷物基本自给、口粮绝对自给"，平时保障吃好、战时确保吃饱。我们需要建立高效、稳定、强大的粮食安全体系，不断强化国际先进、符合国情的粮食生产体系、加工储备体系、流通保障体系、创新体系、政策体系和国际合作六大体系，使农业科技再次进入世界先进水平，加速从农业大国向农业强国的根本性转变。

我们应通过"增产、节流、进口"三个途径，采取"要粮于技、藏粮于地、生粮于海、产粮于山、生粮于改、储粮于友、节粮于用、稳粮

① 国务院新闻办公室《中国的粮食安全》，2019年10月。

于共同体”八项对策，力争到2030年粮食单产提高15%～20%，总产达到7.5亿～8亿吨，人均粮食占有量达到550千克左右，力争建立多元、长期、稳定的海外粮食生产基地或供应链，人均进口粮食70千克左右。

谷物基本自给、口粮绝对自给、饲料适量进口。我们应落实“确保谷物基本自给、口粮绝对安全”的新的粮食安全观，确保水稻、小麦等口粮完全自给、绝对安全，玉米、小麦等谷物基本自给，同时保障口粮自给率98%以上、谷物自给率90%以上、粮食自给率85%以上、粮食隐性自给率70%以上，适当进口饲料粮。

平时保障吃好、战时确保吃饱。平时，我们应适度进口，保障能够吃好，不断提高人民膳食水平。危机时期，当粮食进口受阻时，我们应迅速挖掘粮食生产潜力，对生产成本高的作物保持产能、藏粮于地、要粮于技、适度进口，保障口粮绝对安全。

（二）粮食安全的具体指标

从我国人民生活水平提高、人口增加对粮食需求刚性增长的现实出发，考虑到技术可靠性、经济可行性、生态承载力、社会可及性以及国际环境变化等因素，到2030年，保障粮食安全的主要指标如下。

第一，粮食总产达到7.5亿～8亿吨。到2030年，新增1.0亿 ～1.4亿吨粮食的生产能力，保障口粮自给率98%以上、谷物自给率90%以上、粮食自给率85%以上、粮食隐性自给率70%以上，人均占有粮550千克左右。

第二，粮食种植面积保持18亿亩以上。实行最严格的耕地保护政策、扩大基本农田保护面积、开展土地整治、提高荒地利用率“四管齐下”，在城镇化快速发展的前提下，稳定粮食耕地面积；推进新一轮农业经济体制改革，提高种粮规模效益，恢复复种指数5个百分点，恢复粮食播种面积1亿亩左右。

第三，粮食单产提高15%以上。大力发展杂交育种、转基因、基因编辑等第二代、第三代育种技术，使水稻、小麦、玉米、大豆等主要农作物品种五年更换一代，每更换一次提高单产8%左右；推进农业规模化、标准化、信息化、生态化“新四化”，加速农业高质量发展，促进农业大国向农业强国的根本性转变。

第四，建好10亿亩稳定的海外粮食供应链。通过建立多元、长期、稳定的海外粮食生产基地或供应链，储粮于友；建立10亿亩耕地的供应链，或确保进口1亿吨粮食的稳定来源，人均进口粮食控制在70千克左右。

第五，人均粮食消费量控制在650千克以下。推广科学、健康的膳食习惯，完善不同人群的膳食标准，科学用粮、营养充足、减少肥胖、促进健康。防止肉类等动物产品过快增长，力争把人均粮食总消费控制在650千克以下，达到发达国家中等偏低水平；大力推进“科学用粮节粮行动”，推进以“五个一点”为主的科学用粮节粮行动，“收获多一点、储藏省一点、加工省一点、饲料省一点、餐桌省一点”，节约粮食5%左右。

第六，粮食储备能力达到7亿吨左右。力争使安全储粮能力持续增强，总体达到世界先进水平；在保持、加强政府标准粮食仓房仓容6.7亿吨的基础上，调动企业、居民等社会力量存粮的积极性；同时，通过增加肉类、油料储备量，构建多元化、稳定、宏大的粮食储备体系。

第七，大豆对外依存度降至55%左右。启动“进口大豆替代计划”。改良大豆品种，恢复大豆种植面积，利用休耕土地、非粮用地种植1亿亩藜麦，利用10亿亩草山草坡、30亿亩草原种植豆科牧草，力争使大豆进口量减少1/3左右。

三、保障粮食安全的战略

为了切实贯彻落实《中国的粮食安全》白皮书提出的“以我为主、立足国内、确保产能、适度进口、科技支撑”的国家粮食安全战略，我们研究认为，我国需要特别加强四个战略重点。

（一）实施粮食科技创新战略

实施粮食科技创新战略，大力推进第二次绿色革命，使粮食科技达到世界领先水平，是保障粮食安全的战略选择。在推进以杂交育种技术为代表的第一次绿色革命，以转基因技术为代表的第二次绿色革命的同时，我们应大力推进以基因编辑、人造蛋白、大厦农业等为代表的新一代农业技术，使农作物、畜禽育种进入新阶段，全面推广精耕细作的种植技术体系，提高农业生产要素综合效率，推进农业信息化、智能化水平，使我国农业科技再次进入国际先进行列，大幅度提高农业质量与效率，奠定农业强国的科技基础。

（二）实施农业体制创新战略

持续推进农业工业化、农村城镇化、农民知识化，大力推进粮食产业“规模化、标准化、高效化、生态化、信息化”，使我国粮食产业规模与效益进入国际前列，促进农业大国向农业强国的根本性转变。我们要在包产到户、统分结合的双层经营体制改革的基础上，把农民是否愿意种粮作为新一轮农业经济体制改革成功的重要标志之一，同时大力推进以农业高质量发展为主线的新一轮农业经济体制改革，大幅度提高农业效益，释放农业潜力，力争提高复种指数5个百分点，增加粮食播种面积1亿亩。

（三）实施大西北新粮仓战略

我国东南沿海省市工业化、城镇化导致耕地面积减少，农业萎缩严重，南粮北调已变为北粮南调。东北三省、黄淮海平原（涉及京、津、冀、鲁、豫、苏、皖五省两市）是北粮南调的重要基地，但黄淮海平原水资源严重短缺，特别是地下水位逐年下降，粮食生产能力面临下降局面。仅依靠东北省区难以支撑北粮南调的巨大任务，我们必须建立新的粮食基地。广大西部地区，特别是黄土高原，土地、光、热、劳力等资源丰富，只要提高水资源供给能力，西部就完全有可能建成新的粮食生产基地。因此，我们建议尽早启动“红旗河”西部调水工程、灌溉农业工程，在西部建成粮食战略基地，利用西部地区气候干旱、植物病虫灾害少的优势，在西部建设继海南之后的又一个“种业基地”。

（四）实施粮食安全共建战略

实施人类粮食安全共建战略，建设“人类粮食安全共同体”。我们要配合联合国粮农组织、世界粮食计划署等国际组织，联合有关国家或地区，组织有关科研机构、企业，共同探索保障粮食安全、消除人类饥饿的战略对策，构建保障人类粮食安全的技术体系、产业体系、流通体系、消费体系、政策体系。

四、保障粮食安全的措施

我们研究认为，到2030年，保障粮食安全主要有“三大途径、七项措施”。三个基本途径是“增产、节流、进口”，七项措施如下。

（一）实施“8亿吨粮食安全工程”

“8亿吨粮食安全工程”也称“8亿吨粮食产能储备工程”，就是通过“要粮于技、藏粮于地、生粮于海、产粮于山、生粮于改”等多种途径，确保粮食生产能力达到8亿吨左右，力争到2030年再增产粮食1亿吨左右，粮食总产达到7.5亿吨，力争人均粮食产量550千克左右。该对策旨在确保当出现国际粮食危机时，我国能够挖掘粮食潜能，减少粮食进口，保障粮食安全，确保吃饱，力争吃好；旨在当国际粮食供应链运转良好时，确保我国粮食总产达7.5亿吨，适当进口，确保吃饱、吃好。“8亿吨粮食安全工程”是一个经过努力可以达到的在国际粮食出现危机时必须实现的粮食安全基础工程。如何使我国粮食生产能力达到8亿吨，将在第二十二章详细讨论。

（二）实施“进口大豆替代工程”

我国粮食“弱安全”的主要原因是粮食进口多，相当于9亿亩耕地的产量，而进口多的粮食主要是大豆，大豆占进口粮的85%左右，而从巴西、美国进口的大豆又占大豆进口总量的90%左右。可见，粮食安全主要是大豆的安全，而大豆的安全主要是降低大豆对外依存度，降低进口国的集中度。最有效的解决办法就是，尽快启动“进口大豆替代工程”，通过提高大豆单产、恢复大豆种植面积，发展豆科作物，利用非粮食用地种植1亿亩藜麦，利用10亿亩草皮草坡、30亿亩草原种植豆科牧草等一系列措施，使大豆进口量减少1/3左右，使大豆对外依存度降到55%。

我们应当看到，我国大豆与玉米存在争地的问题，增加大豆种植面积，在一定程度上必然会挤占玉米种植面积，还会造成粮食总产下降等问题。以2018年为例，大豆、玉米的单产分别为1897.96千克/公顷和6104.29千克/公顷，大豆单产只有玉米的31.09%，多种1公顷大豆，粮食产量要下降4206.33千克。因此，在生产实践中，我们需要综合平衡好大豆与玉米的关系，防止出现大豆产量上去而玉米产量、粮食总产下降的局面。

（三）推进第二次绿色革命

20世纪60年代兴起的第一次绿色革命，通过作物杂交育种、矮化育种等第二代植物育种技术极大地提高了粮食作物的产量，为人类减少饥饿、保障粮食安全发挥了巨大作用。

2001年，我们提出第二次绿色革命，建议进一步推进新的农业科技革命，力争在基因工程育种等第三代植物育种技术，以及在生物肥料、生物农药、生长激素、人造肉等方面取得重大技术突破。2020年获得诺贝尔奖的基因编辑技术，将成为植物第三代育种的核心技术，切实推动第二次绿色革命，大幅度提高粮食产量与农业生产效率，使农业与粮食生产进入高质量发展的新阶段（见图21-1）。

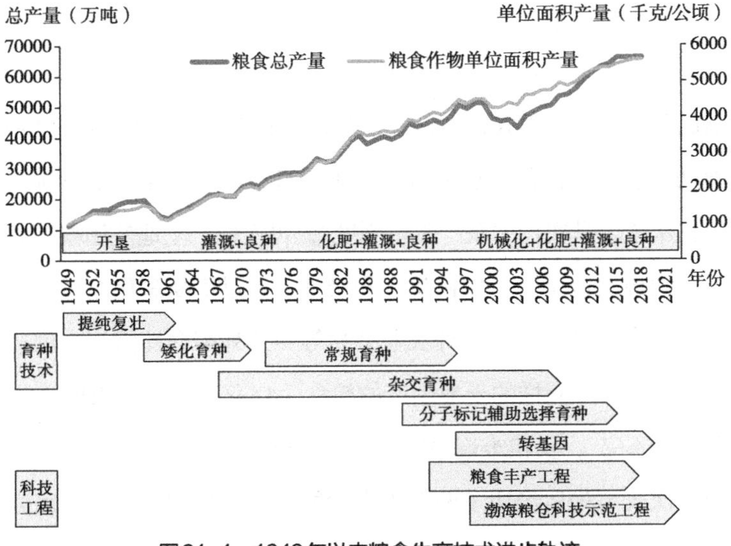

图21-1 1949年以来粮食生产技术进步轨迹

资料来源：根据国家统计局有关数据综合整理。

（四）推进新一轮农业体制改革

自中华人民共和国成立以来，每一项农业政策措施都不同程度地推动了农业与农村经济的发展，但旧的问题解决了，新的矛盾又出现了，我们需要不断深化农业经济体制改革，不断推动农业的现代化水平（见图21-2）。农业是国民经济的基础，以粮为纲、全面发展，“农业八字宪法”，良种化、水利化、机械化、化学化、生态化、产业化、规模化、信息化，农业知识化、农业工业化、农村城镇化，以及乡村振兴等一系列重大农业政策，极大地促进了农业与农村经济的发展，使我国由一个落后的农业国家成为世界第一农业大国。

自1949年以来，中国以土地政策为中心的农业经济制度大致经历了三次重大改革，新一轮农业经济体制改革正在探索中。第一次是中华人民共和国成立初期的土地改革，实行“耕者有其田”，将土地所有权从地主、富农变为“农民集体所有”，将土地使用权分给农民，家庭分散经营，极大地调动了农民的生产积极性，粮食生产水平迅速提升。第二次改革实行人民公社。自20世纪50年代末开始，我国探索社会主义农村经济发展的新途径、新模式，推行人民公社。20多年的实践证明，“一大二公”挫伤了农民积极性，加上自然灾害，饥饿问题一度严重影响人民健康。第三次改革是实行“联产承包制度”，再次把“土地使用权”分给农民，又一次极大地调动了农民生产积极性，通过不断深化改革、科教兴农、提高粮食价格、增加各种农业补贴等一系列综合性措施，创造了农业发展的奇迹——同样的土地生产的粮食，4.5亿人口时不够吃，14亿人口时却“吃不完”，卖粮难现象曾经多次出现。

第三次改革先后经历了两个重大阶段。第一阶段是实行“家庭联产承包制”。1979年开始试点、1982年全面实行的家庭联产承包制，极大地调动了农民生产积极性，粮食生产增长速度超过消费增长速度，中国

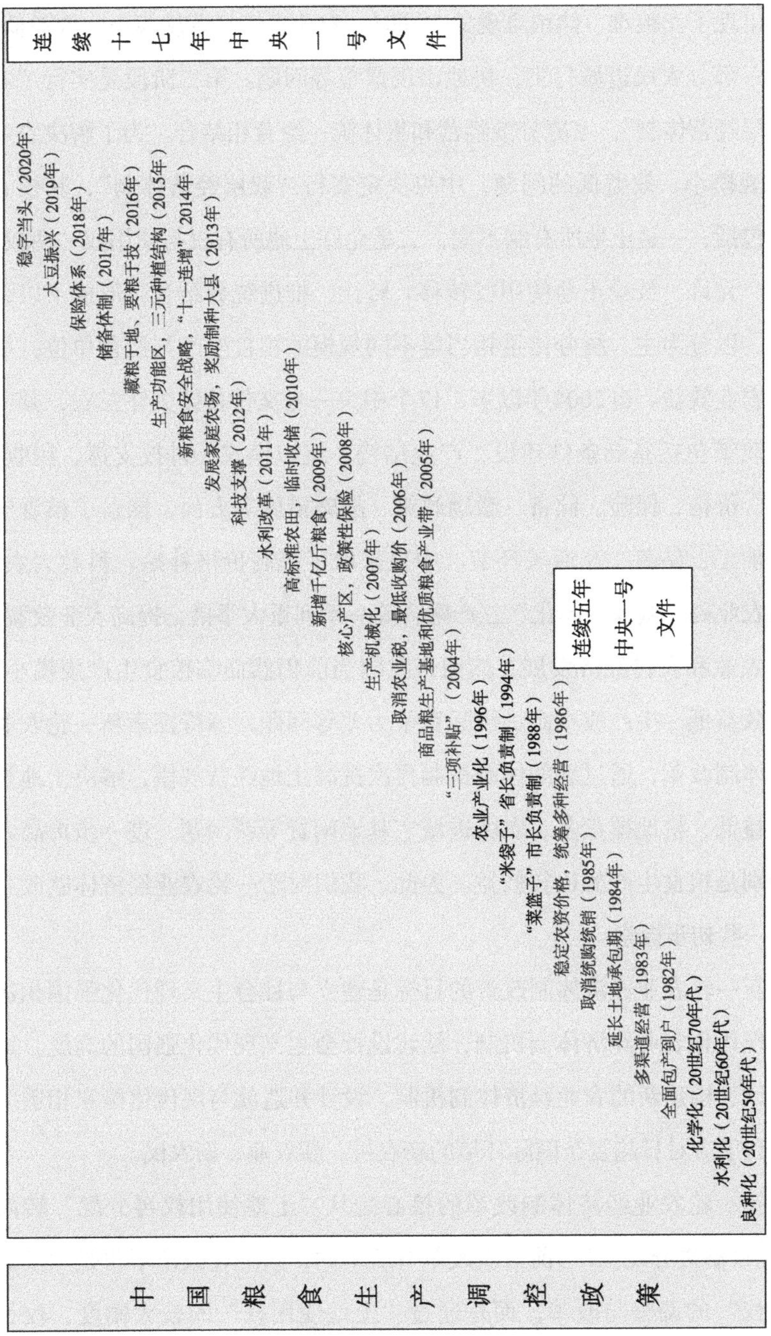

图21-2 1949年以来中国农业与粮食政策轨迹

一度出现了卖粮难、储粮难现象。同时，农业生产经营规模小、效益低，加之一部分农民进城打工，耕地出现撂荒等问题。第二阶段是实行“农村双层经营体制”，家庭分散经营和集体统一经营相结合。为了解决农业生产规模小、效益低的问题，中央决定实行“双层经营体制”，其核心内容包括：一是土地所有制不变，二是允许土地所有权与使用权“两权”分离。允许、鼓励土地使用权转移、转让，推进统分结合，形成了以统为主、以分为主、统分比重相当等不同规模的粮食生产与经营单位，提高了农业效益。自2004年以来，17个中央一号文件持续关注三农，其中粮食政策包括基础条件建设、产业结构、组织模式、科技支撑、税收、补贴、价格、保险、储备、激励政策、战略措施等方面，涵盖了粮食生产、加工、储备、流通等环节。中央采取了提高价格补贴、科教兴农、取消农业税、城乡一体化、三产融合等一系列重大举措，提高农业效益，加速农业和农村经济发展。然而，我国当前仍然面临粮食生产规模小、比较效益低、生产成本高、国际竞争力差等问题，亟待探索新一轮农业经济体制改革，通过新的体制机制再次提高土地经营规模，解决土地规模效益低、耕地撂荒多、农民进城宅基地闲置等新问题，进一步提高农业特别是粮食生产的比较效益。为此，我们对新一轮农业经济体制改革做了一些初步探索。

新一轮农业经济体制改革的目标是建立与社会主义现代化强国相适应的现代化农业经济体制机制，从建设社会主义现代化强国的高度，重新设计、构建新的农业经济体制机制，设计并造就与现代化国家相适应且有利于应对日趋复杂国际环境的新农村、新农业、新农民。

新一轮农业经济体制改革的核心是从“土地使用权再分配”转向“农业收益再分配”。与前三次改革有所不同，新一轮改革不再是“土地使用权”的调整与改革，而是通过“土地使用权”的较大幅度、较长时间周期、较为固定的流转，实现“农业收益再分配”，保障“种粮者”（种粮大户、粮食合作社、种粮公司等）有收益、有利润，进而保障种粮者的生产积极性。

新一轮农业经济体制改革的根本途径是推进“新四化”、促进“三产融合”。推进农业规模化、标准化、信息化、生态化“新四化”，加强“三产融合”，有望使粮食产业形成一个完整的产业链。新的农业体制机制将使第一产业（种粮）的低利润、第二产业（加工、贮藏）的中利润、第三产业（流通、贸易）的高利润有机结合、融合，建立健全粮食生产、储备、加工、流通、贸易的全产业链，提高全产业链的效益，构建更加完善、协调、稳定的粮食产业体系。与此同时，我们还要结合现代化国家的进程，解决好亿万农民的生产、生活、养老、医疗、社会保障等方面的深层次问题，使农村成为青年农民向往的就业与生活的地方。

新一轮农业经济体制改革成功的根本标志是确保“三个同步”、实现“一个根本转变”——确保农业高质量发展与经济高质量发展同步、农村振兴与城镇化同步、农民生活提高与城镇生活改善同步，加速实现农业大国向农业强国的根本性转变。衡量新一轮农业经济体制改革是否成功，关键要“三看”。一看粮食播种面积，如休耕的土地是否恢复种粮、复种指数是否稳步提高。二看农村打工青年是否“回流”。农村青年“回流”是解决农民“老化”、弱化甚至断代的根本途径，“农民年轻化”应作为新一轮改革的一个重要目标。三看现代农业企业是不是“下乡”。大批现代企业“下乡”从事农业、扎根农村、建设农村、耕耘“三产结合”，是有效、彻底解决好“四农问题”（农村、农业、农民、农民工）的关键。

（五）巩固稳定海外粮食供应链

针对粮食进口的种类与数量，我们应选择粮食出口的国家与地区，通过土地使用权租用、合作开发、粮食期货等多种方式，建立多元、长期、稳定的海外粮食生产基地或供应链，储粮于友。根据未来粮食的基本需求，我国需建立10亿亩海外粮食供应链，确保拥有人均进口粮食70～100千克的能力储备。

（六）加快推进西部新粮仓建设

在科学论证的基础上，我们应尽快启动西部调水“红旗河工程”，“再造西部辉煌、支撑民族复兴”，像当年推进农业水利化、建设“三峡水利工程”一样，把“红旗河工程”作为新时代的重大水利工程、民生工程，科学设计、充分认证，高标准建设，开拓西部大开发的新局面，改善生态、改善民生，提高西部人口承载能力，大幅度提高西部粮食生产能力，建设西部新粮仓。

（七）推进“科学用粮节粮行动”

我国粮食在收获、加工、储存、流通、消费等不同环节都存在一定的损失或浪费，粮食节约潜力很大。因此，我们建议，推进以“五个一点”为主的科学用粮节约粮食行动，“收获多一点、储藏省一点、加工省一点、饲料省一点、餐桌省一点”，完善不同人群的膳食标准，科学用粮，充足营养，减少肥胖，促进健康。

第二十二章

粮食安全的潜力与出路

我国的粮食生产潜力有多大？如何挖掘潜力？2030年，我国粮食生产能力能够达到多少？这些都是我国保障粮食安全亟待回答的问题。我们在持续30年对我国粮食潜力、粮食安全跟踪研究的基础上，进行了初步探索。

一、粮食生产潜力达10亿吨以上

粮食生产是一个在自然资源基础上进行的经济活动，既要遵循自然规律，又要遵循经济规律。如何估算一个国家或地区的粮食生产潜力，是全世界面临的自然科学和经济学难题。

（一）粮食生产潜力金字塔

粮食生产潜力也称作物生产力，是指粮食作物在特定的生态环境（光照、温度、降水、土壤）和生产条件（灌溉、肥料、技术、经济、社会）下，理论上具有的生产能力。

国内外科学家对粮食生产潜力进行了大量探索。经济学家常用时间序列法、技术进步法等，而自然科学家应用较多的方法则是通过农业生产要素进行逐级估算。国际上常用的方法是1981年联合国粮农组织提出的“生态区域法”——通过光、温度、水等自然资源估算粮食生产潜力，但由于没有考虑肥料、技术、经济、社会等因素，计算结果与实际产量相差较大。中国科学院、中国农业大学、中国气象研究院都对中国粮食生产潜力、承载力进行了大量的研究工作。

我们在《中国农业：问题·潜力·道路·效益》一书中提出了“粮食生产潜力九级订正法”，并构建了作物生产力金字塔。该方法是国内外涉及要素最多的作物生产力计算方法，其主要步骤如下。

第一步，确定计算样本，即确定以省还是以县为单位，测算粮食潜力。为了计算结果接近实际，我们选择不同耕作制度区的671个县（市）作为样本县，计算粮食潜力，并汇总得到全国粮食生产潜力。

第二步，遴选样本作物。每个县以什么作物为样本，直接影响计算结果。为了准确地测算不同作物的生产潜力，我们遴选了小麦、春玉米、夏玉米、早稻、中稻、晚稻、春大豆、夏大豆8个主要作物，其产量占粮食产量90%以上。

按照上述思路，我们估算了2030年我国粮食生产潜力。

（二）光合生产潜力达21.2亿吨，潜力指数3.2

光合生产潜力（YL）是指除光照资源外，在其他生态条件（温度、降水、土壤）最佳、生产条件（灌水、肥料、技术、经济、社会）满足时，理想作物群体（密度、结构）在当地光照条件下单位耕地面积上所能形成的最高产量。

由于我国光资源与20世纪80年代比较相对稳定，本书中的光合生产潜力仍然采用《中国农业：问题·潜力·道路·效益》中的结果，即

21.2亿吨，是2019年粮食产量的3.2倍，即潜力指数为3.2。也就是说，当前粮食生产对光资源的利用率低于1/3，有的专家则计算光合资源还有10倍左右的潜力。值得指出的是，随着作物光合作用效率的提高，光合生产潜力还将进一步增加。

（三）光温生产潜力达13.2亿吨，潜力指数2.0

光温生产潜力（YT）是指除光照、温度资源外，在其他生态条件（降水、土壤）最佳、生产条件（灌水、肥料、技术、经济、社会）满足时，理想作物在特定光照、温度条件下单位耕地面积上所能获得的最高产量。

由于我国温度资源相对稳定，虽然温度受气候变暖的影响，但气候对作物生产潜力的影响还不明显，本书中的光温生产潜力仍然采用《中国农业：问题·潜力·道路·效益》中的结果，即13.2亿吨，是2019年粮食产量的2.0倍。

需要指出的是，随着气候变暖，我国复种指数还会增加，作物光温生产潜力有望进一步提高，但提升幅度有限，因为气候变暖可能导致南方干旱加剧。

（四）光温水生产潜力达9.5亿吨，潜力指数1.4

光温水生产潜力（YR）是指除光照、温度、降水资源外，在土壤条件最佳、生产条件（灌水、肥料、技术、经济、社会）满足时，理想作物在特定气候条件下单位耕地面积所能获得的最高产量，也称作物气候潜力。

虽然不同地区降水资源每年都有变化，但多年平均值则相对稳定。本书中的光温水生产潜力仍然采用《中国农业：问题·潜力·道路·效益》中的结果，即9.5亿吨，是2019年粮食产量的1.4倍。随着北方干旱地区降水量的增加，作物光温水生产潜力有望进一步提高。

（五）光温水灌生产潜力达12.7亿吨，潜力指数1.9

光温水灌生产潜力（YS）是指除光、温、降水、灌溉等条件外，在土壤条件最佳、生产条件（肥料、技术、经济、社会）满足时，理想作物在特定生态条件下单位耕地面积上所能获得的最高产量，也称作物生态潜力。

1987年，我国有效灌溉面积为4440.4万公顷，当时测算的光温水灌生产潜力是116116.8万吨。2018年，我国灌溉面积为6827.2万公顷，比1987年增长53.8 %，同期粮食总产由40297.0万吨增加到66384.0万吨，增长了64.7%。按每亩有效灌溉增产130千克测算，到2030年在提高农业总用水利用率的基础上，我国灌溉面积仍然有望再增长15%左右，光温水灌生产潜力有望达到12.7亿吨，是2019年粮食总产的1.9倍。可见，提高灌溉面积仍然是我国未来粮食增产的最主要途径之一。

（六）光温水灌土生产潜力11.5亿吨，潜力指数1.7

光温水灌土生产潜力（YI）是指除光、温、降水、灌溉、土壤资源外，在其余生产条件（肥料、技术、经济、社会）满足时，理想作物在单位耕地面积上所能获得的最高产量。

土地是粮食生产的基地。我国未来耕地面积仍然面临下降趋势，但也有一些措施能够使耕地面积得到补充。我国农业耕种历史悠久，土壤肥力下降比较明显。自1987年以来，我国快速工业化、城镇化征用耕地不少于3亿亩，而相同面积的补偿耕地通常土壤肥力、农业基础设施较差。与此同时，我国通过土地整治、种植耐盐碱水稻、荒地种植藜麦等措施，有望增加近1亿亩耕地面积。综合测算，2030年光温水灌土生产潜力将达到11.5亿吨，是2019年粮食总产的1.7倍。应当指出，作物光温水灌土生产潜力能不能挖掘出来，主要取决于土地整治、耐盐碱水稻、藜麦种植等措施的落实情况。

（七）光温水土灌肥生产潜力10.7亿吨，潜力指数1.6

光温水土灌肥生产潜力（YF）是指除光、温、降水、土壤、灌溉、肥料资源外，在技术、经济、社会条件完全满足时，理想作物在单位耕地面积上所能获得的最高产量。

化肥是我国粮食增产的重要措施，同时会带来农业污染问题。我国一直面临如何科学施肥的难题：减少化肥会导致粮食减产，不减少化肥用量又会造成污染。1987—2018年，我国农用化肥施用折纯量由884.00万吨增加到5653.42万吨，增长了539.53%，同期粮食增产64.00%。未来，我国科学施肥的重点仍然是提高肥料利用率，继续控制化肥总用量。综上所述，到2030年我国化肥用量不会明显增加，光温水土灌肥生产潜力达10.7亿吨，为2019年粮食单产的1.6倍。

（八）作物技术生产潜力9.6亿吨，潜力指数1.5

作物技术生产潜力（YT）也称光温水土灌肥技生产潜力，是指除光、温、降水、土壤、灌溉、肥料、技术资源外，在经济、社会条件完全满足时，理想作物在单位耕地面积上所能获得的最高产量。

作物技术生产潜力是在假设技术最优条件下的作物生产力。这个技术最优条件是很难达成的：一方面，由于技术进步难度越来越大，把潜力全部挖掘出来是不现实的；另一方面，技术推广不到位。综合考虑，我国第三代杂交水稻、耐盐碱水稻、植物基因编辑、荒地种植藜麦等技术有望在未来10年取得重大突破，技术进步能够挖掘90%的光温水土灌肥生产潜力，即技术生产潜力可达9.6亿吨，是2019年粮食产量的1.5倍。也就是说，考虑到未来技术进步，在不计算生产成本与效益的情况下，2030年我国粮食产量有望比2019年增长50%。

（九）作物经济生产潜力8.6亿吨，潜力指数1.3

作物经济生产潜力（YE）也称光温水土肥技经潜力，是指在社会因素完全满足，在光、温、降水、土壤、肥料、技术、经济条件下，理想作物在单位耕地面积上所能获得的最高产量。

在粮食生产过程中，经济投入与效率是当前我国粮食生产的最重大的因素之一。一方面，粮食生产成本高、效益低，农民不愿意种粮，复种指数大幅度下降，种粮需要大量补贴，受政府财力与世界贸易组织规则的限制，大幅度增加补贴不可能继续；另一方面，我国粮价已经明显高于世界粮价，粮食产业竞争力下降。考虑到上述因素，到2030年我国作物经济生产潜力约为8.6亿吨，约为2019年粮食总产的1.3倍。可见，粮食生产投入与效益、农民种粮积极性，是未来我国粮食增长的重要限制因素。

（十）社会生产潜力8亿吨，潜力指数1.2

社会生产潜力（YS）是在综合分析光、温、降水、土壤、灌溉、肥料、技术、经济、社会等条件下，理想作物在单位耕地面积上所能获得的最高产量。社会生产潜力是经过人们的努力可以实现或基本可以实现的产量。

我国实现了粮食连续16年增产，口粮自给率为98%，粮食储备量达到6.7亿吨，足够一年的消费量，但大豆、油料等食物需要大量进口，在日趋复杂的国际环境下，粮食供应链面临断裂的风险。在党中央重新强调“保障粮食安全”的基调下，我国粮食生产必然会迎来一个新的发展阶段，粮食总产有能力达到8亿吨，是2019年粮食产量的1.21倍，这是经过全社会共同努力可以达到的产量。

综上分析，到2030年，我国粮食生产的潜力可以达到8亿吨。如果加上进口粮食1亿吨，那么按14.3亿人口计算，人均占有粮食629千克，我国粮食安全能够获得保障。

二、把粮食总产波动控制在5%以下

粮食的产量、产能与潜力是反映粮食生产的三个重要指标，其概念与内涵明显不同。关于当前我国粮食安全问题，有两种截然不同的观点，其根源是对粮食概念与内涵的理解不同。

一种观点认为，粮食安全有保障、没问题。一些学者，甚至政府部门认为，我国粮食安全有保障、没问题，其主要理由是我国口粮自给率为98%，粮食连续16年增产，粮食储备量足够吃1年，等等，实际上他们是把口粮安全等同于粮食安全。另一种观点则认为，口粮安全没问题，粮食安全是难题。我们研究发现，口粮消费只占粮食总消费的20%~30%，口粮安全绝对不等于粮食安全。我国养活14亿人口需要29亿亩耕地生产的粮食和其他食物，而我国只有20亿亩耕地，近几年进口的大豆、油料与肉类折合相当于9亿亩耕地生产的粮食或食物，所以中国民众吃饱没问题、吃好需进口，中国“小粮食安全”没问题，“大粮食安全”是难题。我国人均GDP已经超过1万美元，民众不仅需要“吃饱”，还需要“吃好”，我国迫切需要“保粮食安全”。2019年10月我国发布的《中国的粮食安全》白皮书，以及2020年4月中央明确提出的“保粮食能源安全”，为我国未来农业特别是粮食生产与消费确定了重大方针，指明了方向与重点。

为了让公众更容易理解粮食安全，我们引入“小粮食”与“大粮食”两个概念。“小粮食”（也叫口粮或主粮）是指烹饪后直接食用的粮食作物，主要包括水稻、小麦、粟（谷子）、黍（糜子）、荞麦等。国内外的研究表明，一般中等生活水平的人群，其每年口粮消费占粮食总消费的20%～30%，所以口粮叫“小粮食”。“大粮食”（通常讲的粮食）是指口粮、饲料粮、工业用粮、种子用粮、储备粮等粮食的总称。一些发达国家人均“小粮食”消费不足150千克，但“大粮食”消费达到1000千克，主要是食肉量达100千克。通常，人们吃掉1千克牛肉、猪肉、鸡肉分别相当于吃掉8千克、4千克、2.8千克粮食。如果一个人每天吃掉0.3千克牛肉，他就相当于每年消耗876千克粮食。

粮食产量是指一个国家、地区或生产单位在一定时期（通常为一年）内通过粮食生产活动所获得的粮食数量的总和，通常是包括水稻、小麦、玉米、谷子、糜子等在内的禾本科作物与豆类产量的总和。按收获季节划分，粮食可分为夏收粮食、早稻和秋收粮食；按作物品种划分，粮食分为谷物、豆类、薯类，谷物又分为稻类（粳稻、籼稻、糯稻等）、麦类（小麦、大麦、青稞、黑麦、燕麦等）、粗粮或杂粮类（玉米、高粱、荞麦、豆类等）。另外，2015年以后，我国一些部门把薯类也纳入口粮之中，例如马铃薯、木薯、番薯（红薯、白薯）等。

粮食产量是原料粮经过粗加工或处理的数量，谷物要脱粒、豆类要去豆荚，薯类（包括甘薯和马铃薯，不包括芋头和木薯）按5千克鲜薯折1千克粮食计算。有些地方收获的粮食含水量偏高，还要扣除多余水分，按标准含水量计算。

我国南北自然条件互补——北方干旱、南方增产，南方洪灾、北方增产，粮食生产在灌溉面积达到全国耕地面积50%之后基本保持稳定，处于“扭秧歌”状态。自1986年以来，除7年外，其余27年粮食总产波动在5%以下（其中17年在3%以下），这说明我国粮食总产基本稳定。自2000年以来，粮食减产幅度超过5%的年份只有两年。自2016年以来，我国已经连续4年粮食总产波动在1%以内，这说明我国已经基本形成了稳定的粮食生产体系。由此可见，随着科技进步与农业生产条件的改善，我国完全有能力把粮食总产的波动控制在5%以下，可以防止重大旱灾、洪灾、病虫害等自然灾害，以及重大政策与人为因素造成粮食产量的过大波动。

三、切实实施“8亿吨粮食安全工程”

我国粮食价格高于国际市场，适当进口粮食在经济上是合算的。但根据我国人均收入及人均粮食占有量、消费量测算，要想保障粮食安全，我们需要迫切保持一定的粮食产能。粮食产能是指一个国家、地区或生产单位在特定的自然条件以及技术、经济、社会条件下，一定时期（通常为一年或一个生长季）能够稳定达到的产量，是已经具备随时能够实现的粮食生产能力。通常，粮食产能应该等于粮食经济生产力。增加粮食产能的主要措施是，提高经济效益，减少耕地撂荒，恢复并提高复种指数。

保持粮食产能是我国保障粮食安全的战略需求，一旦出现危机情况，我国可以在高成本的情况下保障粮食安全。在我国粮食价格高于国际市场的背景下，为了保持一定粮食产能，适度进口既能调节粮食市场，又有利于土地休养生息。我国人口多、粮食占有水平偏低、收入增长快、粮食需求刚性增长，提高粮食产能的任务十分繁重，保持并提高粮食产能是保障粮食安全的前提。

参照国外人均收入增长与粮食总消费的变化规律，根据我国经济增长趋势、人均粮食占有量、粮食消费习惯与文化，光热、土地、水等自然资源，以及农业良种化、机械化、水利化、化学化、生态化、信息化等技术、经济、社会条件，我们初步测算，2030年、2040年我国粮食产能分别要保持在8亿吨、9亿吨左右。参照中高收入国家人均粮食总消费在650千克左右，我国到2030年人均GDP将达到18000美元左右，同期粮食总需求将增加20%左右，即由2019年的7.5亿吨（生产量加上进口量）增加到9亿吨左右，因此粮食产能需要保持在8亿吨左右，实际产量不低于7.5亿吨。

实施“8亿吨粮食安全工程”（保障粮食安全）主要有八项对策：“要粮于技、藏粮于地、生粮于海、产粮于山、生粮于改、储粮于友、节粮于用、稳粮于共同体”（见表22-1）。

表22-1 实施8亿吨粮食安全工程主要途径

增产途径	主要措施	面积增加（亿亩）	单产增加（千克/亩）	增产（亿千克）
要粮于技	提高单产10%	保持18	38	684
	育种技术，增种耐盐碱水稻、藜麦	1	200	200
藏粮于地	土地整治、耕地修复	0.8	200	160
生粮于海	增加远洋捕捞量	—	—	100
产粮于山	10亿亩草山草坡	1	100	100
生粮于改	改革粮食体制机制	1	300	300
储粮于友	海外粮食供应链	1	—	1000
节粮于用	节粮3%～5%	—	—	100
总计	总产8亿吨	—	—	2644

注：“稳粮于共同体”属于宏观层面，未列入表中；以上增产措施去掉了重复因素。

（一）“要粮于技”，推进第二次绿色革命

“要粮于技”就是通过农业技术进步提高粮食单产与粮食生产效益，我国粮食单产仍然有很大潜力可挖。1949—2019年，我国粮食亩产由68.6千克上升到381.0千克，增长455.4%。未来10年，我们要大力推进第二次绿色革命：一是综合利用第二、三代育种技术，培育超级作物品种，力争使第三代杂交水稻、杂交小麦、杂交玉米、超级大豆亩产分别达到1200千克、900千克、1600千克、300千克，带动主要粮食作物单产提高10%以上，增产粮食684亿千克；二是增种1亿亩耐盐碱水稻、藜麦，增产粮食200亿千克；三是形成国际一流的“精耕细作”技术体系；四是研发动物生长激素、人造肉、大厦农业等技术，储备一代粮食增产技术。以上措施可增产粮食884亿千克左右。

我国超级稻研究一直走在世界前列，自从杂交水稻研究开始以来，水稻单产已跨上了8个亩产100千克的台阶。国家杂交水稻工程中心提供的数据显示，2000—2017年，我国超级水稻试验田单产由703.5千克增加到1149.0千克，增长了63.3%。从2000年以来，超级稻已跨上5个亩产100千克的台阶，平均每个五年计划上一个台阶。到2030年还有10年时间，水稻亩产将再跨上一个台阶，达到1200千克是完全可行的（见表22-2）。

表22-2 中国超级稻单产增长历程

产量指标		完成时间	高产典型
700千克	第一期	2000年	2000年，湖南龙山“两优培九”千亩平均703.5千克
800千克	第二期	2004年	2002年，湖南龙山“两优0293”百亩平均817.3千克

（续表）

产量指标		完成时间	高产典型
900千克	第三期	2012年	2011年，湖南隆回“Y两优2号”百亩平均926.6千克
1000千克	第四期	2014年	2014年，湖南溆浦“Y两优900”百亩平均1026.7千克
1067千克		2016年	2016年，云南个旧“超优千号”百亩平均1088.0千克
1100千克		2017年	2017年，河北邯郸“超优千号”百亩平均1149.0千克

资料来源：国家杂交水稻工程中心。

我国杂交小麦研究始终没有取得重大突破，未能实现杂交小麦的大面积推广，但小麦育种取得了重要进展。国家小麦工程中心提供的数据显示，2000—2020年，我国小麦高产试验田单产已由600千克增加到856千克左右，20年增长了42.7%；未来10年，小麦单产有望再增长5%~10%，达到900千克是完全能够实现的。未来基因编辑等新技术的应用，将进一步提高小麦育种工作的效率（见表22-3）。

表22-3　小麦试验田单产增长历程

产量指标	完成时间	高产典型
600千克	2000年以前	1996—1998年，河南偃师市万亩连片亩产超600千克；1998年，山东烟台“H92-112”亩产638.5千克
700千克	2000—2010年	2000年，河南兰考县“兰考906”亩产720.8千克；2006年，河南温县“豫麦49-198”亩产717.2千克
750千克	2011年	2011年，河南商丘市“郑麦7698”亩产756千克

（续表）

产量指标	完成时间	高产典型
800千克	2014年	2014年，河南修武县“周麦27号”百亩平均821.7千克
850千克	2020年	2020年，山东淄博“山农28号”百亩平均856.9千克； 2020年，河南延津县“麦20”千亩平均855.2千克

资料来源：根据公开资料整理。

未来，我国粮食增产的根本出路在于提高单产，而单产提高的根本途径是科技进步——主要依靠粮食作物育种技术的不断突破与广泛应用。从粮食单产增长趋势来分析，我国主要粮食作物每10年更换一次品种，每次提高产量5%～8%是完全可行的。但是，我们应当看到，随着产量和科技水平的不断提高，进一步提高产量的难度越来越大。

（二）“藏粮于地”，保住两个18亿亩红线

“藏粮于地”就是要保住两个“18亿亩”红线。粮食生产成本高，我们可以适当进口便宜粮，但要保住耕地红线。在遇到粮食危机时，我们随时可以恢复种植面积，进退自如。一是防止耕地“非农化”，坚守18亿亩耕地红线。城镇化、工业化必然要占用耕地，因此我们要坚持“占优补优”，防止耕地数量下降、质量下降。开展“土地整治”，对进城落户农民的宅基地、弃耕地进行全面整理，力争增加0.8亿亩粮食播种面积，新增粮食160亿千克；发展耕地生态修复技术，恢复被严重污染、不宜耕种的5000万亩农田。二是防止耕地“非粮化”，保障粮食播种面积保持在18亿亩以上。我们要优化农业结构，防止经济作物、森林对粮食耕地的挤占，形成有利于粮食安全的农业内部结构。

（三）“生粮于海”，发挥300万平方公里海洋作用

“生粮于海”就是充分利用300万平方公里海洋生产海产品，减少粮食消费。日本人均水产品消费达到68千克，粮食直接消费维持在低水平，其经验值得借鉴。2018年，我国海洋总捕捞量已达1466.6万吨，每平方公里海洋捕捞量不足0.8吨，其中远洋捕捞仅226万吨。创新远洋渔业技术，力争远洋水产新增250万吨，相当于增产100亿千克粮食。

（四）“产粮于山”，创新大国土、大粮食理念

“产粮于山”就是要充分发挥南方10亿亩草山草坡、北方30亿亩草原在增产粮食、发展木本食物方面的作用。我们要协调好南方草山草坡在发展林木、水果、花卉上与木本粮食的关系，保持生产木本食物的能力。我们要在保持北方30亿亩草原的基础上，利用现代技术进一步挖掘种植优质牧草、水培沙培作物的能力，力争新增100亿千克粮食。

（五）“生粮于改”，推进新一轮农业经济体制改革

“生粮于改”就是通过改革进一步提高农民种粮积极性，把降下去的复种指数再恢复起来并逐步提高。未来农业政策，特别是粮食政策的导向，其核心点是提高种粮农民的比较效益，让农民想种粮、能种粮、会种粮、种好粮（见图22-1），把农作物复种指数由2018年的123%恢复到1985年的155%。我国复种指数至少还有22个百分点的潜力可挖，如果按理论复种指数198%计算，那么还有75个百分点的潜力。可见，尽管我国农业经济体制改革已经40多年了，但其仍然需要进一步深化改革。“要粮于改”仍然是粮食增产的最重要的途径、最根本的措施。如果种粮效益低，农民不愿意种粮，特别是未来青年农民不愿意回农村，不愿意种粮，这就表明农业经济体制改革没有到位，我们需要不断深化改革，

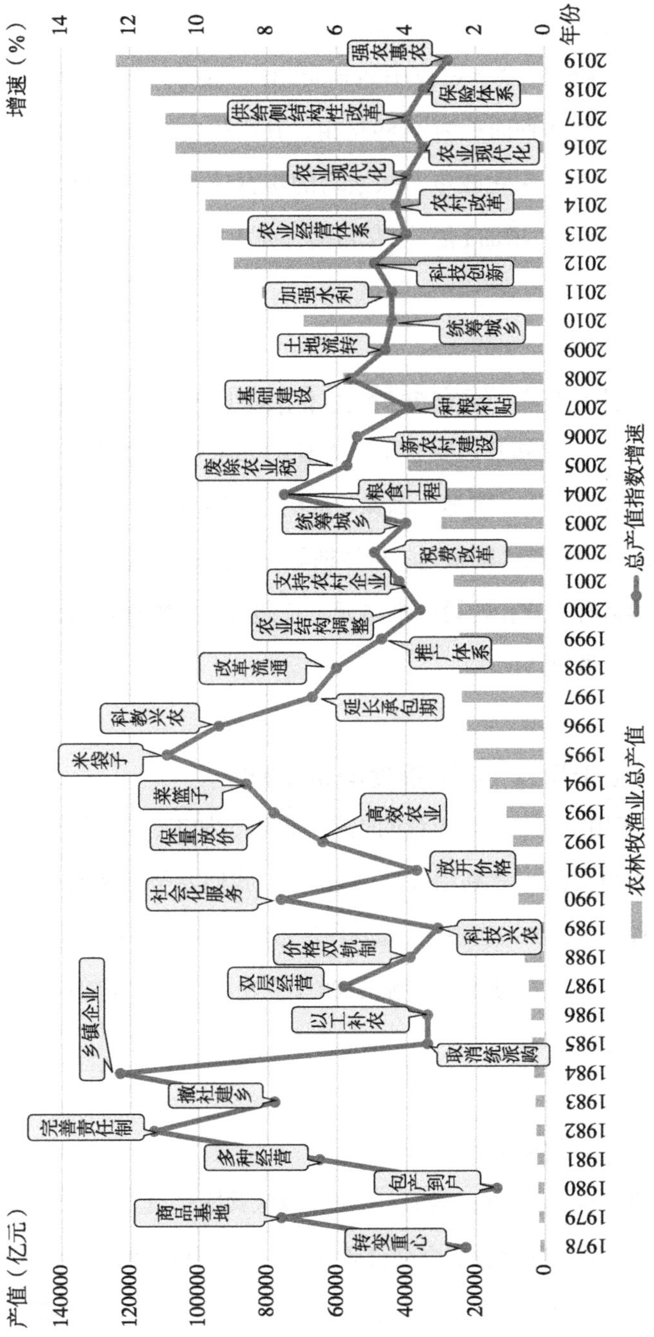

图22-1 改革开放以来我国农业政策要点

并加大新时期农业经济改革的力度。

《中国的粮食安全》白皮书数据指出：我国耕地面积为20.2亿亩，2018年农作物总播种面积为24.89亿亩，其中粮食作物播种面积为17.55亿亩，占70.51%；深化改革，探索新的粮食体制机制，提高复种指数5～10个百分点，可增加1亿～2亿亩播种面积，新增300亿～600亿千克粮食。

（六）“储粮于友”，建立海外10亿亩耕地的粮食“供应链”

“储粮于友”是指我国要与友好的国家或地区，通过多种方式建立长期稳定的粮食合作生产基地，确保建成约10亿亩耕地的粮食“供应链”。例如，与巴西、古巴、阿根廷、俄罗斯等国，通过长期合同、合作开发、耕地租用等多种方式，建设一批多元、长期的海外粮食基地，构建10亿亩耕地的粮食供应链。

（七）“节粮于用”，创新粮食消费文化

“节粮于用”就是减少粮食的收获、储藏、加工、流通、消费等环节的浪费，力争提高粮食利用效率5%左右。我们要努力做到“收获多一点、储藏省一点、加工省一点、饲料省一点、餐桌省一点”，完善不同人群的膳食标准，将人均用粮控制在600千克左右，科学用粮，充足营养，减少肥胖，促进健康。

（八）“稳粮于共同体”

我们要联合有关国际组织、国家或地区共同建设人类粮食安全共同体，包括建立“国际粮食安全联合研究院”，共同研究保障粮食安全的政策、技术，加强国际合作，建立稳定的粮食供应链，保障人类粮食安全。

四、实施“进口大豆替代工程”

我国进口食物相当于9亿亩耕地的产量，其中进口大豆占7亿亩，大豆对外依存度高达85%。为了保障粮食安全，政府可启动“大豆替代工程”，使大豆对外依存度下降30%左右。

（一）大豆进口依存度85%，亟须减少进口

我国大豆需求快速增长，最近10年平均每年增加650多万吨。2018年，我国大豆进口8800多万吨，成为全球最大的大豆进口国，年度进口量占全球总量的60%左右。[①]用没有受到中美贸易摩擦影响的2017年数据计算，我国大豆进口量为9600万吨，大豆消费量为11130万吨，进口大豆份额高达85%。另外，大豆从美国、巴西进口量占我国大豆进口总量的90%左右，且美国没有底线地遏制我国崛起，因此，我们过多地从美国进口大豆，存在粮食安全风险，实施“进口大豆替代工程”是战略选择。

（二）大豆产量、种植面积占比明显下降

1. 大豆产量占粮食产量比重下降57%

1950年，我国大豆产量为744.30万吨，粮食产量为13212.90万吨，大豆产量占粮食产量的比重为5.63%；2018年，我国大豆产量为1596.71万吨，粮食产量为65789.22万吨，大豆产量占粮食产量的比重为2.43%。2018年大豆产量占粮食产量的比重比1950年下降了3.2个百分点，下降

---

① 数据来源：食品科技网，https://www.tech-food.com/news/detail/n1430436.htm。

了约57%（见表22-4）。

表22-4　大豆产量及占粮食的比重

年份	大豆产量（万吨）	粮食产量（万吨）	大豆产量占粮食产量的比重（%）
1950	744.30	13212.90	5.63
1960	639.10	14385.70	4.44
1980	794.00	32055.50	2.48
1990	1100.00	44624.30	2.47
2000	1540.90	46217.52	3.33
2010	1540.99	55911.31	2.76
2018	1596.71	65789.22	2.43

资料来源：国家统计局。

2. 大豆面积占粮食面积比重下降了14%

1950年，我国大豆面积为14404万亩，粮食面积为171609万亩，大豆面积占粮食面积的比重为8.39%；2018年，我国大豆面积为12619万亩，粮食面积为175557万亩，大豆面积占粮食面积的比重为7.19%，比1950年下降了1.20个百分点，下降了14.30%（见表22-5）。

表22-5　大豆面积占粮食面积变化

年份	大豆面积（万亩）	粮食面积（万亩）	大豆面积占粮食面积的比重（%）
1950	14404	171609	8.39
1960	14022	183644	7.64
1980	10839	175851	6.16

（续表）

年份	大豆面积（万亩）	粮食面积（万亩）	大豆面积占粮食面积的比重（%）
1990	11339	170199	6.66
2000	13960	162694	8.58
2010	13050	167543	7.79
2018	12619	175557	7.19

资料来源：国家统计局。

3. 大豆单产20年增长6.08%

1999—2018年这20年，我国大豆单产由1789.16千克/公顷提高到1897.96千克/公顷，增长了6.08%（见表22–6）。由于大豆单产增长速度明显低于玉米等其他粮食作物，所以大豆面积占粮食面积比重下降14.39%，大豆产量占粮食产量的比重下降57.00%，导致大豆主要依赖进口。

表22–6 1999—2018年大豆单产变化

年份	大豆单产（千克/公顷）	年份	大豆单产（千克/公顷）
1999	1789.16	2009	1630.23
2000	1655.71	2010	1771.22
2001	1624.77	2011	1836.25
2002	1892.92	2012	1814.38
2003	1652.89	2013	1759.89
2004	1814.78	2014	1787.33
2005	1704.54	2015	1811.44

（续表）

年份	大豆单产（千克/公顷）	年份	大豆单产（千克/公顷）
2006	1620.93	2016	1789.23
2007	1453.65	2017	1853.59
2008	1702.80	2018	1897.96

资料来源：国家统计局。

（三）大豆减产的原因是玉米挤占大豆面积

1. 大豆面积下降了1785万亩

1950年，我国大豆面积为14404万亩，产量为744.30万吨；2018年，我国大豆面积为12619万亩，产量为1596.71万吨。2018年大豆面积比1950年减少了1785万亩，产量增加了852.41万吨。

2. 玉米面积增加了43765万亩

1950年，我国玉米面积为19430万亩，产量为1389.40万吨；2018年，我国玉米面积为63195万亩，产量为25717.39万吨。2018年玉米面积比1950年增加了43765万亩，产量增加了24327.99万吨。

3. 大豆面积改种玉米增产粮食726万吨

2018年，玉米单产为406.95千克/亩，大豆单产为126.63千克/亩，玉米单产是大豆的3.2倍左右。如果将下降的1785万亩大豆面积全部种植玉米，那么按照2018年的单产测算，增产粮食726万吨。

4. 玉米挤占大豆的原因是亩效益高65%

相关资料显示，在不算补贴的情况下，种植玉米亩效益大概为430元，而种植大豆亩效益为260元。种植玉米效益比种植大豆高出170元/亩，玉米每亩纯收入比大豆高65%。玉米逐年挤占大豆面积，玉米面积与大豆面积之比由1950年的1.3∶1上升到2018年的5.0∶1（见表22-7）。

表22-7 玉米、大豆面积及产量对比情况

年份	玉米面积（万亩）	大豆面积（万亩）	玉米、大豆面积比	玉米产量（万吨）	大豆产量（万吨）	玉米、大豆产量比
1950	19430	14404	1.3∶1	1389.40	744.30	1.87∶1
1980	30131	10839	2.8∶1	6260.00	794.00	7.88∶1
2000	34584	13960	2.5∶1	10599.98	1540.90	6.88∶1
2010	52465	13050	4.0∶1	19075.18	1540.99	12.40∶1
2018	63195	12619	5.0∶1	25717.39	1596.71	16.10∶1

（四）实施“进口大豆替代工程”

1. 恢复大豆面积2000万亩，可增产253万吨

如果增加2000万亩大豆种植面积，那么按照2018年大豆单产126.63千克/亩计算，可增产大豆253万吨左右。恢复大豆面积可以采取以下两种方式：一是支持北大荒集团开展大豆高产优质攻关行动，重点推进绿色有机大豆种植，着力降成本增效益，开发食用、药用豆制品；二是推动建立黑龙江省国家永久粮食（大豆）核心保护区，重点利用生物技术提高土壤有机质含量，严禁一切转基因农作物种植，坚决保护好世界三

大黑土带之一的“两大平原”非转基因粮食（大豆）“净土”。

2. 提高大豆单产20%，可增产315万吨

2018年，我国大豆平均单产为126.63千克/亩。在此基础上，我们力争使杂交大豆产量取得突破，增产20%左右，即单产提升到150千克/亩。按2018年大豆种植面积12619万亩计算，可增产315万吨左右。我们可通过探索建立东北“三省一区”国家永久粮食（大豆）核心功能区，力争到2022年实现大豆产能3500万吨，折算耕地面积为2亿亩（1.5亿亩播种面积+0.5亿亩提升产能折算面积），切实发挥好维护国家粮食（大豆）安全的“压舱石”作用。

3. 推进“大豆种植标准化工程”，可增产630万吨

黑龙江垦区是全国现代农业的排头兵，其规模化、标准化种植技术使得大豆单产明显高于全国平均水平，近些年大豆单产稳定在170千克/亩。我们要全力推广黑龙江垦区大豆种植标准化工程，使得全国大豆单产达到垦区水平，即比目前提升50千克/亩左右，则可实现大豆增产630万吨左右。

4. 增加200万吨油菜籽，替代大豆400万吨

对于油菜籽产业，早在2008年粮食危机之时，就有专家学者提出发展菜籽以缓解我国大豆过多进口的局面。与大豆相比，油菜籽在食用油、蛋白粕方面的替代性非常强。更关键的是，与大豆生产需要较好的耕地资源不同，菜籽种植区域广泛——从南到北，从西北到东北，到处都适合油菜籽的种植，而且南方地区大量的丘陵地带非常适宜种植，能有效解决国内耕地紧张的问题。2018年，我国油菜籽播种面积为9826万

亩，油菜籽产量为1328万吨。如果大力发展油菜籽，使其替代一部分大豆油，那么按油菜籽出油率30%和大豆出油率15%计算，增加200万吨油菜籽产量的油菜种植面积，可替代400万吨大豆。

5. 发展藜麦5000万亩，替代大豆500万吨

藜麦营养价值极高，且具有多种开发利用价值，值得大力度、大范围推广。目前，陕西、山西、青海、四川、浙江等地均已有小规模适应性种植。发展藜麦5000万亩，按单产250千克/亩、蛋白含量16%计算，可增加蛋白200万吨；按大豆蛋白含量40%计算，可折合成大豆500万吨。

6. 发展优质牧草2亿亩，替代大豆750万吨

发展优质牧草2亿亩，按单产100千克/亩、蛋白含量15%计算，则可增加蛋白300万吨；按大豆蛋白含量40%计算，可折合成大豆750万吨左右。

7. 发展海洋动物，替代大豆150万吨

多数鱼类的蛋白含量可达18%～20%。利用300万平方公里海洋，增加远洋捕捞300万吨，相当于增加蛋白54万～60万吨，可替代大豆135万～150万吨。

以上途径共生产、节约大豆3248万吨左右，按大豆进口最高年份2017年的9600万吨计算，可降低大豆进口依存度33.8%。恢复大豆种植面积可能造成玉米种植面积下降的损失，一方面可通过提高玉米单产解决，另一方面可适当进口玉米。无论是进口大豆，还是进口玉米，都离不开美国的资源，因此我们需要分散进口渠道，避免进口渠道单一造成的风险。

第二十三章

粮食大省生产潜力与对策

粮食生产大省持续增产是我国保障粮食安全的基石。我国粮食能否持续增产，主要取决于产粮大省还有没有生产潜力、有没有生产积极性。我们选择小麦和玉米生产大省山东省、水稻生产大省湖南省，对产粮大省粮食生产潜力、增产途径、政策与措施进行了研究。结果表明，我国粮食生产大省仍然具有20%左右的潜力，目前存在的最主要问题是：种粮效益低制约了粮食生产潜能的进一步释放。

一、山东省粮食有望增产20%

山东省人口、GDP、农业增加值、粮食产量分别占全国的7.2%、7.1%、7.3%和8%。山东省粮食总产量居全国第三位，单产居全国第六位，人均粮食占有量为535.4千克，是全国平均占有量的1.1倍。山东省粮食产量实现13年连增，总产量连续5年稳定在千亿斤以上，为全国粮食安全做出了巨大贡献。山东省粮食生产机遇和挑战并存，仍有20%的增产潜力，对保障国家粮食安全具有重要作用。

（一）山东省粮食产量70年增长5.1倍左右

近10年来，随着《山东省千亿斤粮食生产能力建设规划（2009—2020年）》的实施，山东省粮食生产条件得到显著改善，粮食总产实现13连增。特别是近年来引黄灌区的建设和南水北调东线工程通水，较大程度地缓解了全省农业生产缺水的矛盾，为山东省粮食生产带来了难得的机遇，但山东省粮食生产依然面临着耕地面积减少、水资源紧缺等资源性挑战。

1. 山东省粮食产量70年增长5.1倍左右

山东省粮食产量大幅增长，播种面积、总产和单产均居全国前列。2018年，山东省粮食播种面积达12607.3万亩，居全国第三位（仅次于黑龙江和河南）；山东省粮食总产量达5319.5万吨，居全国第三位（仅次于黑龙江和河南），比1949年增加了4449.6万吨，增长了5.1倍左右，年均增长2.7%；山东省粮食单产达421.9千克/亩，居全国第六位（前五位分别为上海、新疆、江苏、吉林、湖南）。

2. 山东省粮食生产面临的挑战

山东省粮食生产仍面临耕地持续减少、水资源紧缺等资源性挑战。一是耕地面积持续减少。随着城镇化进程的加快，山东省耕地面积由2013年的763.35万公顷减少到2018年的758.98万公顷，5年减少了43700公顷，平均每年减少近9000公顷。耕地面积的持续减少，给山东省粮食产量继续维持高位发展带来了极大的挑战。二是水资源紧缺状况突出。近年来，随着南水北调东线工程的通水和引黄灌区建设力度的不断加大，山东省农业用水紧张的现状得到了一定程度的缓解。但是，山东省水资源总量占全国水资源总量的比重和人均水资源量分别由2003年的1.8%和

537.9立方米下降至2017年的0.8%和226.1立方米，均呈现出明显的下降趋势。水资源紧缺的状况依然异常突出，这无疑给山东省粮食生产带来了极大的挑战。

3. 山东省提出千亿斤粮食产能建设规划

山东省粮食生产面临中央“保粮食安全”重大决策带来巨大动力、“千亿斤粮食建设”迈上新台阶、补水工程持续加力、农业科技不断进步等良好机遇。

第一，中央做出“保粮食安全”重大决策。山东省委省政府历来十分重视粮食生产，为全面落实“六稳六保”工作，省财政设立了粮食生产专项资金，完善了粮食生产监督考核机制，打出了包括增加财政投入、改善生产条件、确保播种面积、不断提高单产等一系列确保粮食生产的组合拳，切实发挥和履行了粮食生产大省的作用和职责，全力保障国家粮食安全。

第二，“千亿斤粮食生产能力建设”迈上新台阶。自2008年以来，山东省制定实施了《山东省千亿斤粮食生产能力建设规划（2009—2020年）》，进一步统筹全省粮食生产能力建设布局，以国家确定的73个产能任务县为核心、12个产能后备县为重要补充，通过采取改善灌溉条件和改造中低产田、选育和推广优良品种、改进耕作制度和种植模式、推广重大和关键技术、提高农业机械化水平、加大病虫害防控和农业生态环境保护“六大技术路线”，大力实施水利骨干工程、高产稳产粮田建设工程、中低产田改造工程、土地整理复垦及黄河三角洲荒碱地治理工程、科技提升工程、农业机械化体系建设工程、农业减灾防灾体系建设工程“七大工程”，先后投资400多亿元，大大改善了农业生产基础条件，同时强化科技支撑，提高装备水平，转变农业发展方式，建立了粮食可持续发展的长效机制，有效辐射带动全省粮食稳步增产。

第三，实施农业水资源补充工程。山东省水资源十分紧缺，人均水资源量仅为全国的13%，严重制约着农业生产。近年来，随着引黄灌区建设力度的不断加大，德州、聊城、滨州等引黄灌溉区农业水利条件得到明显改善，新增农田有效灌溉面积400多万亩。自2013年南水北调东线工程通水以来，山东省外来水量已累计调入40亿立方米，增加农田有效灌溉面积200余万亩，有效缓解了全省农业用水紧张的现状。据统计，截至2018年年底，山东省农田灌溉面积达8749万亩，节水灌溉面积达5058万亩，高效节水灌溉面积达3958万亩，农田灌溉水有效利用系数达0.64，高于全国0.53的平均水平，初步形成了从骨干渠道到田间，从宏观到微观的立体化、系统化节水灌溉工程格局，农田水利设施建设带来的年新增粮食产能近30亿千克。

第四，农业科技不断进步。近年来，伴随着我国农业科技的发展，山东省全面落实习近平总书记视察山东提出的“给农业插上科技的翅膀”的要求，正从农业产业大省向农业科技强省转变，初步构建起了以农业良种工程、农业展翅科技行动、渤海粮仓科技示范工程、农业科技园区带动工程等为主要内容的农业科技创新体系，农业科技创新水平显著提高，农业科技进步贡献率达63.9%，高出全国平均水平4.7个百分点，为全省粮食生产提供了坚实的科技支撑。

（二）山东省粮食仍有20%以上的潜力

山东省虽然在粮食综合生产能力上已达到较高水平，但在耕地数量、农田质量、复种指数、单产水平、技术突破等方面仍有较大增产潜力。

1. 五大因素奠定了山东省粮食增产的基础

第一，耕地面积仍有1000万亩潜力，可增产粮食350万吨。山东省现有未利用土地2000多万亩，其中宜农荒地近1000万亩。通过开发利用，粮食亩产可达到中产田水平，按单产350千克/亩计算，可增产粮食350万吨。

第二，高标准农田建设仍有3000万亩潜力，可增产粮食150万吨。山东省现有耕地11000多万亩，其中高标准农田5700多万亩，占比仅为一半左右。通过加大高标准农田建设力度，山东省10年内可新建成高标准农田3000万亩，尚有150万吨粮食增产潜力。

第三，复种指数有增加2个百分点的潜力，可增产粮食100万吨。近年来，山东省的复种指数显著高于全国平均水平，一直维持在140%以上的高位，2016年达到148.3%，2018年下降为146%。山东省的粮食播种面积占比也长时间高于全国平均水平，持续保持在68%以上。对山东省这样的粮食生产大省来讲，在未来10年内，通过调整农业政策，进一步提高2个百分点以上复种指数，将有100万吨的粮食增产潜力。

第四，单产仍有15%的提升潜力，可增产粮食840万吨。长期以来，山东省粮食单产一直高于全国粮食平均单产水平，且单产提高幅度明显快于全国平均幅度，2018年达到421.9千克/亩，高出全国平均水平11.9%。未来10年，山东省可通过主要粮食作物品种的两次更新，实现提高粮食单产15%以上的目标，从而挖掘粮食增产840万吨的潜力。

第五，新技术突破孕育新的潜力。一是耐盐碱水稻育种技术。袁隆平院士团队已在山东省青岛市建立了海水稻研究中心，开展耐盐碱水稻新品种选育工作，并已取得了显著成效。未来10年，山东省250万亩中度盐碱地若全部种植耐盐碱水稻，按照250千克/亩单产计算，将有60万吨以上的粮食增产潜力。二是荒地坡地藜麦种植技术。朱健康院士团队已在山东省齐河县开展藜麦规模化试种成功，亩产超过300千克/亩。按未来10年山东省近1000万亩荒地坡地的50%种植藜麦计算，山东省将有150万吨粮食增产潜力。

2. 山东省粮食增产的对策

近年来，山东省确立了为民产粮、为国分忧的粮食战略，采取扩大面积、适度复种，依靠科技、提高单产，改革体制、增加效益等对策，进一步履行产粮大省的职责。

山东省一直以来高度重视粮食生产，认真落实“米袋子”省长负责制，出台了一系列保障粮食生产的政策措施，构建了较为健全的覆盖科技研发、生产加工、储备流通等粮食产业全链条的政策体系，有效保障了全省的粮食生产。

（三）山东省粮食增产20%的主要途径

1. 主要作物品种更换两次可增产16%

粮食作物新品种储备较为充足。山东省自1995年持续实施农业良种工程20多年来，累计投入10多亿元，聚焦“保、育、测、繁、推”生物种业全产业链，坚持项目、人才、平台一体化推动，在推动种业强省建设方面取得了显著成效，种业大省的地位日益凸显，累计收集保存农业种质资源45000余份，选育国审农作物新品种300多个、省审品种1800多个，培育了“济麦”“登海”等多个系列品种品牌，全省良种对粮食增产的贡献率达47%，农业品种更新换代5次以上，实现了主要农作物品种4～5年更换一次的较高频率。按照今后10年主要粮食作物品种更新两次、每更新一次可提高单产8%的农业生产规律计算，预计到2030年，山东省粮食总产可通过更新品种提高16%。

2. 环渤海盐碱地种粮技术可增产2%

“渤海粮仓”科技示范工程增粮技术模式成效显著。2013年启动的国家重大科技支撑计划“渤海粮仓”科技示范工程，主要是通过对环渤海地区4000多万亩中低产田和1000多万亩盐碱荒地改造，实现到2017年增粮60亿斤、到2020年增粮100亿斤的目标。“渤海粮仓”科技示范工程在耐盐碱粮食品种选育、小麦玉米一年两熟、棉改粮技术模式、稻麦轮作技术模式、冬小麦夏玉米棉花两年三作增粮技术模式等方面取得了丰硕的成果。山东环渤海地区尚有100万亩棉田可改为粮田，有20万亩轻度盐碱荒地可以整治成良田，通过在该地区全面推广“渤海粮仓”科技示范工程系列科技成果，可实现小麦400千克、玉米500千克的平均亩产量，从而可增收粮食108万吨——占2018年山东省粮食总产量的2%。

3. 建设高标准农田可增产120万吨

高标准农田建设力度不断加大。2020年6月，山东省出台《关于切实加强高标准农田建设提升国家粮食安全保障能力的实施意见》，明确提出到2025年建成8000万亩高标准农田的目标。届时全省高标准农田将比2020年增加2000万亩，按每亩粮食单产提高60千克计算，山东省可提高粮食产量120万吨——占2018年山东省粮食总产量的2.3%。

4. 提高复种指数2个百分点，可增产2%

在调整粮食生产政策、提高复种指数方面，山东省应健全完善粮食生产保障机制，加大对粮食生产特别是规模化生产的支持力度，进一步提高种粮效益，将全省现有146%的复种指数提高到148%以上的水平。

按2018年山东省粮食播种面积和单产计算，山东省提高复种指数2个百分点可提高粮食产量100万吨——占2018年山东省粮食总产量的近2%。

二、湖南省粮食有望增产20%

湖南省是我国粮食主产省之一，素有“湖广熟，天下足”的美誉，为保障我国粮食安全发挥了重要作用。随着东北大米的崛起，泰国大米、越南大米的大量涌入，以及“镉米事件”、种植结构调整等因素影响，湖南省大米产业面临增速变慢、地位下降、比较效益下降等挑战。贯彻中央“保粮食安全”重大决策，湖南省要寻找粮食再增产20%的对策与措施。

（一）湖南省粮食生产面临机遇和挑战

1. 稻谷产量连续40年居全国首位

湖南省地处中国中部、长江中游、洞庭湖以南，属亚热带季风湿润气候区，光、温、水资源配合较好，加上以袁隆平院士为代表的杂交水稻研发团队选育的世界领先水平的杂交水稻品种和栽培技术优势，使得湖南省的水稻生产尤其是双季稻生产具有其他省区不可比拟的优势——复种指数高、播种面积大、产量高。自20世纪70年代末以来，湖南省稻谷总产量连续40多年位居全国首位，常年稻谷产量占全国稻谷总产的13%左右，稳居全国第一。2015年，湖南省稻谷总产达2756万吨，比2003年增加了685.82万吨，增长幅度达33.13%。

2. 2016年失去水稻总产第一地位

由于多种原因，湖南省水稻生产相对地位下降，失去第一水稻大省地位。

第一，水稻种植面积下降。从2016年开始，湖南省水稻总产量被黑龙江省超越，居全国第二。2019年，湖南省稻谷总产达2611万吨，比2015年减少5.3%。湖南省水稻总产减少的原因主要是水稻播种面积减少，尤其是“双改单”“单改荒”“粮改经”问题突出。2019年，湖南省水稻播种面积下降至385.5万公顷，比2015年减少6.3%（见表23-1）。播种面积下降的主要原因是水稻效益低，也有政策要求主动调减的因素。自2014年开始，国家启动重金属污染耕地修复综合治理，长株潭地区的170万亩耕地成为首批休耕试点。2018年，中共湖南省委一号文件明确提出，提高农业发展质量效益，适当调减双季稻生产，减少水稻面积300万亩，建设高档优质稻生产基地1000万亩，新扩经济作物100万亩。

表23-1　2010—2019年湖南省水稻种植面积与产量

年份	2010	2011	2012	2013	2014	2015	2016	2017	2018	2019
面积（万公顷）	403.1	406.6	409.5	408.6	412.1	411.4	408.6	423.9	400.9	385.5
单产（吨/公顷）	6.24	6.33	6.43	6.27	6.39	6.43	6.37	6.47	6.67	6.77
总产（万吨）	2551	2634	2704	2645	2732	2756	2724	2740	2674	2611

资料来源：国家统计局。

第二，水稻单产徘徊不前。2010—2019年，水稻单产仅由6.24吨/公顷增加到6.77吨/公顷，9年只增长8.5%，年均增长不到1个百分点（见表23-1）。常规稻种植面积不断增加，相对高产的杂交稻面积持续下滑，是水稻单产徘徊不前的主要原因。2014年，杂交稻种植比例为60%以上，到2018年已下降至50%左右，下降近10个百分点，2019年进一步下降。杂交稻种子价格高是种植面积下降的另一个原因，杂交稻种子价格通常为40～60元/千克，而常规稻种子价格为10～20元/千克。从种植结构来看，双季稻（早稻–晚稻）种植面积由2010年的69.5%下降到2019年的58.5%，也是导致水稻单产下降的主要原因（见表23–2）。

表23–2　2010—2019年湖南省水稻种植结构

年份	面积（万公顷）			单产（吨/公顷）			总产（万吨）		
	早稻	一季稻	晚稻	早稻	一季稻	晚稻	早稻	一季稻	晚稻
2010	138.6	125.1	146.8	5.63	6.93	6.16	779.5	867.1	905.2
2011	142.8	124.6	148.7	5.77	7.10	6.22	824.5	883.8	925.9
2012	1465	121.7	152.9	5.75	7.24	6.42	841.6	881.4	981.3
2013	149.4	121.0	151.4	5.95	6.57	6.35	888.5	795.6	961.2
2014	150.8	121.8	155.0	5.88	6.96	6.45	886.8	847.1	998.9
2015	150.6	122.8	155.4	5.94	6.98	6.46	895.1	857.7	1003.9
2016	148.7	1263	152.7	5.87	6.90	6.41	873.5	871.4	979.8
2017	144.8	129.1	149.9	5.85	7.22	6.41	846.5	932.6	961.3
2018	123.8	147.3	129.8	6.10	7.38	6.41	755.5	1086.7	831.8
2019	109.5	160.2	115.9	6.04	7.53	6.42	661.4	1206.8	743.3

资料来源：国家统计局。

第三，优质稻米品牌不多。湖南省现有农产品加工企业4万多家，其中规模以上粮食加工企业有442家，年销售收入上亿元的只有5家，多数企业仓储能力只有2万～3万吨，日处理稻谷200～300吨，总体实力不够强。虽然在中国十佳大米品牌中，湖南省有金健和银光，但其销售量低，市场占有率也低。湖南省有大米品牌200多个，但大部分稻米加工企业还处在初加工和部分精加工阶段，呈“小、散、乱、低”状态。在6个稻谷主产省中，湖南省的原粮加工率不及江西、湖北、江苏、安徽、黑龙江，排全国第六位。从优质稻品种来看，湖南省优质稻品种研发在全国处于领先地位——在首届全国十大优质籼稻食味金奖评选中，湖南省有玉针香、玉晶91和桃优香3个品种当选，但湖南省在全国有影响力的大米品牌较少。

3. 水稻持续增产面临三大“短板”

湖南省的水稻生产优势明显，面临的问题也较多，包括产前、产中、产后各环节，但最突出的、需要政府层面解决的“短板”主要有三个。

一是水稻生产加工业滞后，导致“农业劳动苦”的“短板”未得到消除。湖南省境内山地、丘陵较多，致使水稻生产的机械化程度相对落后。2018年，湖南省水稻耕种收综合机械化水平虽然平均达到了70%，但总体来看，机械化插秧率不到30%，机械化病虫防治率不到30%，机械烘干率仅18%，粮食生产过程脏、累、险、毒等产业痛点没有得到根本解决，“农业劳动苦”成为农民不愿种粮的基本原因。

二是水稻规模经营发展滞后，导致效益难以提升。随着工业化、城镇化发展，外出从事其他产业的农村劳动力增多，留守农民大多年龄偏大、文化程度偏低，种粮劳力紧缺；加上耕地流转机制不顺，流转耕地面积少，2019年湖南省30亩以上种粮大户共16.06万户，流转面积为1695万亩，仅占全省水田面积的34.6%；租金、工价、生产资料价格上涨，粮食生产贷款难；同时，农民专业服务组织发展滞后，机插、机抛、机烘和病虫草害“统防统治”等专业化服务比例不高，制约了粮食规模经营的发展。

三是农田基础设施建设落后，难以满足粮食高产稳产需求。近年来，湖南省农田设施得到较大改善，但仍有相当多的地方水利设施日益老化，导致粮食生产不能旱涝保收。中国水库寿命一般只有50年左右，而湖南省大部分农业基础设施修建于20世纪50年代，目前已是超龄服役。由于年久失修，山塘淤积，河坝堵塞，沟渠不畅，道路不通，农业基础设施抵御自然风险能力弱，亟待修缮更新。由于沟渠设施不完善，一些农田易渍、易涝、易旱，导致水稻生产难以旱涝保收。目前，湖南省农田有效灌溉面积不到3000万亩，只占耕地面积的一半，每年因水旱灾害造成农作物绝收面积达400万～500万亩。农田机耕道严重缺乏或破损，导致农机“下不得地”，农民只能望“田”兴叹，随之产生“双改单”“单改荒”的局面。

（二）湖南省粮食尚有20%以上的潜力

从湖南省粮食生产现状和未来经济、科技发展趋势动态分析，湖南省通过扩大复种增加粮食种植面积和依靠科技提高粮食单产的潜力巨大。

1. 提高复种指数可增加播种面积1000万亩

2018年，湖南省耕地面积为6227万亩，农作物播种面积为11594万亩，复种指数为186%。通过增加粮食播种面积1000万亩，复种指数可达202%，比2018年增加16个百分点。

第一，恢复双季早稻生产600万亩。将双季早稻面积恢复到2015年2250万亩的水平，双季早稻面积即可比2019年增加600万亩，按亩产400千克计，仅此一项就可增产稻谷24亿千克。

第二，在温光资源“两季不足、一季有余”的中稻区新增中稻蓄留再生稻200万亩，按再生稻亩产250千克计算，可增产稻谷5亿千克。

第三，充分利用旱土、高岸田、天水田和渗漏田等闲置资源发展玉米、大豆等旱杂粮200万亩，按玉米亩产400千克、大豆亩产150千克计算，可增产粮食5亿千克。

以上三项可增产粮食34亿千克。

2. 科技进步可提高水稻单产15%～30%

持续改良品种，特别是推广第三代杂交水稻，并实行良种、良田、良法、良态“四良”配套，可使粮食单产增速由前9年每年增长1个百分点增加到1.5个百分点，到2030年水稻单产提高15%，实现中晚稻亩产达530千克，比2019年提高70千克，则4200万亩中晚稻可增产稻谷30亿千克。2030—2050年，若全面推广第三代杂交稻，则粮食总产再增加30%甚至更高也是完全有可能的。我国不同省区的粮食高产研究表明，我国粮食亩产在两熟、三熟耕作区能够达到1000千克以上，在三熟耕作区能够达到1500千克（见表23-3），这说明湖南省粮食增产30%左右是完全可以实现的。

表23-3　中国杂交水稻高产记录

类型	年份	地点	面积	年产量（千克/亩）	关键技术	项目或完成单位
双季稻	2016	广东省梅州兴宁市龙田镇环陂村	百亩片	1537.78（早稻832.1+晚稻705.68）	超级杂交稻“湘两优900”等	“华南双季超级稻年亩产3000斤全程机械化绿色高效模式攻关”
	2019	湖南省常德市临澧县	2500亩	1365（早稻591.7，晚稻773.3）	早稻：株两优819 晚稻：Y两优911	国家杂交水稻工程技术研究中心

（续表）

类型	年份	地点	面积	年产量（千克/亩）	关键技术	项目或完成单位
一季稻	2017	河北省邯郸市永年区	百亩片	1149.02	湘两优900＋精确定量栽培	国家杂交水稻工程技术研究中心等
	2018	云南省红河州个旧市大屯镇新瓦房村	百亩片	1152.30	湘两优900＋精确定量栽培	国家杂交水稻工程技术研究中心等
	2019	江苏张家港市杨舍镇农义村	百亩片	1071.00（稻麦两熟制）	甬优1540+精确定量栽培	南京农大、苏州市农技推广中心等
	2019	江西省共青城市苏家垱乡浆潭联圩一分场	千亩片	1022.20（一季粳稻）	嘉丰优2号+南方粳稻栽培技术	“江西省优质粳稻高效种植模式示范推广”

资料来源：根据媒体公开报道整理。

增加播种面积和提高单产，到2030年可增产粮食64亿千克，增产21.5%。通过增加粮食播种面积1000万亩，水稻单产提高15%，两项合计，到2030年，全省粮食总产可达361.5亿千克，跨上700亿斤新台阶，比2019年粮食总产297.5亿千克增产21.5%。

（三）“四轮驱动”促进粮食跨越700亿斤新台阶

1. 发展多元化精耕细作高效农业

大力推广集中育秧、机械化插秧（或抛秧）、统防统治专业化服务等现代新型精耕细作技术和服务模式，把“双改单”“单改抛（荒）”“粮改经”的农田恢复种植双季稻、一季中稻加再生稻以及稻虾连作、稻虾共作、稻鱼共生等高效种养模式。在双季稻区调整种植结构模式，推广“早专晚优”生产模式。推广生产米粉稻、饲料稻和早糯稻等，同时配套米粉、饲料和糯米产品加工企业，深化大米加工，解决早籼稻销售难题，增加稻农收入的同时还能实现“藏粮于库”，即将粮食储藏于加工企业原料库和产品库，紧急时刻也可调用为口粮，保障国家粮食安全，也可发展“稻油”“稻烟”“稻蔬”等“稻经”模式。中、晚季优质稻实现区域化布局优化发展，结合国家规划的粮食生产功能区和重要农产品生产保护区建设，在区域范围内划分优质稻生产功能区或保护区，在规划区内开展优质稻高产、保优调优和标准化栽培，实现高档优质稻保质高产和普通优质稻丰产提质，从品种、模式等方面进行标准化指导，建立优质稻优势产区，全面推广抗病、抗倒伏的优质稻品种和节本增效生产技术，努力争取优势产区内高档优质稻的“保质保价”，进一步提升优质稻品种的生产效益。组织农机大户、农机合作社和其他新型主体大力开展专业化服务，实现周边散户在不流转耕地条件下规模化经营和机械化生产。

2. 发挥种加销全产业链整体效益

通过龙头企业全产业链开发与经营，在全省推广优质高产专用稻新品种，并努力打造稻米品牌，实现“好种出好谷”“好谷出好米”“好米卖好价”，努力增加种粮农户特别是大户收入和水稻生产品牌效益。深入实施湘米产业工程和优质粮油工程，支持发展“一企一片一种”标准化基地，加快发展优质粮食产销联盟，支持互联网企业开发粮食加工企业和生产主体有效对接的大数据平台，实现粮食产业链条上下游有效衔接。继续打造农业产业化标杆龙头企业和粮食产品精品名牌，充分发挥粮食区域性公用品牌引领作用，推动有条件的市县根据资源禀赋和加工基础，培育有历史沉淀、文化传承、市场认可的粮食公用品牌。重点打造“洞庭香米”片区公用品牌和“南县稻虾米”“益阳兰溪大米”“乌山贡米”“紫鹊界贡米”“江永香米”“松柏大米”等地方特色品牌，塑造当地优质稻米公共品牌，打造长远规划和相关政策，迅速树立起当地的名优稻米品牌，建立健全品牌维护和运营机制，进一步规范各地稻米品牌市场，统一优质稻标准，确保品牌大米健康有序发展。加强农户法律意识培养，消除订单农业发展风险。根据气候、土壤等自然禀赋状况建立优质稻优势产区，在产区内进行订单基地建设，并制定实施优质稻标准化生产技术规程，保证在农业订单式和品牌化运营时产品质量的稳定性和统一性。加强农户的契约和法律意识的培养，减少订单农户违约风险，增强农户在企业订单运行不规范或违约时能够运用法律知识、法律武器保护自身权益的能力。

3. 依托第三代杂交稻建设“吨半田”

近年来，湖南省在杂交水稻育种栽培上取得丰硕成果，选育出了一批优质高产水稻品种并在生产中示范应用，产生了较好的示范引领效应，尤其是袁隆平院士带领的湖南杂交水稻研究中心团队建立了成熟的第三代杂交水稻育种技术体系，选育了一批第三代杂交水稻不育系，并通过籼、粳亚种间优势利用，培育出系列苗头强优组合，已能实现一季稻亩产1333千克（每公顷20吨）。而第四代杂交水稻把目标定在提高光合效率30%，一季水稻产量达每亩1500千克。下一步，湖南省将加大对现有成熟品种（组合）与配套栽培技术的示范推广力度，重点推广“超级稻+强源活库优米精确栽培+机械化插秧、病虫绿色防控”技术：湘中、湘南早稻采用早熟组合，晚稻采用“三优一号”（G3-1S/亲19）等第三代杂交稻组合，实现双季稻全年亩产达1500千克（吨半田）；湘北早稻采用株两优819和株两优173等，晚稻采用国标二级优质稻品种Y两优911等，并辅之以赤眼蜂防治水稻虫害、扇吸式益害分离诱虫灯保益控害、稻田天敌保护及生境调控、合理补施有机肥、辅助生物农药防病及生物肥控制草害等技术，实现双季稻全年亩产1300千克，接近“吨半田”。我们建议，湖南省在全省开展“吨半田”高产竞赛活动，通过活动，引领全省乃至全国水稻生产跨越式发展，进一步发挥现代农业高科技的示范引领作用。

4. 深化强化“粮食省长负责制”

湖南省将进一步强化粮食安全省长责任制考核，将粮食“两稳”（稳面积、稳产量）纳入乡村振兴考核范畴。按照粮食生产的目标，压实各级各有关部门的属地责任。将目标任务层层分解、逐级落实。改革完善现有耕地补贴政策，实行农业生产政策的精准调控，改善农民种粮环境，减少优势区“一季稻插花”和“双改单”面积，全力遏制耕地抛荒，取消休耕，确保粮食生产面积。实行精准补贴，做到“种多少、补多少”“谁种田、补贴给谁”，对抛荒农田取消补贴，对“双改单”的取消双季稻补贴，增加高档优质稻和对新型农业经营主体的补贴。加强种粮大户购买社会化服务补贴力度，对农机具跨区作业和社会化服务进行鼓励性补贴。通过补贴农业社会化服务的形式促进社会化服务机构降低产品价格，降低农民外包作业成本，吸引更多农户进入社会化服务市场，从而形成良性互动，引导农业健康有序发展。加大对种粮大户和稻谷生产保险补贴力度，并委托第三方定损，直接理赔到户，提升保额标准。将农田基础设施纳入农村公共设施范畴并进行补贴，消除农业基础设施短板。

第二十四章
坚决打赢粮食战

粮食是生活必需品，也是商品。粮食是外交工具，也是国家竞争的有力武器。美国外交家、前国务卿基辛格曾经说过：“谁控制了石油，就控制了所有国家；谁控制了货币，就控制了全球经济；谁控制了粮食，就控制了人类。”人类历史上经历过无数次军事战、金融战、货币战、能源战，而支撑这些战争的基础都是粮食。人类历史上的粮食战从来没有间断过，多少英雄豪杰为“五斗米”折腰，多少个政权因粮荒而终。

一、粮食战是人为制造的粮食危机

战争一般指敌对双方为了达到一定的政治、经济、军事等目的而进行的武装战斗，一般被视为政治和外交的极端手段。战争的概念有狭义和广义之分：狭义上的战争一般指军事斗争和冲突；广义上的战争包括用来加强己方经济和政治地位的外交手段，比如金融手段、贸易手段、援助手段、制裁手段等，目的是壮大和保存自己，削弱和消灭敌人。

粮食战在国内外还没有一个统一、公认的概念，人们对其内涵的理解也不尽一致。

第一，粮食战是一种不对称战争，进攻方具有明显优势。粮食战是一种另类的战争形式，主要表现为长期的围困战和消耗战，发动者采取切断粮食来源、限制粮食贸易、破坏粮食仓储、强征民众口粮等形式，借助人为制造的饥荒、动荡和战乱实现预期目标（王猛等，2020）。粮食战往往是不对称战争，拥有武器的一方具有生杀予夺的压倒性优势，被打击的一方毫无招架之力。

第二，粮食战是以粮食作为武器的一种政治外交行为。粮食战，有的学者也称“粮食外交”（徐振伟，2011），是以粮食或粮食生产要素作为工具，谋得设定对象国顺应粮食来源国的公开或不公开意图行事的一种外交行为。其手段一般包括贸易、援助、禁运等，从而将粮食作为与他国讨价还价、影响他国内政外交和国内改革乃至推翻他国政权的工具。美国地缘政治学者威廉·恩道尔于2007年11月推出的《粮食危机》一书，揭露了少数西方国家试图借助“粮食武器”支配世界的图谋，为广大发展中国家的粮食安全敲响了警钟。

第三，粮食战的本质是破坏“规则”、制造危机，实现战争目标。《粮食战争》的作者拉吉·帕特尔认为，粮食战是粮食的政治化，是市场、权利和粮食体系的隐形战争。粮食战的本质不仅是市场供给与需求的争夺，更是“控制市场的力量”互相作用的结果。粮食战的一方是粮食的生产者和消费者，另一方是控制粮食市场和贸易的国家、国际粮商和食品巨头。居于这场战争优势地位的是美国等国家力量和意志，是国际金融大鳄、世界粮食巨头、食品工业巨头、零售巨头，它们往往也是战争的挑起者。处于被动地位的是数量庞大的农民和消费者，还有世界贸易组织、世界银行和国际货币基金组织等国际机构。现在的粮食危机实际上是一场富国和世界粮食巨头通过不合理的“规则”向穷国转嫁经济危机的财富掠夺过程。

我们研究认为，粮食战是以粮食或食物为武器，通过破坏粮食生产、控制粮食供给、干扰粮食贸易、哄抬粮食价格、制造食品安全事件等多种手段，影响他国经济发展、社会稳定，乃至推翻他国政权的行为，是一种以牺牲民众最基本人权为代价的反人道主义的战争。由此可见，人类应当联合起来反对任何形式的粮食战，确保“吃饱”这个最基本的人权。

二、古今中外的“粮食战”从未停歇

粮食是人类最基本的生活必需品，也是最重要的国家战略物资，粮食战争自古有之。古今中外，粮食一直是国家交流和竞争的重要工具，通过粮食战削弱对方、消灭对方的例子比比皆是。

春秋战国时齐国发起的粮食战争。春秋战国时的齐国曾“九合诸侯，一匡天下”，被誉为“五霸之首”。齐国成就霸业，“粮食战争”功不可没（任继亮，2005）。齐桓公听从管仲的建议，通过有意识地提高敌国某种产品的价格，让其发挥产业比较优势——重商轻农，舍本逐末，放弃农业生产，并通过粮食战达到控制敌国的目的，比如：提高绨（一种丝织品）价以颠覆鲁国、梁国，提高茈（荸荠）价以颠覆莱国、莒国，提高鹿价以颠覆楚国，提高狐白之价以颠覆代国，提高器械之价以颠覆衡山国，等等。在敌国放弃粮食生产全力追逐利润时，齐国则广积粮，形成粮食市场的垄断局面。等到敌国粮食缺乏时，齐国就以杜绝粮食出口作为威胁，敌国为了取得粮食的供应，不得不屈服归顺。

19世纪80年代苏丹的粮食战争。马赫迪运动是近代苏丹重大的历史事件，也是苏丹民族主义诞生的标志。1885年，马赫迪（Mahdi，1848—1885）率领信徒建立了自7世纪以来基于伊斯兰社区的第一个神权国家，控制了除东部萨瓦金港和北部瓦迪哈勒法之外的大部分苏丹地区。1884—1898年，苏丹萨瓦金和埃及边疆省的英埃当局通过粮食禁运和贸易封锁，持续引发苏丹粮食短缺和饥荒，试图通过粮食战争重新征服苏丹，其中萨纳特西塔饥荒是19世纪80年代粮食战争的高潮。英埃当局的粮食战争有效地遏制了马赫迪军队的进攻。1898年，马赫迪国家覆灭，英埃政府重新统辖苏丹全境。

美苏之间的粮食战争。苏联成立后，在很长一段时间内深陷与美国的军事竞赛之中，举国之力发展重工业，对于粮食问题一直不够重视，以致其长期依赖粮食进口并且进口粮食的85.5%都来自美国。1963年，全球粮食危机，苏联粮食严重短缺，以美国为首的西方对苏联实施严厉的粮食禁运，苏联动用了三分之一的黄金储备购买粮食方得缓解。1979年苏联进攻阿富汗，美国宣布取消1700万吨的对苏联粮食出口合同，同时联合加拿大、澳大利亚及欧洲等国家或地区同步实施对苏联长达15个月的粮食禁运。1985年，里根政府实施“逆向石油冲击”战略，国际油价在不到5个月的时间内从每桶30美元跌至每桶12美元，苏联外汇收入锐减，政府不得不紧急向西方国家寻求粮食援助以及贷款。美苏粮食战争也为苏联解体埋下了伏笔。

美国对中国的粮食禁运。中华人民共和国成立后，美国等西方国家随即对中国实行包括粮食在内的全面封锁和商品禁运，试图通过破坏粮食供给引发社会动荡，进而颠覆中国政权。美国对中国的禁运一直延续到20世纪70年代初期（刘宇等，2010）。1959—1961年，中国经历了历史上极为罕见的大饥荒，美国决定利用这一契机迫使中国在台湾等问题上让步。1962年，美国提出：中国可以用黄金储备向美国购买300万～500万吨小麦，或者中国放弃对台湾的主权要求。如果这样，那么美国将同意以长期和低息赊销的方式每年出售上千万吨小麦给中国。虽然中国没有屈服于美国的压力，但国内大量人口承受了饥饿的痛苦。

三、中美大豆战仍在持续

自美国发动中美贸易摩擦以来，一些专家提出通过调控大豆进口量反制美国对我国的遏制。其实美国早就发动了针对我国的大豆战，我们千万不要麻痹大意，要引起足够重视。

第一，美国长期收集我国大豆品种资源，其大豆单产、品质都已超过我国。我国是大豆起源国，在大豆单产、品质方面长期具有优势，但美国通过各种手段大量收集我国大豆品种资源，并用现代技术特别是转基因技术培育新的大豆品种，形成高产量型、高蛋白型、高油型等不同的品种。

第二，美国逼迫我国由大豆出口国转为进口国。1994年以前，中国大豆基本自足，并少量出口。此后，由于美国大豆产量高、成本低，美国大豆到岸价格比我国大豆每千克便宜0.1～0.5元，使我国大豆丧失市场竞争力，我国不得不大量进口大豆。2019年，我国大豆进口量达到8859万吨，占全年大豆消费量的85%。

第三，美国控制我国大豆榨油工业市场。大豆直接影响食用油和饲料供给，大豆压榨工业与供应链成为中美大豆产业争夺的关键。2001—2004年，因炒作中国需求，美国大豆从415美分/蒲式耳炒到1064美分/蒲式耳，3年上涨156.39%。同期，中国大豆价格也跟涨，导致东北豆农大量扩种，国内压榨能力也大幅增加。从2004年4月起，国外大豆价格暴跌，短短7个月，美国大豆从1064美分/蒲式耳跌到500美分/蒲式耳，下降53.01%。国内大豆价格随之暴跌，豆农巨亏，众多国内压榨企业巨额亏损，外资机构、企业乘机低价收购布局，基本上控制了中国的压榨工业。外国资本在控制了中国的压榨市场后，开始追求最大利润。从2006年开始，一波更大的上涨潮开始，美国大豆从500美分/蒲式耳一直涨到2008年7月的1654美分/蒲式耳。中国市场的豆油从5000元/吨最高涨到15000元/吨，上涨了200%，豆粕从2000元/吨涨到4000多元/吨，导致国内的食用油和猪肉价格在2008年达到一个高峰。大豆战争虽未对我国国计民生产生根本影响，但对中国大豆产业链的自主水平及自给能力造成了极大的伤害。

四、我国遭遇粮食战风险增加

我国是世界粮食进口大国，大量粮食、肉类都从美国进口，随着中美关系的剧烈变化，我国面临粮食战的风险明显加大，必须引起高度重视。

第一，部分品种对外依存度大，容易受制于人。虽然我国实现了“谷物基本自给、口粮绝对安全”的目标，但部分农产品对外依存度很高。《中国农业展望报告（2020—2029）》显示了2019年我国主要农产品对外依存度：大豆为86.69%，牛奶及制品为33.54%，植物油为28.70%，食糖为21.32%，牛肉为19.93%，羊肉为7.40%，猪肉为4.74%。我国也是全球最大的饲料豆粕和牧草进口国，2017年豆粕进口占饲料总量的30.9%，牧草进口占国内牧草商品流通量的23.83%。由于我国农产品对外依存度高，所以在危急关头，农产品出口国可以通过给农民补贴的方式来限制对我国出口，我国则可能面临粮食或饲料短缺的风险，极易受制于人。

第二，进口粮食来源集中度高，风险大。2018年，前三大进口来源国的粮食进口量占进口总量的比例：大豆为95.64%，玉米为96.07%，大米为87.37%，小麦为77.91%。进口来源国集中，极易因气候、经济、外交等变化导致供应链断裂。在国际形势风云变幻的今天，我国粮食安全风险明显加大。

第三，粮食运输通道较为单一，容易受限乃至中断。粮食进口来源集中，导致粮食运输线路较为单一，大部分粮食进口通道依赖海运。从美国、加拿大、阿根廷、巴西、澳大利亚及欧盟等国家和地区进口的粮食，海上运输航线较长、路线单一，面临各种风险和不确定性。印度洋—马六甲海峡—南海是我国粮食进口的重要通道，也是安全系数较低的通道。该通道沿线存在着政治不稳定的地区和海域，海盗活动频繁，沿线遍布他国军事基地（张敏等，2015）。国际航运咽喉马六甲海峡是我国进口粮食运输的必经通道，他国对马六甲海峡具有极强的管控能力，突发性的政治、军事及社会事件等，都可能导致粮食运输中断（王锐等，2020）。

第四，国际粮食市场是卖方市场，我国缺乏市场话语权，粮食禁运风险仍然存在。粮食禁运主要是指出口国的禁运，目的多在于对某一进口国给以惩治或报复，或者是为了优先保障本国供给和物价稳定。由于国际粮食市场是卖方市场，美国和法国的四大国际粮商仍然控制着国际粮食交易80%的份额，我国在国际粮食市场缺乏话语权，而我国又是最大的粮食进口国，面临的粮食禁运风险较大，目前应对禁运的手段有限。

五、打赢粮食战的战略与战术

粮食稳则国家定。为了打赢粮食战，我们“在战略上要藐视敌人，在战术上要重视敌人”，既要在战略上做好顶层设计，又要在战术上制订各种预案。

（一）做好打赢粮食战的顶层设计

第一，把“保粮食安全”作为国家稳定与发展的重大战略。我们要始终牢记“饭碗要始终牢牢端在自己手上，我们的饭碗应该主要装中国粮”；要确保做到粮食产能不出现下滑，粮食不出现大幅减产，特别是要保证粮食主产区的生产能力不下滑。在任何时候、任何情况下，我们都要把农业、粮食生产摆到重中之重的位置，通过工业反哺农业、城市反哺农村，防止粮食价格下跌对生产能力和供应链造成损伤；通过加大粮食主销区对主产区的补贴和支持力度，从制度上、经济上提升农民的生产积极性。

第二，实施“大豆进口替代工程”，降低大豆对外依存度30个百分点左右。我们要以降低大豆对外依存度为目标，做好顶层设计，以改良大豆品种、增加大豆播种面积、培育内资大豆压榨企业等多种途径，使大豆对外依存度由85%下降到50%左右；同时，我们也要提升大豆、牛奶、植物油等对外依存度高的品种的产能和自给率，以防国际粮食市场长期动荡乃至粮食禁运，确保国内食物供给，满足人民群众的基本生活需求。

第三，建立多元、长期、稳定的进口源，保证有粮可买。目前，我国进口的主要粮食品种局限于少数农业发达国家。要掌握粮食贸易中的主动权和话语权，我们就要实行多元化的粮食进口战略，分散进口来源风险，同时也要利用中国农业科技优势，鼓励农业企业走出去，开展粮食生产、贸易等方面的国际合作，进行全球化布局。我们要改进口粮食为租地种粮食，建立分散的生产和粮源基地，建立潜在的国际市场调度和保障能力，同时充分利用国际市场上主要农产品期货市场的风险规避功能，在与国际大粮商的同台竞争中不断提升竞争能力，争取更多的国际市场话语权。

第四，开辟新的国际粮食运输通道，确保粮食安全运输。战争时期，粮食运输线就是生命补给线。粮食国际进口运输通道的安全，在很大程度上会影响整个国家的粮食安全，国家粮食进口通道的安全和可靠性必须得到慎重考虑。在能源进口运输通道布局上，国家为了缓解马六甲海峡航线的被动局面，建设了三大陆地跨国管道，提高了我国能源进口的安全性。要保证进口的粮食物资能够安全地运回来，我们就要客观地面对马六甲海峡航线的局限性，充分借鉴陆上能源通道的经验，建立新的海外粮食转口基地和陆路转运通道。

第五，提高海上粮食运输线的保卫能力。在运粮方面，我国应充分利用军事外交实力，为粮食运输通道畅通和运输安全做保障。只有努力提升综合国力，壮大国家经济、外交、军事实力，我国才能为可能发生的粮食战备足武器弹药，面对禁运和封锁才有反制能力。

第六，建立“人类粮食命运共同体”。针对人类共同面临的粮食安全问题，我国要联合有关国际机构与国家，建立粮食安全命运共同体，互相学习、互相支持、互相保护，确保国际粮食安全。

第七，探索“国际粮食援助”的新途径。我们应倡导“粮食就是用来吃的”，发扬人道主义精神，减少非粮化消耗，优先保障人类生存；通过联合国粮农组织等国际机构，优化、强化对缺粮国家或地区的稳定、长远支持方案，提高其粮食生产能力；鼓励粮食过剩地区和人群对粮食短缺地区和人群进行无条件的食物援助。

第八，优化粮食产业链生态，减少政治、资本等势力对粮食的控制。粮食战争、粮食禁运、粮食价格波动等影响粮食供应的事件，很少是由粮食生产能力和消费水平变化引起的，更多的是政治、资本等势力对粮食市场的操控。要提升全球粮食生产能力和贫困人口的粮食获取能力，我们就必须减少各种势力对粮食市场的恶意操控，降低粮食价格大幅波

请我担任中心主任。

特别感谢“杂交水稻之父”袁隆平先生20多年的指导与支持，他使杂交水稻单产迈上8个“100千克台阶”，为我国乃至世界粮食安全做出了不朽的贡献，感谢他为我们的《中国粮食安全研究》以及本书作序。特别怀念我的老师“吨粮田之父”王树安教授，他使中国大地上第一次出现了“吨粮田”，他与我1997年在《人民日报》发表的《种好10亩养活16亿》文章，反驳里斯特·布朗“谁来养活中国人”的谬论。十分感谢我的老朋友、国际粮农组织原助理总干事、世界银行国际农业研究磋商组织原秘书长王韧研究员20多年的一贯支持，并向读者推荐本书。

十分感谢朱嘉明教授建议我写这本书，编写过程得到他和翁永曦先生、黄江南先生的悉心指导。他们虽年过七旬，激情却胜于当年，思想能引领未来，他们永远是我学习的榜样。感谢清华大学生物医学交叉研究院王晓东院士为我创造了良好的研究环境。本书各章主要作者是我以及自1997年以来培养的博士、博士后，还有天津大学、四川电子科技大学的教授和学生们，各章节著者如下：

王宏广（清华大学国际生物经济中心教授），负责全书章节设计，确定各章主要论点，撰写第一章、第十一章、第十七章、第十九章、第二十一章、第二十二章，审定全书。

李立军（内蒙古农业大学农学院教授），撰写第三章、第十三章、第十四章、第十五章，参与撰写第十一章。

胡志全（中国农业科学院农业经济与发展研究所研究员），撰写第五章、第六章、第七章。

张永恩（中国农业科学院农业信息研究所研究员），撰写第十八章、第二十章、第二十四章，参与撰写第十六章。

吴永常（中国农业科学院农业经济与发展研究所研究员），撰写第二章、第四章。

褚庆全（中国农业大学农学院教授），撰写第十章，参与撰写第二十一章。

魏蔚（中国社会科学院世界经济与政治研究所副研究员），撰写第八章、第九章。

王兆华（青岛农业大学乡村振兴研究院教授），撰写第二十三章，参与撰写第十九章。

刘景辉（内蒙古农业大学农学院/乡村振兴研究院教授），撰写第十六章。

王宏燕（东北农业大学资源与环境学院教授），参与撰写第二十二章。

马红波（内蒙古呼和浩特市发展改革委博士），参与撰写第二十章。

李一平（湖南省农业农村厅农业推广研究员），撰写第二十三章。

宋志荣（湖南省农业农村厅高级农艺师），参与撰写第二十三章。

武德安（四川电子科技大学数学学院副教授），参与撰写第十七章。

尹志欣（中国科技发展战略研究院副研究员），参与撰写第一章。

朱姝（中国科技发展战略研究院助理研究员），参与撰写第一章。

张俊祥（北大未名集团战略总监、研究员），参与撰写第一章、第十七章。

由雷（辽宁大学经济学院讲师），参与撰写第一章、第十七章。

此外，天津大学图书馆李文兰教授及田爱萍、马倩、翟通、王婧、杜津萍同志在数据整理方面做了大量工作，四川电子科技大学数学学院谭文金博士在粮食安全指数测算方面做了大量工作，在此一并表示感谢。

由于作者专业局限、水平有限，加之时间紧，错误与遗漏之处在所难免（第十七章关于“中国粮食安全区划”，更是一个探索性话题），敬请领导与同志们批评指正。

2020年8月13日

北京西城区三里河